中华人民共和国
安全生产法
注解与配套

第六版

中国法制出版社
CHINA LEGAL PUBLISHING HOUSE

出版说明

中国法制出版社一直致力于出版适合大众需求的法律图书。为了帮助读者准确理解与适用法律，我社于2008年9月推出"法律注解与配套丛书"，深受广大读者的认同与喜爱，此后推出的第二、三、四、五版也持续热销。为了更好地服务读者，及时反映国家最新立法动态及法律文件的多次清理结果，我社决定推出"法律注解与配套丛书"（第六版）。

本丛书具有以下特点：

1. 由相关领域的具有丰富实践经验和学术素养的法律专业人士撰写适用导引，对相关法律领域作提纲挈领的说明，重点提示立法动态及适用重点、难点。

2. 对主体法中的重点法条及专业术语进行注解，帮助读者把握立法精神，理解条文含义。

3. 根据司法实践提炼疑难问题，由相关专家运用法律规定及原理进行权威解答。

4. 在主体法律文件之后择要收录与其实施相关的配套规定，便于读者查找、应用。

此外，为了凸显丛书简约、实用的特色，分册根据需要附上实用图表、办事流程等，方便读者查阅使用。

真诚希望本丛书的出版能给您在法律的应用上带来帮助和便利，同时也恳请广大读者对书中存在的不足之处提出批评和建议。

中国法制出版社
2023年10月

适用导引

安全生产事关人民群众生命财产安全，事关改革开放、经济发展和社会稳定的大局，其重要性毋庸置疑。《中华人民共和国安全生产法》（以下简称《安全生产法》）由第九届全国人民代表大会常务委员会第二十八次会议于 2002 年 6 月 29 日通过，自 2002 年 11 月 1 日起施行。2009 年 8 月 27 日第十一届全国人民代表大会常务委员会第十次会议通过的《关于修改部分法律的决定》对该法进行了第一次修正。2014 年 8 月 31 日第十二届全国人民代表大会常务委员会第十次会议通过的《关于修改〈中华人民共和国安全生产法〉的决定》对该法进行了第二次修正。2021 年 6 月 10 日第十三届全国人民代表大会常务委员会第二十九次会议通过的《关于修改〈中华人民共和国安全生产法〉的决定》对该法进行了第三次修正。现行《安全生产法》共 7 章，119 条。

2021 年安全生产法修改，主要包括以下内容：

（一）完善工作原则要求

一是明确规定安全生产工作坚持中国共产党的领导，在法律上贯彻落实坚持党的全面领导的要求，加强党对安全生产工作的领导作用。二是进一步强调以人为本，坚持人民至上、生命至上，把保护人民生命安全摆在首位，树牢安全发展理念，坚持安全第一、预防为主、综合治理的方针，从源头上防范化解重大安全风险。三是增加规定安全生产工作实行管行业必须管安全、管业务必须管安全、管生产经营必须管安全，厘清安全生产综合监管与行业监管的关系，明确应急管理部门、负有安全生产监督管理职责的有关部门、其他行业主管部门、党委和政府其他有关部门的责任。

（二）强化企业主体责任

一是压实单位安全生产责任。规定生产经营单位应当建立健全全员安全生产责任制和安全生产规章制度，加大对安全生产资金、物资、技术、人员的投入保障力度，改善安全生产条件，加强安全生产标准化、信息化建设，构建安全风险分级管控和隐患排查治理双重预防机制，健全风险防范化解机制。二是完善相关负责人的法律责任。明确生产经营单位的主要负责人是本单位安全生产第一责任人，对本单位的安全生产工作全面负责，其他负责人对职责范围内的安全生产工作负责；完善生产经营单位的主要负责人、安全生产管理机构以及安全生产管理人员的安全生产职责范围。三是加强安全生产预防措施。规定生产经营单位应当建立安全风险分级管控制度，按照安全风险分级采取相应的管控措施。四是加大对从业人员的关怀。规定生产经营单位应当关注从业人员的身体、心理状况和行为习惯，加强对从业人员的心理疏导、精神慰藉，严格落实岗位安全生产责任，防范从业人员行为异常导致事故发生。五是健全安全生产责任保险制度。明确规定属于国家规定的高危行业、领域的生产经营单位应当投保安全生产责任保险。六是明确新业态生产经营单位的安全生产责任。要求平台经济等新兴行业、领域的生产经营单位应当根据本行业、领域的特点，建立健全并落实全员安全生产责任制，加强从业人员安全生产教育和培训，履行有关安全生产义务。此外，针对餐饮等行业生产经营单位使用燃气存在的安全隐患，以及矿山、金属冶炼、危险物品有关建设项目施工单位非法转让施工资质、违法分包转包等突出问题，作出专门规定。

（三）明确监督管理职责

一是强化政府职能作用。规定各级人民政府应当加强安全生产基础设施和监管能力建设，所需经费列入本级预算。国务院交通运输、住房和城乡建设、水利、民航等有关部门在各自的职责范围内，对有关行业、领域的安全生产工作实施监督管理；县级以上地方各级人民政府应当组织有关部门建立完善安全风险评估与论证机制，对相关生产经营单位实施重大安全风险联防联控。乡镇人民政府和街道办事处，以及开发区、工业园区、港区、风景区等，应当明确负责安全生产监督管理的有关工作机构及其职责，加强安全生产监管力量建设，依法履行生产安全事故应急救援工作职责。县级以上各级人民政府应当组织负有安全生产监督管理职责的部门依法编制安全生产权力和责任清单，公开并接受社会监督。二是完善监督管理体制。根据机构改革要求，将本法中的"安全生产监督管理部门"修改为"应急管理部门"；规定国务院交通运输、住房和城乡建设、水利、民航等有关部门在各自的职责范围内对有关行业、领域的安全生产工作实施监督管理；对新兴行业、领域的安全生产监督管理职责不明确的，由县级以上地方各级人民政府按照业务相近的原则确定监督管理部门。要求监管部门加强合作，规定负有安全生产监督管理职责的部门应当相互配合、齐抓共管、信息共享、资源共用，依法加强安全生产监督管理工作。

（四）加强保障制度建设

一是加强安全生产监管信息化建设。规定国务院应急管理部门牵头建立全国统一的生产安全事故应急救援信息系统，国务院交通运输、住房和城乡建设、水利、民航等有关部门和县级以上地方人民政府建立健全相关行业、领域、地区的生产安全事故应急救援信息系统，实现互联互通、信息共享，通过推行网上安全信息采集、安全监管和监测预警，提升监管的精准化、智能化水平。有关地方人民政府应急管理部门和有关部门应当通过相关信息系统实现信息共享。二是明确安全生产强制性国家标准的制定程序。规定国务院有关部门按照职责分工负责安全生产强制性国家标准的项目提出、组织起草、征求意见、技术审查。国务院应急管理部门统筹提出安全生产强制性国家标准的立项计划。国务院标准化行政主管部门负责安全生产强制性国家标准的立项、编号、对外通报和授权批准发布工作。国务院标准化行政主管部门、有关部门依据法定职责对安全生产强制性国家标准的实施进行监督检查。三是明确国家安全生产应急救援机构统一协调指挥职能。规定国家加强生产安全事故应急能力建设，在重点行业、领域建立应急救援基地和应急救援队伍，由国家安全生产应急救援机构统一协调指挥。四是完善事故调查后的评估制度。要求负责事故调查处理的国务院有关部门和地方人民政府应当在批复事故调查报告后1年内，组织有关部门对事故整改和防范措施落实情况进行评估，并及时向社会公开评估结果；对不履行职责导致事故整改和防范措施没有落实的有关单位和人员，按照有关规定追究责任。五是增加规定公益诉讼制度。规定因安全生产违法行为造成重大事故隐患或者导致重大事故，致使国家利益或者社会公共利益受到侵害的，人民检察院可以根据民事诉讼法、行政诉讼法的相关规定提起公益诉讼。

（五）加大对违法行为的处罚力度

一是提高罚款额度。在已有罚款规定的基础上，提高了对各类违法行为的罚款数额。二是新设按日连续处罚制度。生产经营单位违反《安全生产法》有关规定，被责令改正且受到罚款处罚，拒不改正的，负有安全生产监督管理职责的部门可以自作出责令改正之日的次日起，按照原处罚数额按日连续处罚。三是加大对严重违法生产经营单位的关闭力度，依法吊销有关证照，对有关负责人实施职业禁入。生产经营单位存在严重违法情形的，负有安全生产监督管理职责的部门应当提请地方人民政府予以关闭，有关部门应当依法吊销其有关证照，生产经营单位主要负责人5年内不得担任任何生产经营单位的主要负责人；情节严重的，终身不得担任本行业生产经营单位的主要负责人。对承担安全评价、认证、检测、检验职责的机构租借资质、挂靠、出具虚假报告的机构及其直接责任人员，吊销其相应资质和资格，5年内不得从事安全评价、认证、检测、检验等工作；情节严重的，实行终身行业和职业禁入。四是加大对违法失信行为的联合惩戒力度。规定有关部门和机构应当对存在失信行为的生产经营单位及其有关从业人员采取加大执法检查频次、暂停项目审批、上调有关保险费率、行业或者职业禁入等联合惩戒措施，并向社会公示。五是加大社会监督力度。负有安全生产监督管理职责的部门应当加强对生产经营单位行政处罚信息的及时归集、共享、应用和公开，对生产经营单位作出处罚决定后7个工作日内在监督管理部门公示系统予以公开曝光，强化对违法失信生产经营单位及其有关从业人员的社会监督，提高全社会安全生产诚信水平。

《安全生产法》适用广泛。在中华人民共和国领域内从事生产经营的单位都要遵守《安全生产法》及其相关规定，相关单位的从业人员也要依据其生产作业并保护自己的合法权益。安全生产法也是一个广义的概念。《矿山安全法》《建筑法》《煤炭法》《职业病防治法》《劳动法》《劳动合同法》《工会法》《刑法》等有关生产安全及劳动保护的规定，也是安全生产法律规定的一部分。

此外，我国还就安全生产条件的保障、安全生产监督管理、安全事故救援与调查处理、安全生产法律责任等方面出台了一系列的法律、法规、规范性文件，例如《国家安全生产事故灾难应急预案》《生产安全事故应急预案管理办法》等，对于保障安全生产条件、及时消除安全隐患、处理安全事故，都起到了重要的作用。

目 录

适用导引 ·· *1*

中华人民共和国安全生产法

第一章 总 则

第一条 【立法目的】 ·· 2
第二条 【适用范围】 ·· 2
  1. 如何理解本法的调整事项 ··· 3
  2. 如何理解本法与某些对安全事项有特殊性规定的
     法律之间的关系 ·· 3
第三条 【工作方针】 ·· 3
  3. 如何准确理解"综合治理" ······································ 4
第四条 【生产经营单位基本义务】 ································· 4
  4. 构建安全风险分级管控和隐患排查治理双重预防
     机制，健全风险防范化解机制有哪些要求 ················ 6
第五条 【单位主要负责人主体责任】 ····························· 6
  5. 实践中如何针对不同的企业形式准确理解"生产
     经营单位的主要负责人" ··· 7
第六条 【从业人员安全生产权利义务】 ························· 8
  6. 从业人员享有的安全生产保障权利主要包括哪些 ··· 8
  7. 劳动者使用卫生设施的权利能否得到法律的保障 ··· 9
  8. 从业人员保障安全生产方面的义务有哪些 ··············· 9

第 七 条 【工会职责】………………………………… 9
第 八 条 【各级人民政府安全生产职责】 ………… 10
第 九 条 【安全生产监督管理职责】 ……………… 11
第 十 条 【安全生产监督管理体制】 ……………… 12
 9. 地方各级党委主要负责人具有哪些安全生产职责 …… 13
 10. 县级以上地方各级政府主要负责人具有哪些安
  全生产职责 ……………………………………………… 14
第十一条 【安全生产有关标准】 ………………… 14
第十二条 【安全生产强制性国家标准的制定】 ………… 15
第十三条 【安全生产宣传教育】 ………………… 15
第十四条 【协会组织职责】 ……………………… 16
第十五条 【安全生产技术、管理服务中介机构】 ………… 16
 11. 对于安全生产服务机构开展安全生产技术服务，
  法律法规有何要求 …………………………………… 17
 12. 生产经营单位能否因委托相关机构提供安全生
  产技术、管理服务，而减免其安全生产责任 ………… 17
第十六条 【事故责任追究制度】 ………………… 17
 13. 实践中违反安全生产法律法规和技术规范的情
  形主要有哪些 ………………………………………… 18
 14. 关于追究特大安全事故的行政责任，国家有何
  规定 …………………………………………………… 18
第十七条 【安全生产权力和责任清单】 ………… 19
第十八条 【安全生产科学技术研究】 …………… 20
第十九条 【奖励】 ………………………………… 20
 15. 奖励的方式有哪些 ………………………………… 21

第二章　生产经营单位的安全生产保障

第二十条 【安全生产条件】 …………………… 21

2

16. 企业取得安全生产许可证，应当具备哪些安全生产条件 ································ 21

第二十一条 【单位主要负责人安全生产职责】 ········ 22

第二十二条 【全员安全生产责任制】 ················ 24

17. 全员安全生产责任制的主要内容包括哪些方面 ······ 24

第二十三条 【保证安全生产资金投入】 ·············· 25

18. 本条规定的"生产经营单位的决策机构"具体指什么 ······································ 25

19. 企业安全生产费用可以用于哪些开支 ·············· 25

第二十四条 【安全生产管理机构及人员】 ············ 26

20. 如何理解本条中的"安全生产管理机构"和"专职安全生产管理人员" ······················ 27

21. 对于矿山、金属冶炼、建筑施工、运输单位和危险物品的生产、经营、储存、装卸单位，以及从业人员超过100人的其他生产经营单位，具体在什么情况下应当设置安全生产管理机构，在什么情况下可以配备专职安全生产管理人员 ······ 27

第二十五条 【安全生产管理机构及人员的职责】 ······ 27

22. 如何理解本条规定的"生产经营单位的安全生产规章制度、操作规程"以及"生产安全事故应急救援预案" ································ 28

23. 生产经营单位主要负责人的安全培训应当包括哪些内容 ······································ 28

24. 生产经营单位安全生产管理人员的安全培训应当包括哪些内容 ································ 29

25. 什么是"重大危险源" ···························· 29

26. 安全生产管理机构以及安全生产管理人员应如何应对安全事故隐患 ·························· 29

3

第二十六条　【履职要求与履职保障】 …… 30
　27. 本条第 4 款规定的"应当告知主管的负有安全生产监督管理职责的部门"是一种审批程序吗 …… 31

第二十七条　【安全生产知识与管理能力】 …… 31
　28. 如何确定生产经营单位的主要负责人和安全生产管理人员是否具备与"所从事的生产经营活动相应的安全生产知识和管理能力" …… 32
　29. 何为"注册安全工程师" …… 32

第二十八条　【安全生产教育和培训】 …… 33
　30. 对从业人员的安全生产教育和培训应当包括哪些内容 …… 34
　31. 如何理解"统一管理被派遣劳动者与本单位从业人员" …… 34
　32. 生产经营单位是否应当对中等职业学校、高等学校实习学生开展安全生产教育和培训 …… 34
　33. 安全生产教育和培训档案的范围和内容应包括哪些人员和内容 …… 35

第二十九条　【技术更新的教育和培训】 …… 35
　34. 何为"新工艺、新技术、新材料、新设备" …… 36

第 三 十 条　【特种作业人员从业资格】 …… 36
　35. 特种作业的范围如何确定 …… 36
　36. 特种作业人员应当具备哪些条件 …… 37

第三十一条　【建设项目安全设施"三同时"】 …… 37
　37. 建设项目安全设施落实"三同时"原则应符合哪些要求 …… 38

第三十二条　【特殊建设项目安全评价】 …… 39
　38. 生产经营单位未按照规定进行安全评价的，应承担什么法律责任 …… 39

第三十三条　【特殊建设项目安全设计审查】………… 40
　39. 建设项目安全设施设计应包括哪些内容………… 40
　40. 建设项目安全设施的设计人、设计单位对安全设施设计负责，应当达到何种要求………… 41

第三十四条　【特殊建设项目安全设施验收】………… 41
　41. 施工单位应当如何进行施工管理………… 42
　42. 施工单位对于因施工原因造成的质量问题应承担什么责任………… 42
　43. 矿山、金属冶炼建设项目和用于生产、储存危险物品的建设项目的安全设施的验收，应当包括哪些内容………… 43

第三十五条　【安全警示标志】………… 43
　44. 我国目前常用的安全警示标志包括哪些………… 44

第三十六条　【安全设备管理】………… 44

第三十七条　【特殊特种设备的管理】………… 46
　45. 关于危险物品容器、运输工具的生产许可制度，法律法规有何规定………… 47
　46. 特种设备生产单位应具备哪些条件方可从事生产活动………… 47

第三十八条　【淘汰制度】………… 48

第三十九条　【危险物品的监管】………… 48
　47. 生产经营单位生产、经营、运输、储存、使用危险物品或者处置废弃危险物品，应当履行哪些义务………… 49
　48. 当事人在未取得剧毒化学品使用许可证的情况下，买卖、储存剧毒化学品的，其行为是否构成犯罪………… 50

第四十条　【重大危险源的管理和备案】………… 50

5

49. 生产经营单位对重大危险源的管理措施主要包括哪些方面 ·················· 51
50. 重大危险源档案应当包括哪些文件、资料 ·············· 51
51. 危险化学品企业重大危险源的主要负责人对所包保的重大危险源负有哪些安全职责 ············ 52

第四十一条　【安全风险管控制度和事故隐患治理制度】 ··· 52
52. 何为生产安全事故隐患 ··························· 53
53. 重大事故隐患报告应当包括哪些内容 ·············· 53
54. 重大事故隐患治理方案应当包括哪些内容 ········ 54

第四十二条　【生产经营场所和员工宿舍安全要求】 ··· 54
第四十三条　【危险作业的现场安全管理】 ············ 55
55. 申请从事爆破作业的单位,应当具备什么条件 ····· 55

第四十四条　【从业人员的安全管理】 ················ 56
56. 生产经营单位应如何保障从业人员的知情权 ······ 57

第四十五条　【劳动防护用品】 ························· 57
57. 生产经营单位可否以货币或其他物品代替发放劳动防护用品 ······································ 57

第四十六条　【安全检查和报告义务】 ················ 58
58. 生产经营单位的安全管理人员对本单位的安全生产状况进行检查,主要应涉及哪些内容 ······ 58
59. 对于在检查中发现的安全问题,应当如何处理 ····· 58

第四十七条　【安全生产经费保障】 ··················· 59
60. 生产经营单位可否让从业人员承担配备劳动防护用品、进行安全生产培训的费用 ·············· 59

第四十八条　【安全生产协作】 ························· 60
61. 两个以上单位在同一作业区域内进行生产经营活动,可能危及对方生产安全的,各生产经营单位是否可以选择不签订安全生产管理协议 ····· 60

第四十九条 【生产经营项目、施工项目的安全管理】…… 60
 62. 生产经营单位可否因与承包单位、承租单位的约定而减轻自己在安全生产方面的责任………… 62
第 五 十 条 【单位主要负责人组织事故抢救职责】…… 63
第五十一条 【工伤保险和安全生产责任保险】………… 63

第三章 从业人员的安全生产权利义务

第五十二条 【劳动合同的安全条款】………………… 64
 63. 雇工合同中注明的"工伤概不负责"条款是否有效 …… 65
第五十三条 【知情权和建议权】……………………… 65
第五十四条 【批评、检举、控告、拒绝权】………… 66
 64. 如何理解从业人员在安全生产方面的批评权、检举权和控告权………………………………… 66
 65. 劳动者拒绝用人单位管理人员违章指挥、强令冒险作业，是对劳动合同的违反吗…………… 67
第五十五条 【紧急处置权】…………………………… 67
 66. 从业人员行使紧急撤离权是否需要征得有关负责人员的同意………………………………… 68
第五十六条 【事故后的人员救治和赔偿】…………… 68
 67. 因用人单位以外的第三人侵权造成劳动者人身损害构成工伤的，劳动者在获得工伤保险赔偿后，是否仍有权向第三人请求人身侵权赔偿…… 69
第五十七条 【落实岗位安全责任和服从安全管理】…… 70
第五十八条 【接受安全生产教育和培训义务】……… 70
 68. 安全教育培训的内容和形式主要有哪些………… 71
第五十九条 【事故隐患和不安全因素的报告义务】…… 71
第 六 十 条 【工会监督】……………………………… 72
 69. 工会如何对本单位建设项目的安全设施提出意见……… 72

第六十一条 【被派遣劳动者的权利义务】 ………… 73
  70. 对于被派遣劳动者，用工单位应当履行哪些义务 …… 73
  71. 依照本法规定，被派遣劳动者具体享有哪些权利，应履行哪些义务 ………………………………… 74

第四章　安全生产的监督管理

第六十二条 【安全生产监督检查】 ………………… 74
  72. 县级以上地方各级人民政府应当如何组织有关部门开展安全生产监督检查 …………………… 75
  73. 应急管理部门履行监督检查职责，应当采用哪些措施 …………………………………………… 75
第六十三条 【安全生产事项的审批、验收】 ……… 76
第六十四条 【审批、验收的禁止性规定】 ………… 77
  74. 违反本条规定，应承担何种法律责任 …………… 77
第六十五条 【监督检查的职权范围】 ……………… 77
  75. 在安全生产监督检查中，应急管理部门和其他负有安全生产监督管理职责的部门有哪些权力 …… 78
  76. 如何理解本条第2款规定的监督检查不得影响正常生产经营活动 ………………………………… 79
第六十六条 【生产经营单位的配合义务】 ………… 79
  77. 生产经营单位拒绝、阻碍依法实施的监督检查应承担何种法律责任 …………………………… 80
第六十七条 【监督检查的要求】 …………………… 80
  78. 什么是"技术秘密"和"业务秘密" ……………… 81
第六十八条 【监督检查的记录与报告】 …………… 81
  79. 安全检查记录应包括哪些内容 …………………… 82
第六十九条 【监督检查的配合】 …………………… 82
第 七 十 条 【强制停止生产经营活动】 …………… 82

8

80. 负有安全生产监督管理职责的部门在具体实施
强制措施时应当注意哪些问题 ················ 83

第七十一条 【安全生产监察】 ················ 84
 81. 监察机关可以采取哪些措施对负有安全生产监
督管理职责的部门及其工作人员实施监察 ········ 85

第七十二条 【中介机构的条件和责任】 ············ 85
第七十三条 【安全生产举报制度】 ·············· 86
 82. 负有安全生产监督管理职责的部门向社会公开
监督举报的联系方式应注意哪些问题 ············ 87

第七十四条 【违法举报和公益诉讼】 ············· 87
 83. 哪些部门可以受理单位或者个人对事故隐患或
者安全生产违法行为的举报 ·················· 88
 84. 人民检察院对安全生产违法行为提起公益诉讼
应具备哪些条件 ··························· 88

第七十五条 【居委会、村委会的监督】 ············ 89
第七十六条 【举报奖励】 ···················· 89
 85. 本条规定中的"安全生产违法行为"主要包括
哪些行为 ································ 90
 86. 对报告重大事故隐患或者举报安全生产违法行
为的有功人员给予奖励的标准是什么 ············ 91

第七十七条 【舆论监督】 ···················· 91
第七十八条 【安全生产违法行为信息库】 ·········· 92

第五章 生产安全事故的应急救援与调查处理

第七十九条 【事故应急救援队伍与信息系统】 ······· 92
第 八 十 条 【事故应急救援预案与体系】 ·········· 93
 87. 什么是生产安全事故应急预案 ············ 94

第八十一条 【事故应急救援预案的制定与演练】 ······ 95

88. 生产经营单位制定生产安全事故应急预案应符合哪些要求 ··· 96
89. 在何种情形下，应当对生产安全事故应急救援预案进行修订 ·· 97
90. 生产经营单位未按照规定编制应急预案或定期组织应急预案演练的，应当承担何种责任 ······· 97

第八十二条 【高危行业的应急救援要求】 ············ 98
91. 哪些单位应当建立应急值班制度，配备应急值班人员 ····· 99

第八十三条 【单位报告和组织抢救义务】 ············ 99
92. 生产安全事故发生后，有关单位和个人应当如何保护事故现场 ······································· 100
93. 发生生产安全事故的生产经营单位应当按照什么程序作出报告 ······································· 101
94. 在发生安全事故后，负有报告职责的人员隐瞒不报或者谎报事故情况、贻误事故抢救的，应承担何种法律责任 ·································· 102

第八十四条 【安全监管部门的事故报告】 ·········· 102
95. 负有安全生产监督管理职责的部门应在何时限内上报事故 ··· 103
96. 应急管理部门和负有安全生产监督管理职责的有关部门接到事故报告后，应当如何上报事故情况 ··· 103
97. 什么是"隐瞒不报""谎报"和"迟报" ··············· 103

第八十五条 【事故抢救】 ································ 104
98. 本条要求赶到事故现场、组织事故救援的政府和安全生产监管部门的负责人就是指政府和部门的主要负责人吗 ··································· 104
99. 发生生产安全事故后，生产经营单位应当采取哪些应急救援措施 ······································· 105

10

100. 有关地方人民政府及其部门接到生产安全事故
报告后，应当采取哪些应急救援措施 ········ 105

第八十六条　【事故调查处理】 ···················· 106
　　101. 事故调查的主要任务包括哪几方面 ········ 107
　　102. 事故调查报告应包括哪些内容 ············ 108
　　103. 事故调查报告中如包含依法应当保密的内容，
　　　　 能否以此为由不向社会公布调查报告 ····· 108

第八十七条　【责任追究】 ·························· 109
第八十八条　【事故调查处理不得干涉】 ········· 110
　　104. 阻挠、干涉对事故的依法调查处理，在实践中
　　　　 主要有哪些表现 ························· 110

第八十九条　【事故定期统计分析和定期公布制度】 ········ 110
　　105. 可否以公布生产安全事故的总体情况替代公布
　　　　 具体事故的调查报告 ····················· 110

第六章　法律责任

第九十条　【监管部门工作人员违法责任】 ········· 111
　　106. 对于有本条所列违法行为的负有安全生产监督
　　　　 管理职责的部门的工作人员，应当追究何种法
　　　　 律责任 ···································· 111

第九十一条　【监管部门违法责任】 ················ 112
第九十二条　【中介机构违法责任】 ················ 113
第九十三条　【资金投入违法责任】 ················ 115
　　107. 如何认定本条规定的"不具备安全生产条件" ··· 115

第九十四条　【单位主要负责人违法责任】 ········· 116
第九十五条　【对单位主要负责人罚款】 ············ 116
第九十六条　【单位安全生产管理人员违法责任】 ··· 116

11

108. 接受委托指派的注册安全工程师如果在工作中未履行本法规定的安全生产管理职责,是否适用本条规定 ……………………………………… 117

第九十七条　【生产经营单位安全管理违法责任（一）】 ……………………………………… 117

109. 行政机关作出的行政处罚决定,虽然认定的事故客观存在,但在举行听证时未对其所采用的证据进行出示和质证,该行政处罚决定是否合法 …… 118

第九十八条　【建设项目违法责任】 ……………… 118

第九十九条　【生产经营单位安全管理违法责任（二）】 ……………………………………… 119

第 一 百 条　【违法经营危险物品】 ……………… 120

第一百零一条　【生产经营单位安全管理违法责任（三）】 ……………………………………… 121

第一百零二条　【未采取措施消除事故隐患违法责任】 …… 122

第一百零三条　【违法发包、出租和违反项目安全管理的法律责任】 ……………………………… 122

110. 建筑施工、矿山企业等用人单位将工程（业务）或经营权发包给不具备用工主体资格的组织或自然人,对该组织或自然人招用的劳动者,发生工伤后由谁承担责任 ……………… 123

第一百零四条　【同一作业区域安全管理违法责任】 … 123

第一百零五条　【生产经营场所和员工宿舍违法责任】 …… 124

第一百零六条　【免责协议违法责任】 …………… 125

111. 生产经营单位与从业人员签订的劳动合同中有免除或者减轻其对从业人员因生产安全事故伤亡依法应承担的责任的条款,合同整体都无效吗 …… 125

第一百零七条　【从业人员违章操作的法律责任】 ……… 125

112. 符合哪些条件，会构成重大责任事故罪 …………… 126

第一百零八条 【生产经营单位不服从监督检查违法责任】 …………………………………… 126

第一百零九条 【未投保安全生产责任保险的违法责任】 …………………………………… 128

第一百一十条 【单位主要负责人事故处理违法责任】…… 128

第一百一十一条 【政府部门未按规定报告事故违法责任】 …………………………………… 128

第一百一十二条 【按日连续处罚】 ………………………… 129

113. 如何确定"按日计罚"的起始期限…………………… 130

第一百一十三条 【生产经营单位安全管理违法责任（四）】 ……………………………… 131

第一百一十四条 【对事故责任单位罚款】………………… 131

第一百一十五条 【行政处罚决定机关】…………………… 132

第一百一十六条 【生产经营单位赔偿责任】……………… 132

第七章 附 则

第一百一十七条 【用语解释】……………………………… 133

第一百一十八条 【事故、隐患分类判定标准的制定】…… 134

114. 什么样的生产安全事故是特别重大事故……………… 134

第一百一十九条 【生效日期】……………………………… 134

配套法规

中华人民共和国矿山安全法 …………………………………… 135
　　（2009 年 8 月 27 日）
中华人民共和国煤炭法（节录） ……………………………… 150
　　（2016 年 11 月 7 日）

中华人民共和国建筑法（节录） …………………… 152
　（2019年4月23日）
中华人民共和国职业病防治法（节录） …………… 155
　（2018年12月29日）
中华人民共和国刑法（节录） ……………………… 158
　（2020年12月26日）
生产安全事故应急条例 ……………………………… 167
　（2019年2月17日）
生产安全事故报告和调查处理条例 ………………… 175
　（2007年4月9日）
安全生产许可证条例 ………………………………… 184
　（2014年7月29日）
国务院关于特大安全事故行政责任追究的规定 …… 189
　（2001年4月21日）
生产安全事故应急预案管理办法 …………………… 194
　（2019年7月11日）
建设项目安全设施"三同时"监督管理办法 ………… 204
　（2015年4月2日）
安全生产严重失信主体名单管理办法 ……………… 213
　（2023年8月8日）
生产经营单位从业人员安全生产举报处理规定 …… 218
　（2020年9月6日）
最高人民法院、最高人民检察院关于办理危害生产安
　全刑事案件适用法律若干问题的解释 …………… 221
　（2015年12月15日）
最高人民法院、最高人民检察院关于办理危害生产安
　全刑事案件适用法律若干问题的解释（二）…… 226
　（2022年12月15日）

中华人民共和国安全生产法

（2002年6月29日第九届全国人民代表大会常务委员会第二十八次会议通过　根据2009年8月27日第十一届全国人民代表大会常务委员会第十次会议《关于修改部分法律的决定》第一次修正　根据2014年8月31日第十二届全国人民代表大会常务委员会第十次会议《关于修改〈中华人民共和国安全生产法〉的决定》第二次修正　根据2021年6月10日第十三届全国人民代表大会常务委员会第二十九次会议《关于修改〈中华人民共和国安全生产法〉的决定》第三次修正）

目　录

第一章　总　　则
第二章　生产经营单位的安全生产保障
第三章　从业人员的安全生产权利义务
第四章　安全生产的监督管理
第五章　生产安全事故的应急救援与调查处理
第六章　法律责任
第七章　附　　则

第一章 总 则

第一条 【立法目的】① 为了加强安全生产工作，防止和减少生产安全事故，保障人民群众生命和财产安全，促进经济社会持续健康发展，制定本法。

> 注解

安全生产，是指在生产经营活动中，为避免发生造成人员伤害和财产损失的事故，有效消除或控制危险和有害因素而采取一系列措施，使生产过程在符合规定的条件下进行，以保证从业人员的人身安全与健康，设备和设施免受损坏，环境免遭破坏，保证生产经营活动得以顺利进行的相关活动。

生产安全事故，是指生产经营单位在生产经营活动（包括与生产经营有关的活动）中突然发生的，伤害人身安全和健康、损坏设备设施或者造成直接经济损失，导致生产经营活动暂时中止或永远终止的意外事件。

第二条 【适用范围】 在中华人民共和国领域内从事生产经营活动的单位（以下统称生产经营单位）的安全生产，适用本法；有关法律、行政法规对消防安全和道路交通安全、铁路交通安全、水上交通安全、民用航空安全以及核与辐射安全、特种设备安全另有规定的，适用其规定。

> 注解

本法适用的主体范围，是在中华人民共和国领域内从事生产经营活动的单位，是指一切合法或者非法从事生产经营活动的企业、事业单位和个体经济组织以及其他组织，包括国有企业事业单位、集体所有制的企业事业单位、股份制企业、外商投资企业、合伙企业、个人独资企业等，不论其性质

---

① 条文主旨为编者所加，后同。

如何、规模大小，只要是在中华人民共和国领域内从事生产经营活动，都应遵守本法的各项规定。

应用

1. 如何理解本法的调整事项

本法调整的事项，是生产经营活动中的安全问题。因此，本法适用的范围限定在生产经营领域。不属于生产经营活动中的安全问题，如台风和地震引发的自然灾害、公共场所集会活动中的安全问题等，不属于本法的调整范围。此处的"生产经营活动"，既包括资源的开采活动，各种产品的加工、制作活动，也包括各类工程建设和商业、娱乐业以及其他服务业的经营活动。

2. 如何理解本法与某些对安全事项有特殊性规定的法律之间的关系

本法作为安全生产领域的基础性、综合性法律，适用于我国范围内所有从事生产经营活动的单位的安全生产。

考虑到有一部分从事生产经营活动的单位或者某些安全事项具有特殊性，需要进行单独立法，目前，这些领域的立法包括《消防法》《道路交通安全法》《铁路法》《海上交通安全法》《民用航空法》《核安全法》《放射性污染防治法》《特种设备安全法》，以及相关的行政法规。按照特别法优于一般法的法律适用规则，这些法律、行政法规对特定行业、领域的安全生产另有规定的，适用其规定。这些除外规定并不是完全排除《安全生产法》的适用，《安全生产法》的通用性、一般性的制度规则，对这些特殊行业、领域仍然是适用的。

第三条 【工作方针】安全生产工作坚持中国共产党的领导。

安全生产工作应当以人为本，坚持人民至上、生命至上，把保护人民生命安全摆在首位，树牢安全发展理念，坚持安全第一、预防为主、综合治理的方针，从源头上防范化解重大安全风险。

安全生产工作实行管行业必须管安全、管业务必须管安全、管生产经营必须管安全，强化和落实生产经营单位主体责任与政府监管责任，建立生产经营单位负责、职工参与、政府监管、行业自律和社会监督的机制。

注解

本条是关于安全生产工作的指导思想、方针、原则和机制的规定。依照本条规定，安全生产工作应当坚持安全第一、预防为主、综合治理的方针。这一方针是开展安全生产工作总的指导方针，是长期实践的经验总结。

本条同时确立了生产经营单位的安全生产主体责任。生产经营单位安全生产主体责任，是指生产经营单位依照法律、法规规定，应当履行的安全生产法定职责和义务。

应用

3. 如何准确理解"综合治理"

所谓综合治理，就是要综合运用法律、经济、行政等手段，从发展规划、行业管理、安全投入、科技进步、经济政策、教育培训、安全文化以及责任追究等方面着手，建立安全生产长效机制。综合治理，秉承"安全发展"的理念，从遵循和适应安全生产的规律出发，运用法律、经济、行政等手段，多管齐下，并充分发挥社会、职工、舆论的监督作用，形成标本兼治、齐抓共管的格局。综合治理，是一种新的安全管理模式，它是保证"安全第一、预防为主"的安全管理目标实现的重要手段和方法，只有不断健全和完善综合治理工作机制，才能有效贯彻安全生产方针。

第四条　【生产经营单位基本义务】生产经营单位必须遵守本法和其他有关安全生产的法律、法规，加强安全生产管理，建立健全全员安全生产责任制和安全生产规章制度，加大对安全生产资金、物资、技术、人员的投入保障力度，改善安全生产条件，加强安全生产标准化、信息化建设，构建安全风险分级管控和隐患排查治理双重预防机制，健全风险防范化解机制，提高安全生产水平，确保安全生产。

平台经济等新兴行业、领域的生产经营单位应当根据本行业、领域的特点，建立健全并落实全员安全生产责任制，加强从业人员安全生产教育和培训，履行本法和其他法律、法规规定的有关安全生产义务。

注解

全员安全生产责任制，是根据我国的安全生产方针，即"以人为本，坚持人民至上、生命至上，把保护人民生命安全摆在首位，树牢安全发展理念，坚持安全第一、预防为主、综合治理的方针"和安全生产法规建立的各级领导、职能部门、工程技术人员、岗位操作人员在劳动生产过程中对安全生产层层负责的制度。

全员安全生产责任制是生产经营单位岗位责任制的细化，是生产经营单位最基本的一项安全制度，也是生产经营单位安全生产、劳动保护管理制度的核心。全员安全生产责任制综合各种安全生产管理、安全操作制度，对生产经营单位及其各级领导、各职能部门、有关工程技术人员和生产工人在生产中应负的安全责任予以明确，主要包括各岗位的责任人员、责任范围和考核标准等内容。在全员安全生产责任制中，主要负责人应对本单位的安全生产工作全面负责，其他各级管理人员、职能部门、技术人员和各岗位操作人员，应当根据各自的工作任务、岗位特点，确定其在安全生产方面应做的工作和应负的责任，并与奖惩制度挂钩。

本条第2款是对平台经济等新兴行业、领域的生产经营单位的安全生产义务的规定。近年来，我国经济产业结构转型升级加快，以平台经济为代表的新兴行业领域快速发展，新兴产业大量涌现，经济活动日益多元化，新兴行业领域在经济社会发展全局中的地位和作用日益凸显。新兴行业领域的生产经营活动涉及多专业、多领域交叉，部分行业领域涉及新工艺、新技术、新材料、新模式。随着新情况、新问题、新业态大量出现，"认不清、想不到、管不到"的问题突出，一些新兴行业领域相关法律法规及专业技术标准还不健全，特别是部分平台企业主体责任落实和从业人员安全权益保障不到位，从业人员安全意识和能力薄弱等问题也较为突出。对此，本条第2款的规定，就是要督促平台企业等生产经营单位统筹发展与安全，履行安全生产法定义务，从全员安全生产责任制、规章制度、安全培训、安全投入等方面进行规范，牢固树立安全"红线"意识，始终把从业人员生命安全放在首位。

> 应用

4. 构建安全风险分级管控和隐患排查治理双重预防机制，健全风险防范化解机制有哪些要求

构建安全风险分级管控和隐患排查治理双重预防机制，健全风险防范化解机制的主要要求包括：一是坚持关口前移，超前辨识预判岗位、企业、区域安全风险，对辨识出的安全风险进行分类梳理，采取相应的风险评估方法确定安全风险等级，通过实施制度、技术、工程、管理等措施，有效管控各类安全风险；二是强化隐患排查治理，加强过程管控，完善技术支撑、智能化管控、第三方专业化服务的保障措施，通过构建隐患排查治理体系和闭环管理制度，强化监管执法，及时发现和消除各类事故隐患，防患于未然；三是强化事后处置，及时、科学、有效应对各类重特大事故，最大限度减少事故伤亡人数、降低损害程度。

> 配套

《劳动法》第52条；《矿山安全法》第3条；《煤炭法》第7、8条；《危险化学品安全管理条例》第4条；《中共中央、国务院关于推进安全生产领域改革发展的意见》

第五条 【单位主要负责人主体责任】生产经营单位的主要负责人是本单位安全生产第一责任人，对本单位的安全生产工作全面负责。其他负责人对职责范围内的安全生产工作负责。

> 注解

本条是关于生产经营单位主要负责人和其他负责人责任的规定。

生产经营单位的安全生产工作是其各项工作的重中之重，生产经营单位的所有人员都应当高度重视安全生产工作。生产经营单位的主要负责人是本单位工作的主要决策者和决定者，只有主要负责人真正做到全面负责，才能搞好安全生产工作。其他负责人作为分管领域的直接领导人员，应当对其职责范围内的安全生产工作负责。

> 应用

5. 实践中如何针对不同的企业形式准确理解"生产经营单位的主要负责人"

对企业而言，不同组织形式的企业，生产经营单位的主要负责人有所不同。

根据《中共中央、国务院关于推进安全生产领域改革发展的意见》的规定，生产经营单位的法定代表人和实际控制人同为安全生产的第一责任人。法定代表人，是指依法律或法人章程规定代表法人行使职权的负责人。我国法律实行单一法定代表人制，一般认为法人的正职行政负责人为其唯一法定代表人。有限责任公司和股份有限公司的主要负责人应当是公司董事长和经理（总经理、首席执行官或其他实际履行经理职责的企业负责人）。对于非公司制的企业，主要负责人为企业的厂长、经理、矿长等企业行政"一把手"。实际控制人，通常指虽不是企业的法定代表人或者股东，但通过投资关系、协议或者其他安排，能够实际支配公司行为的人。在一般情况下，企业法定代表人由董事长或总经理担任，也是企业实际控制人。但是，一些企业特别是一些中小企业的法定代表人背后往往另有实际控制人，他们对企业的重大事项有最终的决策权。具体而言，应从以下几个方面认定"主要负责人"：

（1）主要负责人必须是生产经营单位开展生产经营活动的主要决策人，享有本单位生产经营活动包括安全生产事项的最终决定权，全面领导生产经营活动。例如，生产经营单位的重大生产经营事项应由董事会决策的，那么董事长是主要负责人，个人投资生产经营单位的投资人是主要负责人。

（2）主要负责人必须是实际领导、指挥生产经营日常活动的决策人。一般情况下，生产经营单位的主要负责人是其法定代表人。但是某些公司制企业，特别是一些特大集团公司的法定代表人，往往与其子公司的法定代表人同为一人，他不负责企业日常的生产经营活动和安全生产工作，通常是在异地。在这种情况下，那些真正全面组织、领导生产经营活动和安全生产工作的决策人就不一定是集团董事长，而是总经理或者其他人。还有一些不具备企业法人资格的生产经营单位不需要并且也不设法定代表人，这些单位的主要负责人就是其资产所有人或者生产经营负责人。

（3）主要负责人必须是能够承担生产经营单位安全生产全面领导责任的决策人。当董事长或者总经理长期缺位（因生病、学习等情况不能主持全面领导工作）时，将由其授权或者委托的副职或者其他人全面主持生产经营单位的工作，如果在这种情况下发生安全生产违法行为或者生产安全事故需要追究责任时，将长期缺位的董事长或者总经理作为责任人既不合情理又难以执行，只能追究其授权或者委托主持全面工作的实际负责人的法律责任。

配套

《建筑法》第44条；《煤炭法》第32条；《矿山安全法》第20条

第六条 【从业人员安全生产权利义务】生产经营单位的从业人员有依法获得安全生产保障的权利，并应当依法履行安全生产方面的义务。

注解

本法所称的生产经营单位的从业人员，是指该单位从事生产经营活动各项工作的所有人员，既包括管理人员、技术人员和各岗位的工人，也包括生产经营单位临时聘用的人员和被派遣劳动者。

应用

6. 从业人员享有的安全生产保障权利主要包括哪些

从业人员享有的安全生产保障权利主要包括：（1）有关安全生产的知情权。包括获得安全生产教育和技能培训的权利，被如实告知作业场所和工作岗位存在的危险因素、防范措施及事故应急措施的权利。（2）有获得符合国家标准的劳动防护用品的权利。（3）有对安全生产问题提出批评、建议的权利，包括有权对本单位安全生产管理工作存在的问题提出建议、批评、检举、控告，生产单位不得因此作出对从业人员不利的处分。（4）有对违章指挥的拒绝权。从业人员对管理者作出的可能危及安全的违章指挥，有权拒绝执行，并不得因此受到对自己不利的处分。（5）有采取紧急避险措施的权利。从业人员发现直接危及人身安全的紧急情况时，有权停止作业或者在采取紧急措施后撤离作业场所，并不得因此受到对自己不利的处分。（6）在发生生产安全事故后，有获得及时抢救和医疗救治并获得工伤保险赔付的权利等。

7. 劳动者使用卫生设施的权利能否得到法律的保障

劳动者享有获得劳动安全卫生保护的权利，是劳动法规定的基本原则，任何用工单位或个人都应当为劳动者提供必要的劳动卫生条件，维护劳动者的基本权利。劳动者在日常工作中使用卫生设施是其必要的、合理的生理需求，与劳动者的正常工作密不可分，应当受到法律的保护。(《最高人民法院公报》2004 年第 9 期：何文良诉成都市武侯区劳动局工伤认定行政行为案)

8. 从业人员保障安全生产方面的义务有哪些

从业人员在享有获得安全生产保障权利的同时，也负有以自己的行为保障安全生产的义务。主要包括：(1) 在作业过程中必须遵守本单位的安全生产规章制度和操作规程，服从管理，不得违章作业。(2) 接受安全生产教育和培训，掌握本职工作所需要的安全生产知识。(3) 发现事故隐患应当及时向本单位安全生产管理人员或主要负责人报告。(4) 正确使用和佩戴劳动防护用品。只有每个从业人员都认真履行自己在安全生产方面的法定义务，生产经营单位的安全生产工作才能有保证。

配套

《矿山安全法》第 22、26、27 条；《建筑法》第 47 条；《煤炭法》第 36、37 条；《危险化学品安全管理条例》第 4 条

第七条 【工会职责】工会依法对安全生产工作进行监督。

生产经营单位的工会依法组织职工参加本单位安全生产工作的民主管理和民主监督，维护职工在安全生产方面的合法权益。生产经营单位制定或者修改有关安全生产的规章制度，应当听取工会的意见。

注解

根据《工会法》的规定，工会依照法律规定通过职工代表大会或者其他形式，组织职工参与本单位的民主选举、民主协商、民主决策、民主管理和民主监督。企业、事业单位、社会组织违反劳动法律、法规规定，有不提供劳动安全卫生条件、随意延长劳动时间等侵犯职工劳动权益情形的，工会应当代表职工与企业、事业单位、社会组织交涉，要求企业、事业单位、社会

组织采取措施予以改正；企业、事业单位、社会组织应当予以研究处理，并向工会作出答复；企业、事业单位、社会组织拒不改正的，工会可以请求当地人民政府依法作出处理。

工会发现企业违章指挥、强令工人冒险作业，或者生产过程中发现明显重大事故隐患和职业危害，有权提出解决的建议，企业应当及时研究答复；发现危及职工生命安全的情况时，工会有权向企业建议组织职工撤离危险现场，企业必须及时作出处理决定。职工因工伤亡事故和其他严重危害职工健康问题的调查处理，必须有工会参加。

企业制定或者修改有关安全生产方面的规章制度，应当听取工会的意见。有关安全生产规章制度，主要包括：安全生产职责、安全生产投入、文件和档案管理、隐患排查与治理、安全教育培训、特种作业人员管理、设备设施安全管理、建设项目安全设施"三同时"管理、生产设备设施验收管理、生产设备设施报废管理、施工和检修维修安全管理、危险物品及重大危险源管理、作业安全管理、防护用品管理、应急管理、事故管理等管理制度。

配套

《工会法》第6、23-27、34、39条；《矿山安全法》第23-25、37条；《煤炭法》第37条；《最高人民法院关于在民事审判工作中适用〈中华人民共和国工会法〉若干问题的解释》

第八条 【各级人民政府安全生产职责】 国务院和县级以上地方各级人民政府应当根据国民经济和社会发展规划制定安全生产规划，并组织实施。安全生产规划应当与国土空间规划等相关规划相衔接。

各级人民政府应当加强安全生产基础设施建设和安全生产监管能力建设，所需经费列入本级预算。

县级以上地方各级人民政府应当组织有关部门建立完善安全风险评估与论证机制，按照安全风险管控要求，进行产业规划和空间布局，并对位置相邻、行业相近、业态相似的生产经营单位实施重大安全风险联防联控。

注解

安全生产规划,是各级人民政府制定的比较全面长远的安全生产发展计划,是对未来整体性、长期性、基本性问题的考量,设计未来整套行动的方案,具有综合性、系统性、时间性、强制性等特点。

安全生产规划与国土空间规划相衔接,主要是指安全生产规划中涉及国土空间规划的内容应当与其相衔接,例如安全生产规划中涉及危险化学品的化工园区、港区建设、化工产业布局等要求,应当与国土空间规划相衔接,保证从规划初期就充分考虑科学布局生产空间、生活空间、生态空间等方面要求。同时,也要求编制国土空间规划等相关规划时,应当考虑安全生产因素。

县级以上地方各级人民政府要建立完善安全风险评估与论证机制,科学合理确定企业选址和基础设施建设、居民生活区空间布局。要对位置相邻、行业相近、业态相似的生产经营单位实施重大安全风险联防联控。位置相邻、行业相近、业态相似的生产经营单位在安全风险管控方面有着共同的、相似的要求,通过统筹管理,建立完善重大安全风险联防联控机制,能够将相邻或者相似的安全风险管控力量进行整合,形成管控合力,节约管控成本,提升管控效能,提高安全风险管控能力和水平。实施重大安全风险联防联控机制,可以通过建立联席会议制度、编制应急联动方案、组建区域通信联络和应急响应机制、定期组织安全生产交叉检查、开展联合应急救援演练和应急调度测试等方式,推动地区、行业间的信息资源共享,打破传统的区域、行业分割壁垒。

配套

《矿山安全法》第4、33、34条;《煤炭法》第30条;《煤矿安全监察条例》第2、4、7、49条;《建设工程安全生产管理条例》第39、40、43、46条;《危险化学品安全管理条例》第8条

第九条 【安全生产监督管理职责】国务院和县级以上地方各级人民政府应当加强对安全生产工作的领导,建立健全安全生产工作协调机制,支持、督促各有关部门依法履行安全生产监督管理职责,及时协调、解决安全生产监督管理中存在的重大问题。

乡镇人民政府和街道办事处，以及开发区、工业园区、港区、风景区等应当明确负责安全生产监督管理的有关工作机构及其职责，加强安全生产监管力量建设，按照职责对本行政区域或者管理区域内生产经营单位安全生产状况进行监督检查，协助人民政府有关部门或者按照授权依法履行安全生产监督管理职责。

第十条　【安全生产监督管理体制】国务院应急管理部门依照本法，对全国安全生产工作实施综合监督管理；县级以上地方各级人民政府应急管理部门依照本法，对本行政区域内安全生产工作实施综合监督管理。

国务院交通运输、住房和城乡建设、水利、民航等有关部门依照本法和其他有关法律、行政法规的规定，在各自的职责范围内对有关行业、领域的安全生产工作实施监督管理；县级以上地方各级人民政府有关部门依照本法和其他有关法律、法规的规定，在各自的职责范围内对有关行业、领域的安全生产工作实施监督管理。对新兴行业、领域的安全生产监督管理职责不明确的，由县级以上地方各级人民政府按照业务相近的原则确定监督管理部门。

应急管理部门和对有关行业、领域的安全生产工作实施监督管理的部门，统称负有安全生产监督管理职责的部门。负有安全生产监督管理职责的部门应当相互配合、齐抓共管、信息共享、资源共用，依法加强安全生产监督管理工作。

注解

本条是关于安全生产监督管理体制的规定。国务院应急管理部门和县级以上地方各级人民政府应急管理部门是对我国安全生产工作实施综合监督管理的部门，有关部门在各自职责范围内对有关行业、领域的安全生产工作实施监督管理。应急管理部门承担的综合监管职责主要包括两个方面：一是承担本级安全生产委员会的日常工作；二是指导协调、监督检查、巡查考核本级政府有关部门和下级政府安全生产工作。

除应急管理部门外，国务院有关部门和县级以上人民政府有关部门依照法律、行政法规、地方性法规以及本部门"三定"方案，对有关行业、领域的安全生产工作实施监督管理。这就是说，安全生产监督管理工作不仅仅是应急管理部门的职责，政府其他有关部门在其职责范围内，也承担着安全生产监督管理的责任。例如，交通运输部门承担水上交通安全监管责任，指导公路、水路行业安全生产和应急管理工作等；住房和城乡建设部门承担建筑工程质量安全监管责任，拟订建筑安全生产和竣工验收备案的政策、规章制度并监督执行，组织或参与安全事故的调查处理等。

随着经济社会的快速发展，出现的一些新兴行业、领域性质比较特殊、情况比较复杂，在安全生产监管上可能涉及多个部门。比如，平台经济中的外卖行业，涉及食品安全、交通安全、网络安全等多个领域；一些综合性较强的新型农家乐，涉及旅游、餐饮、农业农村等多个领域。按照现有的规定，这些新兴的行业、领域可能一时难以归入某个具体的部门进行专门监管。为防止部门之间互相推责而形成监管盲区，本条第2款规定，对新兴行业、领域的安全生产监督管理职责不明确的，由县级以上地方各级人民政府按照业务相近的原则确定监督管理部门。按照业务相近的原则，需要人民政府组织对这些行业、领域涉及的安全问题进行分析和判断，对应到现有的最为接近的行业、领域，并归口到相应的部门进行监督管理。

应用

9. 地方各级党委主要负责人具有哪些安全生产职责

根据中共中央办公厅、国务院办公厅印发的《地方党政领导干部安全生产责任制规定》，地方各级党委主要负责人安全生产职责主要包括：（1）认真贯彻执行党中央以及上级党委关于安全生产的决策部署和指示精神，安全生产方针政策、法律法规；（2）把安全生产纳入党委议事日程和向全会报告工作的内容，及时组织研究解决安全生产重大问题；（3）把安全生产纳入党委常委会及其成员职责清单，督促落实安全生产"一岗双责"制度；（4）加强安全生产监管部门领导班子建设、干部队伍建设和机构建设，支持人大、政协监督安全生产工作，统筹协调各方面重视支持安全生产工作；（5）推动将安全生产纳入经济社会发展全局，纳入国民经济和社会发展考核评价体系，作为衡量经济发展、社会治安综合治理、精神文明建设成效的重要指标和领导干部政绩考核的重要内容；(6) 大力弘扬生命至上、安全第一的思想，强化安全生产宣传教育和舆论引导，将安全生产方针政策和法律法规纳入党委理论学习中心组学习内容和干部培训内容。

10. 县级以上地方各级政府主要负责人具有哪些安全生产职责

根据中共中央办公厅、国务院办公厅印发的《地方党政领导干部安全生产责任制规定》，县级以上地方各级政府主要负责人安全生产职责主要包括：(1) 认真贯彻落实党中央、国务院以及上级党委和政府、本级党委关于安全生产的决策部署和指示精神，安全生产方针政策、法律法规；(2) 把安全生产纳入政府重点工作和政府工作报告的重要内容，组织制定安全生产规划并纳入国民经济和社会发展规划，及时组织研究解决安全生产突出问题；(3) 组织制定政府领导干部年度安全生产重点工作责任清单并定期检查考核，在政府有关工作部门"三定"规定中明确安全生产职责；(4) 组织设立安全生产专项资金并列入本级财政预算、与财政收入保持同步增长，加强安全生产基础建设和监管能力建设，保障监管执法必需的人员、经费和车辆等装备；(5) 严格安全准入标准，推动构建安全风险分级管控和隐患排查治理预防工作机制，按照分级属地管理原则明确本地区各类生产经营单位的安全生产监管部门，依法领导和组织生产安全事故应急救援、调查处理及信息公开工作；(6) 领导本地区安全生产委员会工作，统筹协调安全生产工作，推动构建安全生产责任体系，组织开展安全生产巡查、考核等工作，推动加强高素质专业化安全监管执法队伍建设。

第十一条 【安全生产有关标准】国务院有关部门应当按照保障安全生产的要求，依法及时制定有关的国家标准或者行业标准，并根据科技进步和经济发展适时修订。

生产经营单位必须执行依法制定的保障安全生产的国家标准或者行业标准。

注 解

制定并适时修订安全生产的国家标准或者行业标准，是国务院有关部门履行安全生产工作职责的重要方面，在生产经营活动中应严格执行。这些标准包括生产作业场所的安全标准，生产作业、施工的工艺安全标准，安全设备、设施、器材和安全防护用品的产品安全标准等。

根据《标准化法》的规定，标准包括国家标准、行业标准、地方标准和团体标准、企业标准。国家标准分为强制性标准、推荐性标准，行业标准、地方标准是推荐性标准。强制性标准必须执行。国家鼓励采用推荐性标准。

对保障人身健康和生命财产安全、国家安全、生态环境安全以及满足经济社会管理基本需要的技术要求，应当制定强制性国家标准。对需要在全国范围内统一的保障人体健康和人身、财产安全的技术要求，应当制定国家标准（含标准样品的制作）。对满足基础通用、与强制性国家标准配套、对各有关行业起引领作用等需要的技术要求，可以制定推荐性国家标准。

对没有推荐性国家标准、需要在全国某个行业内统一的技术要求，可以制定行业标准。

配套

《标准化法》第2条；《标准化法实施条例》第11条；《矿山安全法》第15条；《职业病防治法》第12、14、15、18条；《危险化学品安全管理条例》第4、17、24、26、28条；《应急管理标准化工作管理办法》

第十二条 【安全生产强制性国家标准的制定】 国务院有关部门按照职责分工负责安全生产强制性国家标准的项目提出、组织起草、征求意见、技术审查。国务院应急管理部门统筹提出安全生产强制性国家标准的立项计划。国务院标准化行政主管部门负责安全生产强制性国家标准的立项、编号、对外通报和授权批准发布工作。国务院标准化行政主管部门、有关部门依据法定职责对安全生产强制性国家标准的实施进行监督检查。

第十三条 【安全生产宣传教育】 各级人民政府及其有关部门应当采取多种形式，加强对有关安全生产的法律、法规和安全生产知识的宣传，增强全社会的安全生产意识。

注解

本条的义务主体是各级人民政府及其有关部门，采取的形式多种多样，可以通过电视、报刊、广播和互联网等媒体。加强对有关安全生产的法律、法规和安全生产知识的宣传的主要目的，是增强全社会的安全生产意识。通过宣传和教育，充分发挥职工和公众的监督作用，对政府及其有关部门在安全生产工作方面依法行政的情况，对生产经营单位贯彻执行安全生产法律、法规的情况进行监督，保证有关安全生产的法律、法规真正落到实处，充分发挥社会监督、舆论监督和群众监督的作用。同时，政府及有关部门要针对不同行业生产经营活动的特点，对包括生产经营单位负责人在内的全体职工进行有关安全生产知识的宣传教育，引导和推动各级管理人员和职工群众掌握本职工作所需要的安全生产知识，做到管理人员不违章指挥，作业人员不违章作业，人人增强安全生产意识，加强自我保护，尽可能防止和减少生产安全事故的发生。

第十四条　【协会组织职责】有关协会组织依照法律、行政法规和章程，为生产经营单位提供安全生产方面的信息、培训等服务，发挥自律作用，促进生产经营单位加强安全生产管理。

注解

本条明确了行业协会、商会等协会组织在安全生产方面的作用。协会组织是依法成立的社团法人，依据其成员共同制定的章程实现其组织职能，维护本行业企业的权益，规范市场行为，增强抵御市场风险的能力。

中国安全生产协会是安全生产领域的专业协会。该协会贯彻"安全第一、预防为主、综合治理"的安全生产方针，总结、交流和推广安全生产先进管理经验，组织实施安全生产标准化工作，提高企业安全管理水平，开展安全生产宣传和教育、培训活动及安全生产公益性活动、咨询服务。

第十五条　【安全生产技术、管理服务中介机构】依法设立的为安全生产提供技术、管理服务的机构，依照法律、行政法规和执业准则，接受生产经营单位的委托为其安全生产工作提供技术、管理服务。

生产经营单位委托前款规定的机构提供安全生产技术、管理服务的，保证安全生产的责任仍由本单位负责。

注解

本条是关于提供安全生产服务机构的规定。从事专业安全生产服务的机构必须要符合法律、法规等规定的设立条件，其人员也要有一定的资质条件，以保证能提供专业化的服务。专业安全生产服务机构可以申请专业技术服务资质证书，并在许可的范围内开展活动。

应用

11. 对于安全生产服务机构开展安全生产技术服务，法律法规有何要求

安全生产服务机构开展安全生产技术服务，应当遵守公开、公正、诚信和自愿的原则，按照政府指导价或者行业自律价，与委托方签订委托协议，明确双方的权利和义务。安全生产服务机构必须遵守法律、行政法规的有关规定和执业准则，按照生产经营单位的委托，提供有关的安全评价、检测、检验、认证、咨询、培训、管理等服务。生产经营单位对安全生产服务机构有自主选择权。有关政府部门不得强令生产经营单位接受其指定机构的服务。

12. 生产经营单位能否因委托相关机构提供安全生产技术、管理服务，而减免其安全生产责任

本条第2款特别强调，生产经营单位委托相关机构提供安全生产技术、管理服务的，保证安全生产的责任仍由本单位负责。接受生产经营单位的委托后，从事安全生产服务的机构与生产经营单位之间是一种委托关系。根据民法典的规定，在委托范围之内，受托机构的一切行为后果都由委托的生产经营单位承担。生产经营单位委托相关机构为其安全生产提供技术、管理服务，属于单位内部安全生产管理的一种方式，对生产经营单位的安全生产责任本身没有任何影响，其安全生产责任并不因为委托相关机构就减轻或者免除。

第十六条 【事故责任追究制度】 国家实行生产安全事故责任追究制度，依照本法和有关法律、法规的规定，追究生产安全事故责任单位和责任人员的法律责任。

注解

本条是关于生产安全事故责任追究制度的规定。依照本法和有关法律、

行政法规的规定，生产安全事故责任人承担的法律责任主要有：(1) 行政责任。是指违反有关行政管理的法律、法规的规定，依法应当承担的法律后果。行政责任包括政务处分和行政处罚。"政务处分"是对公务员、参公管理人员和法律、法规授权或者受国家机关依法委托管理公共事务的组织中从事公务的人员、国有企业管理人员等人员的违法违纪行为给予的制裁性处理。"行政处罚"是指行政机关依法对违反行政管理秩序的公民、法人或者其他组织，以减损权益或者增加义务的方式予以惩戒的行为。(2) 民事责任。是指依照民法典的规定，因安全事故造成人员、他人财产损失的，生产事故责任人应当承担的赔偿责任。(3) 刑事责任。是指有依照刑法规定构成犯罪的严重违法行为所应承担的法律后果。刑法在"危害公共安全罪"一章中规定了重大责任事故罪、重大劳动安全事故罪、危险物品肇事罪、工程重大安全事故罪、危险作业罪等重大责任事故犯罪的刑事责任。本法"法律责任"一章对生产安全事故造成严重事故后果的，明确依照刑法追究刑事责任。

应用

13. 实践中违反安全生产法律法规和技术规范的情形主要有哪些

生产经营活动中发生安全事故的原因多种多样，但大多数情况都是因为违反安全生产的法律、法规、标准和有关技术规程、规范等人为因素造成的，主要包括：生产经营活动的作业场所不符合保证安全生产的规定；设施、设备、工具、器材不符合安全标准，存在缺陷；未按规定配备安全防护用品；未对职工进行安全教育培训，职工缺乏安全生产知识；劳动组织不合理；管理人员违章指挥；职工违章冒险作业等。

14. 关于追究特大安全事故的行政责任，国家有何规定

2001年，为了有效地防范特大安全事故的发生，严肃追究特大安全事故的行政责任，国务院颁布了《关于特大安全事故行政责任追究的规定》，明确规定对于特大火灾事故，特大交通安全事故，特大建筑质量安全事故，民用爆炸物品和化学危险品特大安全事故，煤矿和其他矿山特大安全事故，锅炉、压力容器、压力管道和特种设备等特大安全事故，除了对地方人民政府主要领导人和政府有关部门正职负责人可以依法追究行政责任和刑事责任外，对市（地、州）、县（市、区）人民政府依照该规定应当履行职责而未

履行，或者未按照规定的程序履行，本地区发生特大安全事故的，对政府主要领导人根据情节轻重，给予降级或者撤职的行政处分；负责安全生产有关事项行政审批的政府部门或者机构、负责安全生产监督管理的政府有关部门，未依照规定履行职责，发生特大安全事故的，对部门或者机构的正职负责人根据情节轻重，给予撤职或者开除公职的行政处分；发生特大安全事故，社会影响特别恶劣或者性质特别严重的，由国务院对负有领导责任的省长、自治区主席、直辖市市长和国务院有关部门正职负责人给予行政处分。2010年国务院《关于进一步加强企业安全生产工作的通知》进一步强化了安全事故的责任追究制度，明确发生特别重大生产安全事故的，要根据情节轻重，追究地市级分管领导或主要领导的责任，后果特别严重、影响特别恶劣的，要按规定追究省部级相关领导的责任。

配套

《民法典》第176-187条；《行政处罚法》第9-16条；《刑法》第134-139条

第十七条 【安全生产权力和责任清单】县级以上各级人民政府应当组织负有安全生产监督管理职责的部门依法编制安全生产权力和责任清单，公开并接受社会监督。

注解

本条是关于依法编制安全生产权力和责任清单的规定。依法开展权责清单编制工作，要充分发挥县级以上各级人民政府的组织领导作用，强化协作配合和统筹协调，确保负有安全生产监督管理职责的部门步调一致、协调统一，按时间进度高质量完成编制工作。在具体组织编制过程中，负有安全生产监督管理职责的部门既要做好基础清单编制工作，也要提前谋划规范权责事项、公开权责清单等后续工作。要准确把握权责清单编制的重点，全面梳理与安全生产有关的权责事项，做到无死角、无盲区，确保清单全面准确。

要充分发挥安全生产权力和责任清单的作用，一方面，确保负有安全生产监督管理职责的部门依法行使公权力，推动实现依法用权、依法履职、依法追责。另一方面，通过向社会公开，接受社会监督，提高安全生产有关监督管理行为的社会公信力。

第十八条 【安全生产科学技术研究】国家鼓励和支持安全生产科学技术研究和安全生产先进技术的推广应用,提高安全生产水平。

> 注解

安全生产事故虽然有意外性、偶然性和突发性,但也有一定的规律。要达到预防和减少安全事故的目的,就要努力去发现这种规律,并采取有效措施加以防范。因此,必须加强安全生产科学技术的研究工作,针对各行业生产经营活动的特点,加强对安全高效的设备、工具、工艺方法和有效的安全防护用品的研究开发,加快安全生产关键技术装备的换代升级,特别是加大对高危行业安全技术、装备、工艺和产品研发的支持力度,推动工业机器人、智能装备在危险工序和环节的广泛应用,引导高危行业提高机械化、自动化生产水平,合理确定生产一线用工。

生产经营单位应当以高度负责的态度,努力采用保障生产安全的先进技术;政府及有关部门应当采取有效的措施,鼓励和支持安全生产技术的推广应用。国家要大力推广保障安全生产的新工艺、新设备、新材料等的应用以及信息化建设,努力提高生产经营单位的安全防护水平。

第十九条 【奖励】国家对在改善安全生产条件、防止生产安全事故、参加抢险救护等方面取得显著成绩的单位和个人,给予奖励。

> 注解

根据本条规定,在以下三个方面为安全生产工作作出显著成绩的,由国家给予奖励:(1)在改善安全生产条件方面作出显著成绩的,如通过发明创造、技术革新,发明了新的安全高效的机器、设备、工具等。(2)在防止生产安全事故方面作出显著成绩的。如及时发现、消除了安全事故隐患,防止了重大事故的发生;提出了行之有效的事故预防、控制方法等。(3)参加抢险救护作出显著成绩的。如在事故的抢险救护工作中尽职尽责、见义勇为、不怕牺牲、不畏艰险,为抢救国家和人民的生命财产作出重要贡献的。

> 应用

15. 奖励的方式有哪些

给予奖励的主体可以是各级人民政府,也可以是政府有关部门。受奖励的主体,可以是单位,也可以是个人。奖励的方式可以是荣誉奖励,比如授予安全生产先进单位或者先进工作者等荣誉称号,颁发奖状、奖旗,记功、通令嘉奖等;也可以是物质奖励,如发给奖金、奖励住房等实物;也可以采取对相关人员提职、晋级奖励等方式。这些奖励方式,可以共同采用。除了国家层面的奖励外,安全生产单位也应当按照本单位内部的奖惩制度,对在安全生产方面作出显著成绩的集体和个人给予奖励。

第二章 生产经营单位的安全生产保障

第二十条 【安全生产条件】 生产经营单位应当具备本法和有关法律、行政法规和国家标准或者行业标准规定的安全生产条件;不具备安全生产条件的,不得从事生产经营活动。

> 注解

本条是关于生产经营单位应当具备安全生产条件的规定。生产经营单位要保证生产经营活动安全地进行,防止和减少生产安全事故的发生,必须在生产经营设施、设备、人员素质、管理制度、采用的工艺技术等方面达到相应的标准,具备必要的安全生产条件。安全生产条件在本法和相关法律中均有明确规定,比如本法规定的安全设施的"三同时"要求,设置安全生产管理机构和配备安全生产管理人员的要求等。此外,《建筑法》《危险化学品安全管理条例》等其他法律法规以及相关的国家标准和行业标准,也对安全生产条件作出了相应的规定。对不具备安全生产条件从事生产经营活动的,由监管部门根据违法情况责令限期改正、责令停产停业、罚款或者责令关闭。

> 应用

16. 企业取得安全生产许可证,应当具备哪些安全生产条件

国家对矿山企业、建筑施工企业和危险化学品、烟花爆竹、民用爆炸物

品生产企业实行安全生产许可制度，未取得安全生产许可证的，不得从事生产活动。取得安全生产许可证，应当具备下列安全生产条件：（1）建立、健全安全生产责任制，制定完备的安全生产规章制度和操作规程；（2）安全投入符合安全生产要求；（3）设置安全生产管理机构，配备专职安全生产管理人员；（4）主要负责人和安全生产管理人员经考核合格；（5）特种作业人员经有关业务主管部门考核合格，取得特种作业操作资格证书；（6）从业人员经安全生产教育和培训合格；（7）依法参加工伤保险，为从业人员缴纳保险费；（8）厂房、作业场所和安全设施、设备、工艺符合有关安全生产法律、法规、标准和规程的要求；（9）有职业危害防治措施，并为从业人员配备符合国家标准或者行业标准的劳动防护用品；（10）依法进行安全评价；（11）有重大危险源检测、评估、监控措施和应急预案；（12）有生产安全事故应急救援预案、应急救援组织或者应急救援人员，配备必要的应急救援器材、设备；（13）法律、法规规定的其他条件。

配 套

《安全生产许可证条例》第2、6条；《危险化学品生产企业安全生产许可证实施办法》；《烟花爆竹生产企业安全生产许可证实施办法》；《煤矿企业安全生产许可证实施办法》

第二十一条 【单位主要负责人安全生产职责】生产经营单位的主要负责人对本单位安全生产工作负有下列职责：

（一）建立健全并落实本单位全员安全生产责任制，加强安全生产标准化建设；

（二）组织制定并实施本单位安全生产规章制度和操作规程；

（三）组织制定并实施本单位安全生产教育和培训计划；

（四）保证本单位安全生产投入的有效实施；

（五）组织建立并落实安全风险分级管控和隐患排查治理双重预防工作机制，督促、检查本单位的安全生产工作，及时消除生产安全事故隐患；

（六）组织制定并实施本单位的生产安全事故应急救援预案；

（七）及时、如实报告生产安全事故。

注解

本条对生产经营单位的主要负责人对本单位安全生产工作的职责作出了具体规定。生产经营单位的主要负责人，作为单位的主要领导者，对单位的生产经营活动全面负责，必须同时对单位的安全生产工作负责。

根据本条规定，生产经营单位的主要负责人对本单位的安全生产工作负有下列职责：（1）建立健全并落实本单位全员安全生产责任制，加强安全生产标准化建设。生产经营单位的主要负责人和其他负责人员必须亲自带头，自觉执行责任制的规定，经常或定期检查全员安全生产责任制的执行情况，奖优罚劣，提高本单位全体从业人员执行全员安全生产责任制的自觉性，使全员安全生产责任制的执行得以巩固。（2）组织制定并实施本单位安全生产规章制度和操作规程。生产经营单位的主要负责人应当组织制定本单位的安全生产规章制度和操作规程，并保证其有效实施。（3）组织制定并实施本单位安全生产教育和培训计划。生产经营单位的安全生产教育和培训计划是根据本单位安全生产状况、岗位特点、人员结构组成，有针对性地规定单位负责人、职能部门负责人、车间主任、班组长、安全生产管理人员、特种作业人员以及其他从业人员的安全生产教育和培训的统筹安排，包括经费保障、教育培训内容以及组织实施措施等内容。（4）保证本单位的安全生产投入有效实施。生产经营单位的主要负责人应当保证本单位有安全生产投入，并保证这项投入真正用于本单位的安全生产工作，在经济效益与安全生产方面找到最佳结合点，促进安全地生产经营。（5）组织建立并落实安全风险分级管控和隐患排查治理双重预防工作机制。"安全风险"是事故发生可能性和后果严重程度的综合。"事故隐患"是指生产经营单位在生产设施、设备以及安全管理制度等方面存在的可能引发事故的各种自然或者人为因素，包括物的不安全状态、人的不安全行为以及管理上的缺陷等。生产经营单位的主要负责人应当经常性地对本单位的安全生产工作进行督促、检查，对检查中发现的问题及时解决，对存在的生产安全事故隐患及时予以排除。（6）组织制定并实施本单位的生产安全事故应急救援预案。生产安全事故应急救援预案，是指生产经营单位根据本单位的实际，针对可能发生的事故的类别、性质、特点和范围等情况制定的事故发生时的组织、技术措施和其他应急措施。（7）及时、如实报告生产安全事故。生产经营单位的主要负责人应当按照本法和其他有关法律、行政法规、规章的规定，及时、如实地报告生产安全事故，不得隐瞒不报、谎报或者迟报。

第二十二条 【全员安全生产责任制】生产经营单位的全员安全生产责任制应当明确各岗位的责任人员、责任范围和考核标准等内容。

生产经营单位应当建立相应的机制，加强对全员安全生产责任制落实情况的监督考核，保证全员安全生产责任制的落实。

注解

安全生产人人有责、各负其责，是保证生产经营单位的生产经营活动安全进行的重要基础。生产经营单位应当建立纵向到底、横向到边的全员安全生产责任制，以保证安全生产工作人人有责、各负其责。全员安全生产责任制应当定岗位、定人员、定安全责任，根据岗位的实际工作情况，确定相应的人员，明确岗位职责和相应的安全生产职责，实行"一岗双责"。生产经营单位根据本单位实际，建立由本单位主要负责人牵头，相关负责人、安全生产管理机构负责人以及人事、财务等相关职能部门人员组成的全员安全生产责任制监督考核领导机构，协调处理全员安全生产责任制执行中的问题。主要负责人对全员安全生产责任制落实情况全面负责，安全生产管理机构负责全员安全生产责任制的监督和考核工作。

应用

17. 全员安全生产责任制的主要内容包括哪些方面

一是生产经营单位的各级负责生产和经营的管理人员，在完成生产或经营任务的同时，对保证生产安全负责；二是各职能部门的人员，对自己业务范围内有关的安全生产负责；三是班组长、特种作业人员对其岗位的安全生产工作负责；四是所有从业人员应在自己本职工作范围内做到安全生产；五是各类安全责任的考核标准以及奖惩措施。全员安全生产责任制应当内容全面、要求清晰、操作方便，各岗位的责任人员、责任范围及相关考核标准一目了然。当管理架构发生变化、岗位设置调整，从业人员变动时，生产经营单位应当及时对全员安全生产责任制内容作出相应修改，以适应安全生产工作的需要。

第二十三条 【保证安全生产资金投入】生产经营单位应当具备的安全生产条件所必需的资金投入，由生产经营单位的决策机构、主要负责人或者个人经营的投资人予以保证，并对由于安全生产所必需的资金投入不足导致的后果承担责任。

有关生产经营单位应当按照规定提取和使用安全生产费用，专门用于改善安全生产条件。安全生产费用在成本中据实列支。安全生产费用提取、使用和监督管理的具体办法由国务院财政部门会同国务院应急管理部门征求国务院有关部门意见后制定。

注解

本条是关于生产经营单位的决策机构、主要负责人或者个人经营的投资人必须保证安全生产资金投入的规定。为保证生产经营单位按照规定提取和使用安全生产费用，并专项用于改善安全生产条件，本条授权规定安全生产费用提取、使用和监督管理的具体办法由国务院财政部门会同国务院应急管理部门征求国务院有关部门意见后制定。按照《企业安全生产费用提取和使用管理办法》的规定，企业安全生产费用是指企业按照规定标准提取，在成本（费用）中列支，专门用于完善和改进企业或者项目安全生产条件的资金。在中华人民共和国境内直接从事煤炭生产、非煤矿山开采、石油天然气开采、建设工程施工、危险品生产与储存、交通运输、烟花爆竹生产、民用爆炸物品生产、冶金、机械制造、武器装备研制生产与试验（含民用航空及核燃料）、电力生产与供应的企业及其他经济组织必须按照规定的标准提取安全生产费用，并专项用于规定的范围。

应用

18. 本条规定的"生产经营单位的决策机构"具体指什么

本条所称的生产经营单位的决策机构，是指对生产经营单位的经营方案和投资计划等重大事项进行决策的机构。对于本条来说，主要是指对安全生产资金投入进行决策的机构，如有限责任公司、股份有限公司的股东会或者董事会。

19. 企业安全生产费用可以用于哪些开支

企业安全生产费用可由企业用于以下范围的支出：（1）购置购建、更新改造、检测检验、检定校准、运行维护安全防护和紧急避险设施、设备支出（不含按照"建设项目安全设施必须与主体工程同时设计、同时施工、同时投入生产和使用"规定投入的安全设施、设备）；（2）购置、开发、推广应用、更新升级、运行维护安全生产信息系统、软件、网络安全、技术支出；（3）配备、更新、维护、保养安全防护用品和应急救援器材、设备支出；（4）企业应急救援队伍建设（含建设应急救援队伍所需应急救援物资储备、人员培训等方面）、安全生产宣传教育培训、从业人员发现报告事故隐患的奖励支出；（5）安全生产责任保险、承运人责任险等与安全生产直接相关的法定保险支出；（6）安全生产检查检测、评估评价（不含新建、改建、扩建项目安全评价）、评审、咨询、标准化建设、应急预案制修订、应急演练支出；（7）与安全生产直接相关的其他支出。

> 配套

《矿山安全法》第32条；《建设工程安全生产管理条例》第22条；《煤矿安全监察条例》第27条；《企业安全生产费用提取和使用管理办法》

第二十四条 【安全生产管理机构及人员】矿山、金属冶炼、建筑施工、运输单位和危险物品的生产、经营、储存、装卸单位，应当设置安全生产管理机构或者配备专职安全生产管理人员。

前款规定以外的其他生产经营单位，从业人员超过一百人的，应当设置安全生产管理机构或者配备专职安全生产管理人员；从业人员在一百人以下的，应当配备专职或者兼职的安全生产管理人员。

> 注解

本条是关于生产经营单位设置安全生产管理机构和配备安全生产管理人员的规定。生产经营活动的安全进行，除了必要的物质保障和制度保障外，还要从人员上加以保障。对于从事一些危险性较大的行业的生产经营单位或者从业人员较多的生产经营单位，应当有专门的人员从事安全生产管理工作，对生产经营单位的安全生产工作进行经常性检查，及时督促处理检查中发现的安全生产问题,及时监督排除生产事故隐患,提出改进安全生产工作的建议。

> 应用

20. 如何理解本条中的"安全生产管理机构"和"专职安全生产管理人员"

本条规定的"安全生产管理机构",是指生产经营单位内部设立的专门负责安全生产管理事务的独立的部门;"专职安全生产管理人员",是指在生产经营单位中专门负责安全生产管理,不再兼做其他工作的人员。

21. 对于矿山、金属冶炼、建筑施工、运输单位和危险物品的生产、经营、储存、装卸单位,以及从业人员超过100人的其他生产经营单位,具体在什么情况下应当设置安全生产管理机构,在什么情况下可以配备专职安全生产管理人员

关于这一问题,本条未作具体规定。生产经营单位可以根据本单位的规模大小、安全生产风险等实际情况,自主作出决定。一般来讲,规模较小的生产经营单位,如个别危险物品的经营单位,人数较少,可只配专职安全生产管理人员;规模较大的生产经营单位则应当设置安全生产管理机构。从根本上说,无论是配备专职安全生产管理人员还是设置安全生产管理机构,必须以满足本单位安全生产管理工作的实际需要为原则。

> 配套

《安全生产许可证条例》第6条;《烟花爆竹安全管理条例》第8条;《建设工程安全生产管理条例》第23条;《建筑施工企业主要负责人、项目负责人和专职安全生产管理人员安全管理规定》第2-3、19-22条;《国务院关于进一步加强安全生产工作的决定》第10条

第二十五条 【安全生产管理机构及人员的职责】生产经营单位的安全生产管理机构以及安全生产管理人员履行下列职责:

(一)组织或者参与拟订本单位安全生产规章制度、操作规程和生产安全事故应急救援预案;

(二)组织或者参与本单位安全生产教育和培训,如实记录安全生产教育和培训情况;

（三）组织开展危险源辨识和评估，督促落实本单位重大危险源的安全管理措施；

（四）组织或者参与本单位应急救援演练；

（五）检查本单位的安全生产状况，及时排查生产安全事故隐患，提出改进安全生产管理的建议；

（六）制止和纠正违章指挥、强令冒险作业、违反操作规程的行为；

（七）督促落实本单位安全生产整改措施。

生产经营单位可以设置专职安全生产分管负责人，协助本单位主要负责人履行安全生产管理职责。

注解

本条是关于安全生产管理机构以及安全生产管理人员职责的规定，主要目的是明确安全生产管理机构以及安全生产管理人员的职责，加强生产经营单位的安全生产管理。

应用

22. 如何理解本条规定的"生产经营单位的安全生产规章制度、操作规程"以及"生产安全事故应急救援预案"

生产经营单位的安全生产规章制度和操作规程，是根据其自身生产经营范围、危险程度、工作性质及具体工作内容，依照国家有关法律、行政法规、规章和标准，有针对性规定的、具有可操作性的、保障安全生产的工作运转制度及工作方式、方法和操作程序。生产安全事故应急救援预案，是指生产经营单位根据本单位的实际，针对可能发生的事故的类别、性质、特点和范围等情况制定的事故发生时组织、技术措施和其他应急措施。安全生产规章制度和操作规程、生产安全事故应急救援预案，是保证生产经营安全进行以及事故发生后，及时开展救援，防止事故扩大，最大限度减少人员伤亡的最基本制度和有效手段，是生产经营单位实现科学发展、安全发展的重要保障。

23. 生产经营单位主要负责人的安全培训应当包括哪些内容

生产经营单位主要负责人的安全培训应当包括下列内容：（1）国家安全

生产方针、政策和有关安全生产的法律、法规、规章及标准；（2）安全生产管理基本知识、安全生产技术、安全生产专业知识；（3）重大危险源管理、重大事故防范、应急管理和救援组织以及事故调查处理的有关规定；（4）职业危害及其预防措施；（5）国内外先进的安全生产管理经验；（6）典型事故和应急救援案例分析；（7）其他需要培训的内容。

24. 生产经营单位安全生产管理人员的安全培训应当包括哪些内容

生产经营单位安全生产管理人员的安全培训应当包括下列内容：（1）国家安全生产方针、政策和有关安全生产的法律、法规、规章及标准；（2）安全生产管理、安全生产技术、职业卫生等知识；（3）伤亡事故统计、报告及职业危害的调查处理方法；（4）应急管理、应急预案编制以及应急处置的内容和要求；（5）国内外先进的安全生产管理经验；（6）典型事故和应急救援案例分析；（7）其他需要培训的内容。

25. 什么是"重大危险源"

重大危险源，是指长期地或者临时地生产、搬运、使用或者储存危险物品，且危险物品的数量等于或者超过临界量的单元（包括场所和设施）。构成重大危险源，需是危险物品的数量等于或者超过临界量。所谓临界量，是指一个数值，当某种危险物品的数量达到或者超过这个数值时，就有可能发生危险。重大危险源是危险物品大量聚集的地方，具有较大的危险性，如果发生生产安全事故，将会对从业人员及相关人员的人身和财产安全造成比较大的损害。生产经营单位对重大危险源应当严格登记建档，采取有效的防护措施，并定期进行检查、检测、评估；有些重大危险源较多、情况严重的生产经营单位，还应当建立专门的安全监控系统，对重大危险源实施不间断的监控。

26. 安全生产管理机构以及安全生产管理人员应如何应对安全事故隐患

安全生产管理机构应当根据本单位生产经营特点、风险分布、危害因素的种类和危害程度等情况，制定检查工作计划，明确检查对象、任务和频次。安全生产管理机构以及安全生产管理人员应当有计划、有步骤地巡查、检查本单位每个作业场所、设备、设施，不留死角。对于安全风险大、容易发生生产安全事故的地点，应当加大检查频次。对于检查中发现的生产安全事故隐患，应当要求立即整改或排除；不能立即整改或排除的，要求暂时停止作业或施工，责令有关业务部门、车间、班组提出整改措施，限期整改；

如果有可能发生生产安全事故，危及从业人员生命健康的，应当立即采取撤离从业人员到安全地点的措施；对于迟迟未整改完成的事故隐患，应当及时向本单位主要负责人或者主管安全生产工作的负责人报告。在排查生产安全事故隐患的过程中，发现本单位在安全生产管理、技术、装备、人员等方面存在问题的，安全生产管理机构以及安全生产管理人员有责任及时提出改进的建议，相关建议应具有科学性、针对性、有效性。

> 配 套

《建筑施工企业主要负责人、项目负责人和专职安全生产管理人员安全生产管理规定》第 19-22 条

第二十六条 【履职要求与履职保障】生产经营单位的安全生产管理机构以及安全生产管理人员应当恪尽职守，依法履行职责。

生产经营单位作出涉及安全生产的经营决策，应当听取安全生产管理机构以及安全生产管理人员的意见。

生产经营单位不得因安全生产管理人员依法履行职责而降低其工资、福利等待遇或者解除与其订立的劳动合同。

危险物品的生产、储存单位以及矿山、金属冶炼单位的安全生产管理人员的任免，应当告知主管的负有安全生产监督管理职责的部门。

> 注 解

恪尽职守是安全生产管理人员应当具备的最基本的道德素质。恪尽职守，是指安全生产管理人员应当充分认识自己肩负的重大职责，对工作尽职尽责，积极、主动、认真、谨慎地依法履行各项安全生产管理职责，完成各项工作任务。既不能不履行职责，对生产经营单位存在的安全生产问题不闻不问，视职责为儿戏，也不能马马虎虎，敷衍了事，使安全管理和现场检查流于形式。这里讲的依法履行职责，即指依照本法和其他有关法律、法规、规章规定的职责。

生产经营单位的经营决策，是指决定本单位的生产经营目标和达到生产

经营目标的战略和策略,即决定做什么和如何去做的过程。安全生产的经营决策,是指决定本单位安全生产经营目标和达到安全生产经营目标的战略和策略,即如何实现生产经营单位科学发展、安全发展的战略和策略。这些战略和策略包括:安全投入计划,新建、改建、扩建建设项目计划,重大设备、设施换代更新计划,重大生产工艺流程改变计划,生产经营布局调整措施,生产经营场所、项目、设备的发包出租计划等。生产经营单位作出以上涉及生产经营活动的安全生产决策时,应当听取安全生产管理机构以及安全生产管理人员的意见。这是生产经营单位的法定义务,是加强安全生产工作从源头治理的治本之策,必须认真执行。同时,这也是法律赋予安全生产管理机构以及安全生产管理人员的权利和职责,安全生产管理机构以及安全生产管理人员应当严格按照有关安全生产法律、法规、国家标准或者行业标准等规定,积极提出相应的意见和建议。

应 用

27. 本条第 4 款规定的"应当告知主管的负有安全生产监督管理职责的部门"是一种审批程序吗

本条规定,危险物品的生产、储存单位以及矿山、金属冶炼单位的安全生产管理人员的任免,应当告知主管的负有安全生产监督管理职责的部门。这里讲的告知,仅是向主管的负有安全生产监督管理职责的部门告知,不是审批,而是一种告知性备案。

第二十七条 【安全生产知识与管理能力】生产经营单位的主要负责人和安全生产管理人员必须具备与本单位所从事的生产经营活动相应的安全生产知识和管理能力。

危险物品的生产、经营、储存、装卸单位以及矿山、金属冶炼、建筑施工、运输单位的主要负责人和安全生产管理人员,应当由主管的负有安全生产监督管理职责的部门对其安全生产知识和管理能力考核合格。考核不得收费。

危险物品的生产、储存、装卸单位以及矿山、金属冶炼单位应当有注册安全工程师从事安全生产管理工作。鼓励其他生产经营单位聘用注册安全工程师从事安全生产管理工作。注册安全工程师按专业分类管理，具体办法由国务院人力资源和社会保障部门、国务院应急管理部门会同国务院有关部门制定。

应用

28. 如何确定生产经营单位的主要负责人和安全生产管理人员是否具备与"所从事的生产经营活动相应的安全生产知识和管理能力"

确定是否具备"相应的安全生产知识和管理能力"，既要考虑单位的生产经营范围，又要考虑经营规模，还要考虑单位的性质、危险程度等因素。一般说来，生产经营单位的主要负责人应当具备下列条件：（1）熟悉和了解并能认真贯彻国家有关安全生产的法律、法规、规章、方针政策，以及与本单位有关的安全标准；（2）基本掌握安全分析、安全决策及事故预测和防护知识，具有审查安全建设规划、计划、大中修施工方案的安全决策知识；（3）具有一定文化程度，受过一定的安全技术培训，具有一定的从事本行业工作的经验，基本熟悉和掌握对本单位所从事的生产经营活动必需的安全知识；（4）具有一定组织管理能力，较好地组织和领导本单位的安全生产工作。

生产经营单位的安全生产管理人员的安全生产专业知识要求高于主要负责人，并要有相应的现场安全管理能力，应当具备下列条件：（1）熟悉并能认真贯彻国家有关安全生产的法律、法规、规章、方针政策，以及与本单位有关的安全生产规章制度、操作规程和有关的安全标准；（2）掌握安全分析、安全决策及事故预测和防护知识，具有审查安全建设规划、计划、大中修施工方案的安全决策知识；（3）具有一定文化程度，受过一定的安全技术培训，具有从事本行业工作的经验，熟悉和掌握对本单位所从事的生产经营活动必需的安全知识，并能够熟练地在安全生产管理工作中运用；（4）具有一定组织管理能力，较好地组织和领导相应的安全生产工作，具有较好的现场安全生产管理能力。

29. 何为"注册安全工程师"

本条规定的注册安全工程师，是指经全国统一考试合格，取得中华人民共和国注册安全工程师执业资格证书和执业证，在生产经营单位从事安全生产管理技术工作或者在安全生产中介机构从事有关安全生产技术服务工作的人员。危险物品的生产、储存单位以及矿山、金属冶炼单位应当有注册安全工程师从事安全生产管理工作，鼓励其他生产经营单位聘用注册安全工程师从事安全生产管理工作。

配套

《注册安全工程师管理规定》第3-6条；《建筑施工企业主要负责人、项目负责人和专职安全生产管理人员安全生产管理规定》第5-13条

第二十八条　【安全生产教育和培训】生产经营单位应当对从业人员进行安全生产教育和培训，保证从业人员具备必要的安全生产知识，熟悉有关的安全生产规章制度和安全操作规程，掌握本岗位的安全操作技能，了解事故应急处理措施，知悉自身在安全生产方面的权利和义务。未经安全生产教育和培训合格的从业人员，不得上岗作业。

生产经营单位使用被派遣劳动者的，应当将被派遣劳动者纳入本单位从业人员统一管理，对被派遣劳动者进行岗位安全操作规程和安全操作技能的教育和培训。劳务派遣单位应当对被派遣劳动者进行必要的安全生产教育和培训。

生产经营单位接收中等职业学校、高等学校学生实习的，应当对实习学生进行相应的安全生产教育和培训，提供必要的劳动防护用品。学校应当协助生产经营单位对实习学生进行安全生产教育和培训。

生产经营单位应当建立安全生产教育和培训档案，如实记录安全生产教育和培训的时间、内容、参加人员以及考核结果等情况。

注解

本条是关于安全生产教育和培训的规定。安全生产教育和培训是安全生产管理工作的重要组成部分，是实现安全生产的基础性工作。生产经营单位应当按照本单位安全生产教育和培训计划的总体要求，结合各个工作岗位的特点，科学、合理安排教育和培训工作。采取多种形式开展教育和培训，包

括组织专门的安全教育培训班、作业现场模拟操作培训、召开事故现场分析会等，确保取得实效。通过安全生产教育和培训，生产经营单位要保证从业人员具备从事本职工作所应当具备的安全生产知识，熟悉有关的安全生产规章制度和安全操作规程，掌握本岗位的安全操作技能，了解事故应急处理措施，知悉自身在安全生产方面的权利和义务。对于没有经过安全生产教育和培训，包括培训不合格的从业人员，生产经营单位不得安排其上岗作业。

应用

30. 对从业人员的安全生产教育和培训应当包括哪些内容

本条规定的从业人员，主要是指生产经营单位新招收录用的人员、转岗人员等。安全生产教育和培训的内容，主要包括以下几个方面：（1）安全生产的方针、政策、法律、法规以及安全生产规章制度的教育和培训；（2）安全操作技能的教育和培训，我国目前一般实行入厂教育、车间教育和现场教育的三级教育和培训；（3）安全技术知识教育和培训，包括一般性安全技术知识，如单位生产过程中的不安全因素及规律、预防事故的基本知识、个人防护用品的佩戴使用、事故报告程序等，以及专业性的安全技术知识，如防火、防爆、防毒等知识；（4）发生生产安全事故时的应急处理措施，以及相关的安全防护知识；（5）从业人员在生产过程中的相关权利和义务；（6）特殊作业岗位的安全生产知识和操作要求等。

31. 如何理解"统一管理被派遣劳动者与本单位从业人员"

统一管理，是指生产经营单位对被派遣劳动者与本单位的从业人员一样对待和管理，统一纳入安全生产教育和培训计划。生产经营单位应当严格按照岗位特点、人员结构、新员工或者调换工种人员等情况，统一组织安全生产教育和培训，包括对被派遣劳动者进行岗位安全操作规程和安全操作技能的教育和培训，保证相同岗位、相同人员（被派遣劳动者和从业人员）达到同等的水平。

32. 生产经营单位是否应当对中等职业学校、高等学校实习学生开展安全生产教育和培训

生产经营单位接收中等职业学校、高等学校学生实习的，应当根据本单位生产经营的特点、各种危险性的状况，对实习学生进行相应的安全生产教

育和培训,并提供必要的劳动防护用品。学校作为实习学生的管理方,应当协助和配合生产经营单位对实习学生进行安全生产教育和培训。生产经营单位是实习学生安全生产教育和培训的责任主体,应当针对实习学生,制定专门的安全生产教育和培训计划。通过安全生产教育和培训,保证中等职业学校、高等学校的实习学生了解和熟悉有关的安全生产法律法规、安全生产规章制度和操作规程,了解相应的安全生产知识,掌握基本的应急处理措施,能够适应所实习的工作。

33. 安全生产教育和培训档案的范围和内容应包括哪些人员和内容

档案的范围应当包括本单位的主要负责人、有关负责人、安全生产管理人员、特种作业人员、职能部门工作人员、班组长以及其他从业人员。档案的内容应当详细记录每位从业人员参加安全生产教育和培训的时间、内容、考核结果以及复训情况等,包括按照规定参加政府组织的安全培训的主要负责人、安全生产管理人员和特种作业人员的情况。档案应当按照有关法律法规的要求进行保存,不得擅自修改、伪造。档案除以电子文档形式保存外,原则上还应当有纸质文件形式。

配套

《矿山安全法》第26条;《建筑法》第46条;《煤炭法》第33条;《建设工程安全生产管理条例》第25、37条;《危险化学品安全管理条例》第4条;《安全生产培训管理办法》;《生产经营单位安全培训规定》

第二十九条 【技术更新的教育和培训】生产经营单位采用新工艺、新技术、新材料或者使用新设备,必须了解、掌握其安全技术特性,采取有效的安全防护措施,并对从业人员进行专门的安全生产教育和培训。

注解

生产经营单位对采用的新工艺、新技术、新材料或者使用的新设备,必须了解、掌握其安全技术特性,对该工艺、技术的原理、操作规程有清楚的把握,了解该材料、设备的构成、性质。对采用的新工艺、新技术、新材料或者使用的新设备在生产经营过程中可能产生的危险因素的性质、可能产生的危害后果、如何预防这种危险因素造成事故的措施以及一旦发生事故时如何妥善处理等事项，都要了解和掌握。只有这样，生产经营单位才能有针对性地采取必要的防范措施，防止生产安全事故的发生和扩大。生产经营单位采用新工艺、新技术、新材料或者使用新设备后，应当对相关的从业人员进行专门的安全生产教育和培训，使其掌握相关的安全规章制度和安全操作规程，具备必要的安全生产知识和安全操作技能。这既是对从业人员知情权的保障，也是保障生产安全的重要措施。

> 应用

34. 何为"新工艺、新技术、新材料、新设备"

所谓"工艺"，是指劳动者利用生产工具通过对各种原材料、半成品进行加工或者处理，如切割、粉碎等，最后使之成为产品的方法，是人类在劳动中积累起来并经过总结的操作技术经验。所谓"技术"，是指根据生产劳动实践经验和自然科学原理而发展成的各种工艺操作方法与技能，如焊接技术、石材加工技术等。所谓"材料"，是指经过人类劳动取得的劳动对象，如开采出来的矿砂是冶炼金属的原料。所谓"设备"，是指可供人们在生产中长期使用，并在反复使用中基本保持原有实物形态和功能的生产资料和物质资料的总称。所谓"新工艺、新技术、新材料、新设备"，是指在我国最新开始使用的工艺、技术、材料、设备。

> 配套

《安全生产培训管理办法》第10条；《生产经营单位安全培训规定》第17条

第三十条　【特种作业人员从业资格】生产经营单位的特种作业人员必须按照国家有关规定经专门的安全作业培训，取得相应资格，方可上岗作业。

特种作业人员的范围由国务院应急管理部门会同国务院有关部门确定。

> 应用

35. 特种作业的范围如何确定

特种作业，是指容易发生事故，对操作者本人、他人的安全健康及设备、设施的安全可能造成重大危害的作业。根据原国家安全生产监督管理总局颁布的《特种作业人员安全技术培训考核管理规定》，特种作业的范围由特种作业目录规定。根据现行特种作业目录，特种作业大致包括：（1）电工作业。指对电气设备进行运行、维护、安装、检修、改造、施工、调试等作业（不含电力系统进网作业）。（2）焊接与热切割作业。指运用焊接或者热切割方法对材料进行加工的作业（不含《特种设备安全监察条例》规定的有关作业）。（3）高处作业。指专门或经常在坠落高度基准面2米及以上有可能坠落的高处进行的作业。（4）制冷与空调作业。指对大中型制冷与空调设备运行操作、安装与修理的作业。（5）煤矿安全作业。（6）金属非金属矿山安全作业。（7）石油天然气安全作业。（8）冶金（有色）生产安全作业。（9）危险化学品安全作业。指从事危险化工工艺过程操作及化工自动化控制仪表安装、维修、维护的作业。（10）烟花爆竹安全作业。指从事烟花爆竹生产、储存中的药物混合、造粒、筛选、装药、筑药、压药、搬运等危险工序的作业。（11）原国家安全生产监督管理总局认定的其他作业。

36. 特种作业人员应当具备哪些条件

特种作业人员，是指直接从事特种作业的从业人员。特种作业人员应当符合以下条件：年满18周岁，且不超过国家法定退休年龄；经社区或者县级以上医疗机构体检健康合格，并无妨碍从事相应特种作业的器质性心脏病、癫痫病、美尼尔氏症、眩晕症、癔病、震颤麻痹症、精神病、痴呆症以及其他疾病和生理缺陷；具有初中及以上文化程度；具备必要的安全技术知识与技能；相应特种作业规定的其他条件。危险化学品特种作业人员还应当具备高中或者相当于高中及以上文化程度。

配套

《特种作业人员安全技术培训考核管理规定》第3-5条

第三十一条【建设项目安全设施"三同时"】 生产经营单位新建、改建、扩建工程项目（以下统称建设项目）的安全设施，必须与主体工程同时设计、同时施工、同时投入生产和使用。安全设施投资应当纳入建设项目概算。

注解

本条是关于建设项目的安全设施"三同时"原则的规定,即新建、改建、扩建工程项目的安全设施必须与主体工程同时设计、同时施工、同时投入生产和使用。新建工程项目,是指从基础开始建造的建设项目,按照国家规定也包括原有基础很小,经扩大建设规模后,其新增固定资产价值超过原有固定资产价值一定倍数,并需要重新进行总体设计的建设项目;迁移厂址的建设工程(不包括留在原厂址的部分),符合新建条件的建设项目。改建工程项目,是指不增加建筑物或建设项目体量,在原有基础上,为提高生产效率、改进产品质量、改变产品方向,或改善建筑物使用功能、改变使用目的,对原有工程进行改造的建设项目。装修工程也是改建。生产经营单位为了平衡生产能力,增加一些附属、辅助车间或非生产性工程,也属于改建项目。在改建的同时,扩大主要产品的生产能力或增加新效益的项目,一般称为改扩建项目。扩建工程项目,是指在原有基础上加以扩充的建设项目,包括扩大原有产品生产能力、增加新的产品生产能力以及为取得新的效益和使用功能而新建主要生产场所或工程的建设活动。对于建筑工程,扩建主要是指在原有基础上加高加层(需重新建造基础的工程属于新建项目)。建设项目安全设施,是指生产经营单位在生产经营活动中用于预防生产安全事故的设备、设施、装置、构(建)筑物和其他技术措施的总称。根据有关规定,生产经营单位是建设项目安全设施建设的责任主体。

应用

37. 建设项目安全设施落实"三同时"原则应符合哪些要求

生产经营单位新建、改建、扩建工程项目的安全设施落实"三同时"原则,应当符合以下要求:(1)建设项目的设计单位在编制建设项目投资计划文件时,应同时按照有关法律、法规、国家标准或者行业标准以及设计规范,编制安全设施的设计文件。安全设施的设计不得随意降低安全设施的标准。(2)生产经营单位在编制建设项目投资计划和财务计划时,应将安全设施所需投资一并纳入计划,同时编报。(3)对于按照有关规定项目设计需报经主管部门批准的建设项目,在报批时,应当同时报送安全设施设计文件;按照规定,安全设施设计需报主管的负有安全生产监督管理职责的部门审批的,应报主管的负有安全生产监督管理职责的部门批准。(4)生产经营单位应当要求具体从事建设项目施工的单位严格按照安全设施的施工图纸和设计要求施工。安全设施与主体工程应同时进行施工,安全设施的施工不得偷工减料,降低建设质量。(5)在生产设备调试阶段,应同时对安全设施进行调试和考核,并对其效果进行评价。(6)建设项目验收时,应同时对安全设施进行验收。(7)安全设施应当与主体工程同时投入生产和使用,不得只将主体工程投入使用,而将安全设施摆样子,不予使用。

配套

《劳动法》第53条;《矿山安全法》第7条;《建设项目安全设施"三同时"监督管理办法》

第三十二条 【特殊建设项目安全评价】 矿山、金属冶炼建设项目和用于生产、储存、装卸危险物品的建设项目,应当按照国家有关规定进行安全评价。

注解

本条是关于对矿山、金属冶炼建设项目和用于生产、储存、装卸危险物品的建设项目进行安全评价的规定。建设项目安全评价,是指在建设项目的可行性研究阶段的安全预评价,即根据建设项目可行性研究阶段报告的内容,运用科学的评价方法,分析和预测该建设项目存在的危险、危害因素的种类和危险、危害程度,提出合理可行的安全技术和管理对策,作为该建设项目初步设计中安全设计和建设项目安全管理、监察的重要依据。

应用

38. 生产经营单位未按照规定进行安全评价的,应承担什么法律责任

按照本法第98条的规定,生产经营单位未按照规定对矿山、金属冶炼建设项目或者用于生产、储存、装卸危险物品的建设项目进行安全评价的,责令停止建设或者停产停业整顿,限期改正,并处10万元以上50万元以下的罚款,对其直接负责的主管人员和其他直接责任人员处2万元以上5万元以下的罚款;逾期未改正的,处50万元以上100万元以下的罚款,对其直接负责的主管人员和其他直接责任人员处5万元以上10万元以下的罚款;构成犯罪的,依照刑法有关规定追究刑事责任。

配套

《矿山安全法实施条例》第6条；《建设项目安全设施"三同时"监督管理办法》第8条

第三十三条 【特殊建设项目安全设计审查】建设项目安全设施的设计人、设计单位应当对安全设施设计负责。

矿山、金属冶炼建设项目和用于生产、储存、装卸危险物品的建设项目的安全设施设计应当按照国家有关规定报经有关部门审查，审查部门及其负责审查的人员对审查结果负责。

注解

建设项目安全设施设计有下列情形之一的，不予批准，并不得开工建设：（1）无建设项目审批、核准或者备案文件的；（2）未委托具有相应资质的设计单位进行设计的；（3）安全预评价报告由未取得相应资质的安全评价机构编制的；（4）设计内容不符合有关安全生产的法律、法规、规章和国家标准或者行业标准、技术规范的规定的；（5）未采纳安全预评价报告中的安全对策和建议，且未作充分论证说明的；（6）不符合法律、行政法规规定的其他条件的。建设项目安全设施设计审查未予批准的，生产经营单位经过整改后可以向原审查部门申请再审。已经批准的建设项目及其安全设施设计有下列情形之一的，生产经营单位应当报原批准部门审查同意；未经审查同意的，不得开工建设：（1）建设项目的规模、生产工艺、原料、设备发生重大变更的；（2）改变安全设施设计且可能降低安全性能的；（3）在施工期间重新设计的。

应用

39. 建设项目安全设施设计应包括哪些内容

建设项目安全设施设计应当包括下列内容：（1）设计依据；（2）建设项目概述；（3）建设项目潜在的危险、有害因素和危险、有害程度及周边环境安全分析；（4）建筑及场地布置；（5）重大危险源分析及检测监控；（6）安全设施设计采取的防范措施；（7）安全生产管理机构设置或者安全生产管理人员配备要求；（8）从业人员安全生产教育和培训要求；（9）工艺、技术和设备、设施的先进性和可靠性分析；（10）安全设施专项投资概算；（11）安全预评价报告中的安全对策及建议采纳情况；(12) 预期效果以及存在的问题与建议；(13) 可能出现的事故预防及应急救援措施；(14) 法律、法规、规章、标准规定需要说明的其他事项。

40. 建设项目安全设施的设计人、设计单位对安全设施设计负责，应当达到何种要求

建设项目安全设施的设计人、设计单位对安全设施设计负责，应当达到下列要求：(1) 设计人、设计单位必须按照资质等级承担相应的安全设施设计任务，不得擅自超越资质等级及业务范围承接任务。(2) 设计人、设计单位应当保证安全设施的设计质量。应当严格按照技术标准和合同约定进行设计，加强设计过程的质量控制，保证设计文件符合国家现行的有关法律、法规、工程设计技术标准和合同的规定；设计文件的深度，应当满足相应设计阶段的技术要求，设计质量必须满足工程质量、安全需要并符合设计规范的要求。施工图应配套，细部节点应交代清楚，标注说明应清楚、完整；设计中选用的材料、设备等，应注明其规格、型号、性能、色泽等，并提出符合国家规定的质量要求。(3) 设计人、设计单位对因安全设施设计问题造成的后果负责。对于因安全设施设计给生产经营单位造成损失的，应当承担赔偿责任；造成生产安全事故的，还应承担相应的行政责任；造成严重后果，构成犯罪的，依法承担刑事责任。

配套

《建设项目安全设施"三同时"监督管理办法》第三章

第三十四条　【特殊建设项目安全设施验收】矿山、金属冶炼建设项目和用于生产、储存、装卸危险物品的建设项目的施工单位必须按照批准的安全设施设计施工，并对安全设施的工程质量负责。

矿山、金属冶炼建设项目和用于生产、储存、装卸危险物品的建设项目竣工投入生产或者使用前，应当由建设单位负责组织对安全设施进行验收；验收合格后，方可投入生产和使用。负有安全生产监督管理职责的部门应当加强对建设单位验收活动和验收结果的监督核查。

注解

本条是关于建设项目安全设施的施工和竣工验收及其监督检查的规定。矿山、金属冶炼建设项目和用于生产、储存、装卸危险物品的建设项目的施工单位必须按照批准的安全设施设计施工，任何单位和个人不得擅自决定不按照批准的安全设施设计施工或者擅自更改设计文件。凡属安全设施设计内容变更和调整的，都必须编制施工调整方案，报原审批部门批准后方可执行。这是对施工单位提出的法定要求，施工单位必须遵守。

矿山、金属冶炼建设项目和用于生产、储存、装卸危险物品的建设项目安全设施的验收，是指安全设施已经按照设计要求完成全部施工任务，准备交付建设单位投入生产和使用时，由建设单位对该安全设施是否符合设计要求和工程质量标准进行的检查、考核工作。这是安全设施建设全过程的最后一道程序，是对安全设施质量控制的最后重要环节。

应用

41. 施工单位应当如何进行施工管理

建设项目施工过程中，施工单位应当严把施工质量关，做好施工的各项质量控制与管理工作，严格按照批准的设计文件和技术标准进行施工。一般来讲，施工单位应当围绕以下方面进行施工管理：一是安全设施的施工必须按照设计编制施工组织设计或方案，否则不准开工。二是开工前必须编制分工计划，逐级向下进行施工组织设计交底，同时进行对有关部门和专业人员的横向交底，并有相应的交底记录。三是加强施工全过程控制，分别对基础施工、结构施工和装修三个阶段，进行施工组织设计实施情况的中间检查。四是工程完成时，必须及时按原安全设施设计作出技术总结，并上报原审批单位。

42. 施工单位对于因施工原因造成的质量问题应承担什么责任

对于因施工原因造成的质量问题，施工单位承担全部责任。这些责任包括由施工单位对项目存在的质量问题给予修复和赔偿所造成损失的民事责任；由有关主管部门对违法施工的单位给予行政处罚的行政责任；以及对造成重大质量事故、构成犯罪的，依照刑法有关规定追究的刑事责任。实行总承包的工程，总承包单位对安全设施工程质量负责。实行分包的工程，分包单位要对其分包的工程质量负责。总承包单位应当与分包单位就分包工程的质量承担连带责任。

43. 矿山、金属冶炼建设项目和用于生产、储存危险物品的建设项目的安全设施的验收,应当包括哪些内容

　　矿山、金属冶炼建设项目和用于生产、储存危险物品的建设项目竣工投入生产或者使用前,应当由建设单位负责组织对安全设施进行验收;验收合格后,方可投入生产和使用。验收的内容,主要是安全设施是否与主体工程同时建成,是否严格按照批准的设施进行施工,工程质量是否符合法律、法规、安全规程和技术标准的要求等。建设单位必须认真负责,严格按照有关规定对其安全设施进行验收。对于未经验收或者经验收但不合格的安全设施,建设单位不得将其投入生产和使用。否则,建设单位将依法承担相应的法律责任。为了促使建设单位按标准认真做好验收工作,本条规定负有安全生产监督管理职责的部门应当加强对验收活动和验收结果的监督核查,包括可以对有关重要项目或重要部位进行现场检查,或者对验收结果进行核实。

配套

《建设项目安全设施"三同时"监督管理办法》第四章

第三十五条　【安全警示标志】生产经营单位应当在有较大危险因素的生产经营场所和有关设施、设备上,设置明显的安全警示标志。

注解

　　本条是关于生产经营单位设置安全警示标志的规定。安全警示标志,一般由安全色、几何图形和图形符号构成,其目的是引起人们对危险因素的注意,预防生产安全事故的发生。危险因素,主要是指能对人造成伤亡或者对物造成突发性损害的各种因素。安全警示标志应当设置在作业场所或者有关设施、设备的醒目位置,一目了然,让每一个在该场所从事生产经营活动的从业人员或者该设施、设备的使用者都能够清楚地看到,不能设置在让从业人员很难找到的地方。在存在危险因素的地方设置安全警示标志,是对从业人员知情权的保障,有利于提高从业人员的安全生产意识,防止和减少生产安全事故的发生。

> 应用

44. 我国目前常用的安全警示标志包括哪些

根据现行有关规定，我国目前使用的安全色主要有四种：(1) 红色，表示禁止、停止，也代表防火；(2) 蓝色，表示指令或必须遵守的规定；(3) 黄色，表示警告、注意；(4) 绿色，表示安全状态、提示或通行。而我国目前常用的安全警示标志，根据其含义，也可分为四大类：(1) 禁止标志，即圆形内画一斜杠，并用红色描画成较粗的圆环和斜杠，表示"禁止"或"不允许"的含义；(2) 警告标志，即"△"，三角的背景用黄色，三角图形和三角内的图像均用黑色描绘，警告人们注意可能发生的各种危险；(3) 指令标志，即"○"，在圆形内配上指令含义的颜色——蓝色，并用白色绘画必须履行的图形符号，构成"指令标志"，要求到这个地方的人必须遵守该指令；(4) 提示标志，以绿色为背景的长方几何图形，配以白色的文字和图形符号，并标明目标的方向，即构成提示标志，如消防设备提示标志等。国家颁布了《安全标志及其使用导则》《矿山安全标志》等标准。生产经营单位应当按照这些规定设置安全警示标志。

> 配套

《职业病防治法》第 24、28、29 条；《建设工程安全生产管理条例》第 28 条；《危险化学品安全管理条例》第 20 条；《安全标志及其使用导则》；《矿山安全标志》

第三十六条 【安全设备管理】安全设备的设计、制造、安装、使用、检测、维修、改造和报废，应当符合国家标准或者行业标准。

生产经营单位必须对安全设备进行经常性维护、保养，并定期检测，保证正常运转。维护、保养、检测应当作好记录，并由有关人员签字。

生产经营单位不得关闭、破坏直接关系生产安全的监控、报警、防护、救生设备、设施，或者篡改、隐瞒、销毁其相关数据、信息。

餐饮等行业的生产经营单位使用燃气的，应当安装可燃气体报警装置，并保障其正常使用。

注解

本条是关于生产经营单位安全设备管理的有关规定。本条所称的安全设备，主要是指为了保护从业人员等生产经营活动参与者的安全，防止生产安全事故发生以及在发生生产安全事故时用于救援而安装使用的机械设备和器械，如矿山使用的自救器、灭火设备以及各种安全检测仪器等。安全设备有的是作为生产经营装备的附属设备，需要与这些装备配合使用；有的则是能够在保证安全生产方面独立发挥作用。这些安全设备需要按照国家有关要求在生产经营活动中配备，以确保生产安全和事故救援顺利进行。

使用安全设备的生产经营单位必须对其进行经常性维护、保养，并定期检测，保证安全设备正常运转和处于良好的状态，发挥其保证安全的效用。为了明确对安全设备进行维护、保养、检测的责任，增强生产经营单位有关人员的责任心，促使其认真按照要求对安全设备进行维护、保养、检测，本条还规定对维护、保养、检测的有关情况应当做好记录，并由有关人员签字。记录的内容，一般应当包括经常性维护、保养和定期检测的时间、地点、人员，安全设备的名称，维护、保养、检测的结果，发现的问题以及问题的处理情况等。记录是相关工作开展的见证，是重要的追溯资料，也是相关单位履行义务的凭证。需要在记录上签字的有关人员，包括直接从事维护、保养、检测的技术人员以及相关的安全生产管理人员。必要时，生产经营单位的主要负责人也要签字。

与生产安全存在直接关系的监控、报警、防护、救生设备、设施及相关数据、信息，是有效防止生产安全事故发生的重要保障。本条第3款所讲的关闭、破坏的"设备、设施"，属于"直接关系生产安全的"设备、设施，关闭、破坏后可能直接导致事故发生，具有客观现实危险性。篡改、隐瞒、销毁的数据、信息，是与生产安全存在直接关系的设备设施的数据、信息。篡改、隐瞒、销毁这些数据、信息，将影响生产安全，妨碍有关部门的监督管理。

本条第4款中的可燃气体报警装置，是指用来检测可燃气体泄漏的设备设施。生产经营单位应当在可能存在安全生产隐患的场所安装可燃气体报警装置，也应当确保报警装置能够正常使用，及时更新、维修、保养，不得擅自关闭、破坏甚至移除，切实发挥报警装置功能，提前预警燃气泄漏等风险，及时采取有效切断危险源、疏散人员等防范措施。

配 套

《矿山安全法》第 16 条；《危险化学品安全管理条例》第 26 条；《国务院关于预防煤矿生产安全事故的特别规定》第 8 条

第三十七条 【特殊特种设备的管理】生产经营单位使用的危险物品的容器、运输工具，以及涉及人身安全、危险性较大的海洋石油开采特种设备和矿山井下特种设备，必须按照国家有关规定，由专业生产单位生产，并经具有专业资质的检测、检验机构检测、检验合格，取得安全使用证或者安全标志，方可投入使用。检测、检验机构对检测、检验结果负责。

注 解

根据本法附则相关规定，危险物品是指易燃易爆物品、危险化学品、放射性物品等能够危及人身安全和财产安全的物品。这些物品的容器、运输工具对保障危险物品的储存、运输安全至关重要，需要进行特殊的管理，国家对其实行生产许可制度。

特种设备安全法对特种设备的范围，以及特种设备的生产（包括设计、制造、安装、改造、修理）、经营、使用、检验、检测和特种设备安全的监督管理作出了严格规定，并明确特种设备是指对人身和财产安全有较大危险性的锅炉、压力容器（含气瓶）、压力管道、电梯、起重机械、客运索道、大型游乐设施、场（厂）内专用机动车辆，以及法律、行政法规规定适用该法的其他特种设备。特种设备实行目录管理，纳入目录的特种设备实行特殊的管理，有效地解决了管理对象的问题。特种设备安全法规定，特种设备目录由国务院负责特种设备安全监督管理的部门制定，报国务院批准后执行。根据这一规定，有关海洋石油开采特种设备和矿山井下特种设备的种类，统一纳入全国统一的特种设备目录，不再另行制定目录。

应用

45. 关于危险物品容器、运输工具的生产许可制度，法律法规有何规定

2005年制定的《工业产品生产许可证管理条例》明确规定，国家对危险化学品及其包装物、容器等影响生产安全、公共安全的产品实行生产许可证制度。2013年12月7日修订的《危险化学品安全管理条例》规定，危险化学品包装物、容器的材质以及危险化学品包装的型式、规格、方法和单件质量（重量），应当与所包装的危险化学品的性质和用途相适应。取得许可证的企业生产的危险化学品包装物、容器经国务院质量监督检验检疫部门认定的检验机构检验合格，方可出厂销售。运输危险化学品的船舶及其配载的容器，应当按照国家船舶检验规范进行生产，并经海事管理机构认定的船舶检验机构检验合格，方可投入使用。对重复使用的危险化学品包装物、容器，使用单位在重复使用前应当进行检查；发现存在安全隐患的，应当维修或者更换。使用单位应当对检查情况作出记录，记录的保存期限不得少于2年。2012年11月20日，国家质量监督检验检疫总局发布了《关于公布实行生产许可证制度管理的产品目录的公告》（2012年第181号），将"危险化学品包装物、容器"纳入实行生产许可证制度管理的产品目录。生产列入国家实行生产许可证制度的工业产品目录的危险化学品包装物、容器的企业，应当依照《工业产品生产许可证管理条例》的规定，取得工业产品生产许可证；其生产的危险化学品包装物、容器经国务院质量监督检验检疫部门认定的检验机构检验合格，方可出厂销售。

46. 特种设备生产单位应具备哪些条件方可从事生产活动

根据特种设备安全法的规定，国家按照分类监督管理的原则对特种设备生产实行许可制度，特种设备生产单位应当具备下列条件，并经负责特种设备安全监督管理的部门许可，方可从事生产活动：（1）有与生产相适应的专业技术人员；（2）有与生产相适应的设备、设施和工作场所；（3）有健全的质量保证、安全管理和岗位责任等制度。对于生产单位的专业性要求，能有效保证产品的安全使用效能。

配套

《特种设备安全法》第2、18-25条；《危险化学品安全管理条例》第20、21条；《建设工程安全生产管理条例》第35条

第三十八条 【淘汰制度】国家对严重危及生产安全的工艺、设备实行淘汰制度，具体目录由国务院应急管理部门会同国务院有关部门制定并公布。法律、行政法规对目录的制定另有规定的，适用其规定。

省、自治区、直辖市人民政府可以根据本地区实际情况制定并公布具体目录，对前款规定以外的危及生产安全的工艺、设备予以淘汰。

生产经营单位不得使用应当淘汰的危及生产安全的工艺、设备。

注解

危及生产安全的工艺、设备分两个等级，一是严重危及生产安全的工艺、设备，二是其他危及生产安全的工艺、设备。严重危及生产安全的工艺、设备是指不符合生产安全要求，极有可能导致生产安全事故发生，致使人民群众生命和财产遭受重大损失的工艺、设备。对于严重危及生产安全的工艺、设备，必须予以淘汰，且这种淘汰不因地域差异和经济发展水平的不同而有所区别，在全国范围内都应当予以淘汰。其他危及生产安全的工艺、设备，与严重危及生产安全的工艺、设备相比，危险性较低，有的工艺、设备在生产经营单位及其从业人员履行了适当的注意义务或者附加了必要的防护条件后，可以尽量避免事故的发生。考虑到各地经济发展程度和技术装备水平的差异，国家对于这些工艺、设备不一概予以淘汰，由各省、自治区、直辖市根据本地区的实际情况决定是否淘汰。

配套

《特种设备安全法》第27条；《建设工程安全生产管理条例》第45条

第三十九条 【危险物品的监管】生产、经营、运输、储存、使用危险物品或者处置废弃危险物品的，由有关主管部门依照有关法律、法规的规定和国家标准或者行业标准审批并实施监督管理。

生产经营单位生产、经营、运输、储存、使用危险物品或者处置废弃危险物品，必须执行有关法律、法规和国家标准或者行业标准，建立专门的安全管理制度，采取可靠的安全措施，接受有关主管部门依法实施的监督管理。

注解

　　危险物品，是指易燃易爆物品、危险化学品、放射性物品等能够危及人身安全和财产安全的物品。对危险物品有关活动的审批和监管依据，除本法外还有产品质量法、道路交通安全法、环境保护法等法律，公路安全保护条例、危险化学品安全管理条例、易制毒化学品管理条例、烟花爆竹安全管理条例、民用爆炸物品安全管理条例、监控化学品管理条例、农药管理条例、城镇燃气管理条例等行政法规，以及有关地方性法规、标准等。

　　行政审批是从源头上管理危险物品相关生产、经营等活动的有效方式。生产经营单位必须按照规定取得相应的许可后，方可从事危险物品有关的活动。有关主管部门在对生产、经营、运输、储存、使用危险物品或者处置废弃危险物品进行审批时，应当严格按照法律、法规以及国家标准或者行业标准规定的条件和程序进行，对不符合条件的，不得批准，不能降低条件，放松要求。对经审查批准从事与危险物品有关的活动的单位和个人要加强监督管理，及时进行严格的监督检查，不能一批了事，或者重审批、轻监督。对因失职、渎职行为，对有关危险物品的事故负有责任的审批部门负责人及其他直接责任人员，依照有关规定追究法律责任。

应用

47. 生产经营单位生产、经营、运输、储存、使用危险物品或者处置废弃危险物品，应当履行哪些义务

　　生产经营单位生产、经营、运输、储存、使用危险物品或者处置废弃危险物品，应当履行以下义务：第一，执行有关法律、法规和国家标准或者行业标准。第二，建立专门的安全管理制度，比如，按照有关行政法规的规定，民用爆炸物品从业单位（包括生产、销售、爆破等企业）应当建立安全管理制度、岗位安全责任制度，制订安全防范措施和事故应急预案，设置安全管理机构或者配备专职安全管理人员。第三，采取可靠的安全措施，比如，生产、储存危险化学品的单位，应当根据其生产、储存的危险化学品的

49

种类和危险特性，在作业场所设置相应的监测、监控、通风、防晒、调温、防火、灭火、防爆、泄压、防毒、中和、防潮、防雷、防静电、防腐、防泄漏以及防护围堤或者隔离操作等安全设施、设备，并在其作业场所和安全设施、设备上设置明显的安全警示标志。机动车载运爆炸物品、易燃易爆化学物品以及剧毒、放射性等危险物品，应当按指定的时间、路线、速度行驶，悬挂警示标志并采取必要的安全措施。第四，接受有关主管部门依法实施的监督管理。

48. 当事人在未取得剧毒化学品使用许可证的情况下，买卖、储存剧毒化学品的，其行为是否构成犯罪

我国《刑法》第125条规定："非法制造、买卖、运输、邮寄、储存枪支、弹药、爆炸物的，处三年以上十年以下有期徒刑；情节严重的，处十年以上有期徒刑、无期徒刑或者死刑。非法制造、买卖、运输、储存毒害性、放射性、传染病病原体等物质，危害公共安全的，依照前款的规定处罚。单位犯前两款罪的，对单位判处罚金，并对其直接负责的主管人员和其他直接责任人员，依照第一款的规定处罚。"国家严格监督管理的氰化钠等剧毒化学品，易致人中毒或者死亡，对人体、环境具有极大的毒害性和危险性，属于《刑法》第125条第2款规定的"毒害性"物质。"非法买卖"毒害性物质，是指违反法律和国家主管部门规定，未经有关主管部门批准许可，擅自购买或者出售毒害性物质的行为，并不需要兼有买进和卖出的行为。（最高人民法院2013年1月31日发布指导案例13号：王召成等非法买卖、储存危险物质案）

配 套

《道路交通安全法》第48条；《危险化学品安全管理条例》第4-6、24、25条；《烟花爆竹安全管理条例》第22-27条

第四十条　【重大危险源的管理和备案】生产经营单位对重大危险源应当登记建档，进行定期检测、评估、监控，并制定应急预案，告知从业人员和相关人员在紧急情况下应当采取的应急措施。

生产经营单位应当按照国家有关规定将本单位重大危险源及

有关安全措施、应急措施报有关地方人民政府应急管理部门和有关部门备案。有关地方人民政府应急管理部门和有关部门应当通过相关信息系统实现信息共享。

应 用

49. 生产经营单位对重大危险源的管理措施主要包括哪些方面

生产经营单位对重大危险源的管理措施主要有以下几个方面：（1）登记建档。登记建档是为了对重大危险源的情况有一个总体的掌握，做到心中有数，便于采取进一步的措施。（2）定期检测、评估、监控。检测、评估、监控是为了更好地了解和掌握重大危险源的基本情况，及时发现事故隐患，采取相应措施，防止生产安全事故的发生。生产经营单位应当将对重大危险源的检测、评估、监控作为一项经常性的工作定期进行。检测、评估、监控工作可以由本单位的有关人员进行，也可以委托具有相应资质的中介机构进行。检测、评估、监控应当符合有关技术标准的要求，详细记录有关情况，并出具检测、评估或者监控报告，由有关人员签字并对其结果负责。（3）制定应急预案。应急预案是关于发生紧急情况或者生产安全事故时的应对措施、处理办法、程序等的事先安排和计划。生产经营单位应当根据本单位重大危险源的实际情况，依法制定重大危险源事故应急预案，建立应急救援组织或者配备应急救援人员，配备必要的防护装备及应急救援器材、设备、物资，并保障其完好和方便使用；配合地方人民政府应急管理部门制定所在地区涉及本单位的危险化学品事故应急预案。（4）告知应急措施。生产经营单位应当告知从业人员和相关人员在紧急情况下应当采取的应急措施。这里的相关人员主要是指重大危险源发生事故时，可能受到损害的生产经营单位以外的人员，如工厂周围的居民等。

50. 重大危险源档案应当包括哪些文件、资料

重大危险源档案应当包括的文件、资料有：辨识、分级记录；重大危险源基本特征表；涉及的所有化学品安全技术说明书；区域位置图、平面布置图、工艺流程图和主要设备一览表；重大危险源安全管理规章制度及安全操作规程；安全监测监控系统、措施说明、检测、检验结果；重大危险源事故应急预案、评审意见、演练计划和评估报告；安全评估报告或者安全评价报

51

告；重大危险源关键装置、重点部位的责任人、责任机构名称；重大危险源场所安全警示标志的设置情况；其他文件、资料。

51. 危险化学品企业重大危险源的主要负责人对所包保的重大危险源负有哪些安全职责

安全包保，是指危险化学品企业按照要求，专门为重大危险源指定主要负责人、技术负责人和操作负责人，并由其包联保证重大危险源安全管理措施落实到位的一种安全生产责任制。重大危险源的主要负责人，对所包保的重大危险源负有下列安全职责：(1) 组织建立重大危险源安全包保责任制并指定对重大危险源负有安全包保责任的技术负责人、操作负责人；(2) 组织制定重大危险源安全生产规章制度和操作规程，并采取有效措施保证其得到执行；(3) 组织对重大危险源的管理和操作岗位人员进行安全技能培训；(4) 保证重大危险源安全生产所必需的安全投入；(5) 督促、检查重大危险源安全生产工作；(6) 组织制定并实施重大危险源生产安全事故应急救援预案；(7) 组织通过危险化学品登记信息管理系统填报重大危险源有关信息，保证重大危险源安全监测监控有关数据接入危险化学品安全生产风险监测预警系统。重大危险源的主要负责人，应当由危险化学品企业的主要负责人担任。

配 套

《安全生产法》第 117 条；《危险化学品安全管理条例》第 19 条

第四十一条 【安全风险管控制度和事故隐患治理制度】生产经营单位应当建立安全风险分级管控制度，按照安全风险分级采取相应的管控措施。

生产经营单位应当建立健全并落实生产安全事故隐患排查治理制度，采取技术、管理措施，及时发现并消除事故隐患。事故隐患排查治理情况应当如实记录，并通过职工大会或者职工代表大会、信息公示栏等方式向从业人员通报。其中，重大事故隐患排查治理情况应当及时向负有安全生产监督管理职责的部门和职工大会或者职工代表大会报告。

县级以上地方各级人民政府负有安全生产监督管理职责的部

门应当将重大事故隐患纳入相关信息系统,建立健全重大事故隐患治理督办制度,督促生产经营单位消除重大事故隐患。

> 注解

本条是关于生产经营单位安全风险管控及事故隐患排查治理和报告的规定。本条主要是进一步细化本法总则中有关"构建安全风险分级管控和隐患排查治理双重预防机制"的要求,具体包括三个方面:一是要求生产经营单位建立风险分级管控制度,采取风险管控措施;二是提出生产安全事故隐患"双报告"要求;三是要求负有安全生产监督管理职责的部门将重大事故隐患纳入相关信息系统。

> 应用

52. 何为生产安全事故隐患

生产安全事故隐患(以下简称事故隐患),是指生产经营单位违反安全生产法律、法规、规章、标准、规程和安全生产管理制度的规定,或者因其他因素在生产经营活动中存在可能导致事故发生的物的危险状态、人的不安全行为和管理上的缺陷。事故隐患是导致事故发生的主要根源之一。根据现行标准的规定,隐患主要有三个方面:人的不安全行为、物的不安全状态和管理上的缺陷。生产经营单位的事故隐患分为一般事故隐患和重大事故隐患,一般事故隐患,是指危害和整改难度较小,发现后能够立即整改排除的隐患。重大事故隐患,是指危害和整改难度较大,应当全部或者局部停产停业,并经过一定时间整改治理方能排除的隐患,或者因外部因素影响致使生产经营单位自身难以排除的隐患。

53. 重大事故隐患报告应当包括哪些内容

生产经营单位应当每季、每年对本单位事故隐患排查治理情况进行统计分析,并分别于下一季度 15 日前和下一年 1 月 31 日前向安全监管监察部门和有关部门报送书面统计分析表。统计分析表应当由生产经营单位主要负责人签字。

对于重大事故隐患,生产经营单位除依照上述规定报送外,应当及时向安全监管监察部门和有关部门报告。重大事故隐患报告内容应当包括:(1)隐患的现状及其产生原因;(2)隐患的危害程度和整改难易程度分析;(3)隐患的治理方案。同时,根据本条规定,对于重大事故隐患排查治理情况,生产经营单位既要及时向负有安全生产监督管理职责的部门报告，又要向职工大会或者职工代表大会报告。

54.重大事故隐患治理方案应当包括哪些内容

对于重大事故隐患，由生产经营单位主要负责人或者有关负责人组织制订并实施隐患治理方案。重大事故隐患治理方案应当包括治理的目标和任务、采取的方法和措施、经费和物资的落实、负责治理的机构和人员、治理的时限和要求、相应的安全措施和应急预案等内容。

配 套

《安全生产事故隐患排查治理暂行规定》

第四十二条 【生产经营场所和员工宿舍安全要求】生产、经营、储存、使用危险物品的车间、商店、仓库不得与员工宿舍在同一座建筑物内，并应当与员工宿舍保持安全距离。

生产经营场所和员工宿舍应当设有符合紧急疏散要求、标志明显、保持畅通的出口、疏散通道。禁止占用、锁闭、封堵生产经营场所或者员工宿舍的出口、疏散通道。

注 解

本条是关于生产经营场所、员工宿舍安全管理要求的规定。本条第1款规定，生产、经营、储存、使用危险物品的车间、商店、仓库与员工宿舍不得在同一座建筑物内。生产经营单位不得以任何理由违反上述规定，员工也应当提高自我保护意识，拒绝使用生产经营单位提供的违反安全要求的宿舍，并有权向有关部门检举和控告。与此同时，生产、经营、储存、使用危险物品的车间、商店、仓库与员工宿舍还应当保持安全距离。所谓安全距离，是指达到这个距离的要求，即使发生事故，也不致损害宿舍内员工的人身安全。

本条第2款规定，生产经营场所和员工宿舍应当设有符合紧急疏散要求、标志明显、保持畅通的出口、疏散通道。禁止占用、锁闭、封堵生产经营场所或者员工宿舍的出口、疏散通道。保证生产经营场所和员工宿舍出口、疏散通道的畅通，一方面有利于发生生产安全事故时从业人员的撤离，减少人员的伤亡；另一方面也有利于救援队伍及时进入事故现场，开展抢救工作，防止事故扩大，尽量减少事故造成的损失。

配套

《危险化学品安全管理条例》第19条；《建设工程安全生产管理条例》第29、30条

第四十三条 【危险作业的现场安全管理】生产经营单位进行爆破、吊装、动火、临时用电以及国务院应急管理部门会同国务院有关部门规定的其他危险作业，应当安排专门人员进行现场安全管理，确保操作规程的遵守和安全措施的落实。

注解

本条是关于爆破、吊装、动火、临时用电等危险作业的现场安全管理的规定。爆破、吊装、动火、临时用电作业具有较大的危险性，容易发生事故，而且一旦发生事故，将会对作业人员和有关人员造成较大的伤害。因此，进行危险作业时，作业人员必须严格按照操作规程进行操作，同时生产经营单位应当采取必要的事故防范措施，以防止生产安全事故的发生。

应用

55. 申请从事爆破作业的单位，应当具备什么条件

申请从事爆破作业的单位，应当具备一定的条件，如有符合国家有关标准和规范的民用爆炸物品专用仓库，有具备相应资格的安全管理人员、仓库管理人员和具备国家规定执业资格的爆破作业人员，有符合国家标准、行业标准的爆破作业专用设备等。爆破作业单位应当对本单位的爆破作业人员、安全管理人员、仓库管理人员进行专业技术培训。爆破作业人员应当经设区的市级人民政府公安机关考核合格，取得《爆破作业人员许可证》后，方可从事爆破作业。爆破作业单位应当按照其资质等级承接爆破作业项目，爆破作业人员应当按照其资格等级从事爆破作业。实施爆破作业，应当遵守国家有关标准和规范，在安全距离以外设置警示标志并安排警戒人员，防止无关人员进入；爆破作业结束后应当及时检查、排除未引爆的民用爆炸物品。

配套

《建设工程安全生产管理条例》第17条；《民用爆炸物品安全管理条例》

第四十四条 【从业人员的安全管理】生产经营单位应当教育和督促从业人员严格执行本单位的安全生产规章制度和安全操作规程；并向从业人员如实告知作业场所和工作岗位存在的危险因素、防范措施以及事故应急措施。

生产经营单位应当关注从业人员的身体、心理状况和行为习惯，加强对从业人员的心理疏导、精神慰藉，严格落实岗位安全生产责任，防范从业人员行为异常导致事故发生。

注解

生产经营单位的安全生产规章制度主要包括两个方面的内容，一是安全生产管理方面的规章制度；二是安全技术方面的规章制度。规程是对工艺、操作、安装、检定、安全、管理等具体技术要求和实施程序所作的统一规定，安全操作规程是指在生产活动中，为消除导致人身伤亡或者造成设备、财产破坏以及危害环境的因素而制定的具体技术要求和实施程序的统一规定。安全生产规章制度和安全操作规程，是保证生产经营活动安全进行的重要制度保障，从业人员在进行作业时必须严格执行。

本条第1款还对从业人员知情权的保障作出了规定。知情权是一种基本人权，属于生存权和发展权的一部分。劳动者职业安全健康知情权的范围很广，与生命健康权有着密切的联系。对于可能造成本人人身伤害的职业危害及避免遭受危害的知情权的实现，是保护劳动者自身生命健康权的重要前提。本条第1款主要从要求生产经营单位对作业场所和工作岗位存在危险因素、防范措施以及应急措施等情况向从业人员予以告知的角度，对保障从业人员的知情权问题进行了规定。

本条第2款针对近年来因从业人员行为异常引发生产安全事故的情况，如公交车司机驾车坠湖等事故，要求生产经营单位关注从业人员身体、心理状况和行为习惯，确保从业人员的生理、心理状况和行为习惯符合岗位的安全生产要求，避免事故发生。

应用

56. 生产经营单位应如何保障从业人员的知情权

向从业人员告知作业场所和工作岗位的危险因素、防范措施以及事故应急措施，是保障从业人员知情权的重要内容。因此，本条把这一告知义务规定为生产经营单位强制性的法定义务，生产经营单位必须遵守。生产经营单位应当如实告知，是指按实际情况告知从业人员，不得隐瞒，不得省略，更不能欺骗从业人员。告知的内容包括三个方面：（1）作业场所和工作岗位存在的危险因素的种类、性质以及可能导致何种生产安全事故；（2）对这些危险因素的防范措施；（3）针对该作业场所和工作岗位的可能导致的生产安全事故的种类和特点，事先制定的在发生生产安全事故时的应急措施。告知的形式可以是多种多样的，如组织从业人员进行学习，或者在作业场所和工作岗位设置公告栏，将有关内容予以公告等。

第四十五条　【劳动防护用品】生产经营单位必须为从业人员提供符合国家标准或者行业标准的劳动防护用品，并监督、教育从业人员按照使用规则佩戴、使用。

注解

本条是关于生产经营单位提供劳动防护用品等的规定。劳动防护用品主要是指劳动者在生产过程中为免遭或者减轻事故伤害和职业危害所配备的防护装备。国家对劳动防护用品的产品质量指标和技术条件，制定了一系列技术标准。如对安全帽、自吸过滤式防尘口罩、防冲击眼护具、阻燃防护服等防护用品，均制定了国家标准，并根据情况变化，适时修订。生产经营单位为劳动者提供的劳动防护用品，应该是符合国家标准或者行业标准的、合格的劳动防护用品，只有这样，才能真正起到保障劳动者劳动安全的作用。

应用

57. 生产经营单位可否以货币或其他物品代替发放劳动防护用品

生产经营单位必须把劳动防护用品发放到从业人员手中，不得以货币或其他物品替代应当配备的劳动防护用品。生产经营单位还应当建立健全劳动防护用品的购买、验收、保管、发放、使用、更换、报废等管理制度，并应按照劳动防护用品的使用要求，在使用前对其防护功能进行必要的检查。

第四十六条　【安全检查和报告义务】生产经营单位的安全生产管理人员应当根据本单位的生产经营特点，对安全生产状况进行经常性检查；对检查中发现的安全问题，应当立即处理；不能处理的，应当及时报告本单位有关负责人，有关负责人应当及时处理。检查及处理情况应当如实记录在案。

生产经营单位的安全生产管理人员在检查中发现重大事故隐患，依照前款规定向本单位有关负责人报告，有关负责人不及时处理的，安全生产管理人员可以向主管的负有安全生产监督管理职责的部门报告，接到报告的部门应当依法及时处理。

应用

58. 生产经营单位的安全管理人员对本单位的安全生产状况进行检查，主要应涉及哪些内容

生产经营单位的安全生产管理人员应当根据本单位的生产经营特点，对本单位的安全生产状况进行经常性的检查。一般来说，安全检查主要涉及安全生产规章制度是否健全、完善，安全设备、设施是否处于正常的运行状态，从业人员是否具备应有的安全知识和操作技能，从业人员在工作中是否严格遵守安全生产规章制度和操作规程，从业人员的劳动防护用品是否符合标准以及是否有其他事故隐患等。

59. 对于在检查中发现的安全问题，应当如何处理

生产经营单位的安全生产管理人员在对本单位的安全生产状况进行检查的过程中，发现存在的安全问题，可以处理的应当立即采取措施进行处理，如发现劳动者没有穿戴安全防护用品，应当立即要求其改正。对于不能当场处理的安全问题，如安全设施不合格，需要改建等情况，安全生产管理人员无法立即采取措施进行处理的，应当立即将这一情况报告本单位的主要负责人或者主管安全生产工作的其他负责人，报告应当包括安全问题发现的时间、具体情况以及如何解决等内容。有关负责人在接到报告后，应当及时处理。

生产经营单位的安全生产管理人员还应当将安全检查的情况，包括检查的时间、范围、内容，发现的问题及其处理情况等都详细地记入本单位的安全生产档案，作为日后完善相关制度的参考或者在发生事故时作为调查事故原因的依据等。

生产经营单位的安全生产管理人员在检查中发现重大事故隐患，已经向本单位主要负责人或者主管安全生产工作的其他负责人报告，主要负责人或者主管安全生产工作的其他负责人接到报告后，可能由于各种原因，采取不予处理或者不立即处理的措施。针对这些情况，本条规定，安全生产管理人员可以向主管的负有安全生产监督管理职责的部门报告，这是法律赋予安全生产管理人员的报告重大事故隐患的权利。同时，还规定接到报告的部门应当依法及时处理。这里讲的依法及时处理，是指依照本法和其他有关法律、法规、规章的规定及时进行处理。

第四十七条 【安全生产经费保障】生产经营单位应当安排用于配备劳动防护用品、进行安全生产培训的经费。

注解

本条是关于生产经营单位保障用于配备劳动防护用品、进行安全生产培训的经费的规定。本法用多个条款对安全生产的经费问题作了规定，包括要求生产经营单位的决策机构、主要负责人或者个人经营的投资人保证本单位应当具备的安全生产条件所必需的资金投入；生产经营单位应当按照规定提取和使用安全生产经费专门用于完善和改进安全生产条件的有关支出；要求生产经营单位将新建、改建、扩建工程项目的安全设施投资纳入建设项目概算等。

应用

60. 生产经营单位可否让从业人员承担配备劳动防护用品、进行安全生产培训的费用

为从业人员配备劳动防护用品、进行安全生产培训是生产经营单位的法定义务，本法规定由生产经营单位安排相关经费，生产经营单位不得让从业人员承担这些费用，不得让从业人员缴纳劳动防护用品费、培训费等费用，不得以这些费用为由克扣从业人员的工资、福利等待遇。

第四十八条 【安全生产协作】两个以上生产经营单位在同一作业区域内进行生产经营活动，可能危及对方生产安全的，应当签订安全生产管理协议，明确各自的安全生产管理职责和应当采取的安全措施，并指定专职安全生产管理人员进行安全检查与协调。

> 注 解

本条是关于不同生产经营单位安全生产协作的规定。两个以上生产经营单位在同一作业区域内进行生产经营活动，可能危及对方生产安全的，应当进行安全生产方面的协作。协作的主要形式是签订并执行安全生产管理协议。各单位应当通过安全生产管理协议互相告知本单位生产的特点、作业场所存在的危险因素、防范措施以及事故应急措施，以使各个单位对该作业区域的安全生产状况有一个整体上的把握。同时，各单位还应当在安全生产管理协议中明确各自的安全生产管理职责和应当采取的安全措施，做到职责清楚，分工明确。为了使安全生产管理协议真正得到贯彻，保证作业区域内的生产安全，各生产经营单位还应当指定专职的安全生产管理人员对作业区域内的安全生产状况进行检查，对检查中发现的安全生产问题及时进行协调、解决。

> 应 用

61. 两个以上单位在同一作业区域内进行生产经营活动，可能危及对方生产安全的，各生产经营单位是否可以选择不签订安全生产管理协议

本条规定是强行性规定。各生产经营单位之间的谈判过程可以是自由进行的，谈判达成的协议中关于安全生产管理职责和责任的分配也可以自主决定，但是，多个生产经营单位只要符合本条规定的情形，就必须签订安全生产管理协议，并且协议中应当有关于各方安全生产管理职责和应当采取的安全措施的内容。

第四十九条 【生产经营项目、施工项目的安全管理】生产经营单位不得将生产经营项目、场所、设备发包或者出租给不具备安全生产条件或者相应资质的单位或者个人。

生产经营项目、场所发包或者出租给其他单位的，生产经营单位应当与承包单位、承租单位签订专门的安全生产管理协议，或者在承包合同、租赁合同中约定各自的安全生产管理职责；生产经营单位对承包单位、承租单位的安全生产工作统一协调、管理，定期进行安全检查，发现安全问题的，应当及时督促整改。

矿山、金属冶炼建设项目和用于生产、储存、装卸危险物品的建设项目的施工单位应当加强对施工项目的安全管理，不得倒卖、出租、出借、挂靠或者以其他形式非法转让施工资质，不得将其承包的全部建设工程转包给第三人或者将其承包的全部建设工程支解以后以分包的名义分别转包给第三人，不得将工程分包给不具备相应资质条件的单位。

注 解

本条是关于生产经营项目、场所、设备发包或出租的安全生产责任的规定。根据本法相关规定，生产经营单位应当具备法律、行政法规和国家标准或者行业标准规定的安全生产条件，不具备安全生产条件的，不得从事生产经营活动。同时，生产经营单位为了保证生产安全，还必须建立、健全全员安全生产责任制和安全生产规章制度，建立安全生产防范措施，为劳动者提供符合标准的劳动防护用品等。如果生产经营单位不具备上述安全生产条件而从事生产经营活动，安全生产就无法得到保证。因此本条第1款规定，生产经营单位不得将生产经营项目、场所、设备发包或者出租给不具备安全生产条件的单位或者个人。

本条第2款规定，生产经营项目、场所有多个承包单位、承租单位的，生产经营单位应当与承包单位、承租单位对安全生产管理方面的问题予以约定。生产经营单位与承包单位、承租单位就安全生产管理问题进行约定的方式有两种：一种是签订专门的安全生产管理协议；另一种是不签订专门的协议，而是在承包合同、承租合同中对各自的安全生产管理职责进行约定。在约定中，生产经营单位可以与承包单位、承租单位就各自在安全生产管理中的权利、义务以及事故发生时的责任承担等问题进行协商确定。

本条第 3 款是对矿山、金属冶炼建设项目和用于生产、储存、装卸危险物品的建设项目的施工单位的特殊规定。矿山、金属冶炼、危险物品等建设项目专业性强、建设要求高，如果管理不规范极易导致重特大事故发生。民法典、建筑法、建设工程质量管理条例等法律法规对建设项目发包承包、资质管理等都有明确的规定。分包是指从事工程总承包的单位将所承包的建设工程的一部分依法发包给具有相应资质的承包单位的行为，该总承包人并不退出承包关系，其与第三人就第三人完成的工作成果向发包人承担连带责任。合法的分包须满足以下几个条件：（1）分包必须取得发包人的同意；（2）分包只能是一次分包，即分包单位不得再将其承包的工程分包出去；（3）分包必须是分包给具备相应资质条件的单位；（4）总承包人可以将承包工程中的部分工程发包给具有相应资质条件的分包单位，但不得将主体工程分包出去。转包是指承包人在承包工程后，不履行合同约定的责任和义务，未取得发包方同意，以营利为目的，将其承包的全部建设工程转给他人或者将其承包的全部建设工程支解以及以分包的名义分别转给其他单位承包，并不对所承包工程的技术、管理、质量和经济承担责任的行为。由于转包容易使不具有相应资质的承包者进行工程建设，造成工程质量低下、建设市场混乱，所以我国法律、行政法规均作了禁止转包的规定。

应 用

62. 生产经营单位可否因与承包单位、承租单位的约定而减轻自己在安全生产方面的责任

生产经营单位与承包单位、承租单位在安全生产管理方面的约定，只对约定双方有约束力，不具有对外效力。也就是说，生产经营单位不能因为有了约定而减轻自己在安全生产方面的责任，生产经营单位应对该项目、场所的安全生产全面负责。生产经营单位对承包单位、承租单位的安全生产工作统一协调、管理，还要定期进行安全检查，发现安全问题的，应当及时督促整改。如果该生产经营项目、场所有违反本法或有关法律、行政法规关于安全生产的管理规定的行为，应由生产经营单位承担相应的责任；如果发生了生产安全事故，生产经营单位应承担相应的责任。生产经营单位在承担了相应的责任后，可以根据安全生产管理协议的约定，追究承包单位、承租单位的责任。

第五十条 【单位主要负责人组织事故抢救职责】生产经营单位发生生产安全事故时,单位的主要负责人应当立即组织抢救,并不得在事故调查处理期间擅离职守。

> 注解

本条是关于生产经营单位主要负责人组织事故抢救职责的规定。生产经营单位的主要负责人作为本单位的主要领导以及安全生产的第一责任人,在事故发生后,应当坚守岗位,组织事故抢救,并积极配合有关部门进行事故调查处理。如果单位发生的生产安全事故属于重大责任事故,且有关人员的行为构成刑法规定的重大责任事故罪、重大劳动安全事故罪以及其他犯罪的规定,还可能要追究主要负责人的刑事责任。因此,单位的主要负责人不得擅离职守,而应坚守岗位并等候处理。如果单位的主要负责人违反这一规定,根据本法第110条的规定,生产经营单位的主要负责人在本单位发生生产安全事故时,不立即组织抢救或者在事故调查处理期间擅离职守或者逃匿的,给予降级、撤职的处分,并由应急管理部门处上一年年收入60%至100%的罚款;对逃匿的处15日以下拘留;构成犯罪的,依照刑法有关规定追究刑事责任。

第五十一条 【工伤保险和安全生产责任保险】生产经营单位必须依法参加工伤保险,为从业人员缴纳保险费。

国家鼓励生产经营单位投保安全生产责任保险;属于国家规定的高危行业、领域的生产经营单位,应当投保安全生产责任保险。具体范围和实施办法由国务院应急管理部门会同国务院财政部门、国务院保险监督管理机构和相关行业主管部门制定。

> 注解

本条是关于工伤保险和安全生产责任保险的规定。工伤保险是指职工在劳动过程中发生生产安全事故以及职业病,暂时或者永久地丧失劳动能力时,在医疗和生活上获得物质帮助的一种社会保险制度。工伤保险由单位缴费,个人不缴费。

安全生产责任保险是保险机构对投保单位发生生产安全事故造成的人员

伤亡和有关经济损失等予以赔偿，并且为投保单位提供生产安全事故预防服务的商业保险。安全生产责任保险是一种带有公益性质的强制性商业保险，国家规定的矿山、危险化学品、烟花爆竹、交通运输、建筑施工、民用爆炸物品、金属冶炼、渔业生产等高危行业领域的生产经营单位必须投保，同时在保险费率、保险条款、预防服务等方面必须加以严格规范。在功能上，安全生产责任保险的保障范围不仅包括企业从业人员，还包括第三者的人员伤亡和财产损失，以及相关救援救护、事故鉴定和法律诉讼等费用。最重要的是安全生产责任保险具有事故预防功能，保险机构必须为投保单位提供事故预防服务，帮助企业查找风险隐患，提高安全管理水平，从而有效防止生产安全事故的发生。投保单位按照安全生产责任保险请求的经济赔偿，不影响其从业人员依法请求工伤保险赔偿的权利。

▍配　套

《社会保险法》第四章；《工伤保险条例》第10条；《安全生产责任保险实施办法》

第三章　从业人员的安全生产权利义务

第五十二条　【劳动合同的安全条款】生产经营单位与从业人员订立的劳动合同，应当载明有关保障从业人员劳动安全、防止职业危害的事项，以及依法为从业人员办理工伤保险的事项。

生产经营单位不得以任何形式与从业人员订立协议，免除或者减轻其对从业人员因生产安全事故伤亡依法应承担的责任。

▍注　解

本条第1款规定，生产经营单位与从业人员订立的劳动合同应当载明保障劳动安全、防止职业危害和工伤保险事项。安全事项、社会保险事项是劳动合同中的必备事项。根据劳动法的规定，劳动合同是劳动者与用人单位确立劳动关系，明确双方权利和义务的协议。在此协议中必须具备以下条款：劳动合同期限；工作内容；劳动保护和劳动条件；劳动报酬；劳动纪律；劳动合同终止的条件；违反劳动合同的责任。根据劳动合同法的规定，用人单位招用劳动者时，应当如实告知劳动者工作内容、工作条件、工作地点、职业危害、安全生产状况等情况；建立劳动关系，应当订立书面劳动合同。劳动合同应当具备劳动保护、劳动条件和职业危害防护、社会保险等条款。

本条第2款规定，禁止生产经营单位以任何形式与从业人员订立免除或者减轻其对从业人员因生产安全事故伤亡依法应承担的责任的协议。这款规定很明确地表明以下意思：一是禁止订立这种违法的协议；二是任何形式的这种协议都在禁止之列；三是订立了这种合同的，并不能免除或者减轻生产安全事故的责任，即从法律上不承认这种合同是合法的、有效的。本法第106条对这种违法行为规定了相应的法律责任，即生产经营单位与从业人员订立协议，免除或者减轻其对从业人员因生产安全事故伤亡依法应承担的责任的，该协议无效；对生产经营单位的主要负责人、个人经营的投资人处2万元以上10万元以下的罚款。

应用

63. 雇工合同中注明的"工伤概不负责"条款是否有效

雇主在招工登记表中注明"工伤概不负责"，违反了宪法和有关劳动法规的规定，也严重违反社会主义公德，属于无效民事行为。雇主由于过错侵害职工的人身安全，应当承担民事责任。（《最高人民法院公报》1989年第1期：张连起、张国莉诉张学珍损害赔偿纠纷案）

配套

《劳动法》第19条；《劳动合同法》第17条

第五十三条 【知情权和建议权】生产经营单位的从业人员有权了解其作业场所和工作岗位存在的危险因素、防范措施及事故应急措施，有权对本单位的安全生产工作提出建议。

注解

知情权是劳动者的一项重要权利，劳动合同法规定，用人单位应当将直接涉及劳动者切身利益的规章制度和重大事项决定公示，或者告知劳动者；用人单位招用劳动者时，应当如实告知劳动者工作内容、工作条件、工作地点、职业危害、安全生产状况、劳动报酬，以及劳动者要求了解的其他情况等。职业病防治法中规定，劳动者享有了解工作场所产生或者可能产生的职业病危害因素、危害后果和应当采取的职业病防护措施的权利。用人单位与劳动者订立劳动合同时，应当将工作过程中可能产生的职业病危害及其后果、职业病防护措施和待遇等如实告知劳动者，并在劳动合同中写明，不得隐瞒或者欺骗。劳动者在已订立劳动合同期间因工作岗位或者工作内容变更，从事所订立劳动合同中未告知的存在职业病危害的作业时，用人单位应当依照规定，向劳动者履行如实告知的义务，并协商变更原劳动合同相关条款。

配套

《劳动合同法》第4、8条；《职业病防治法》第33条

第五十四条 【批评、检举、控告、拒绝权】 从业人员有权对本单位安全生产工作中存在的问题提出批评、检举、控告；有权拒绝违章指挥和强令冒险作业。

生产经营单位不得因从业人员对本单位安全生产工作提出批评、检举、控告或者拒绝违章指挥、强令冒险作业而降低其工资、福利等待遇或者解除与其订立的劳动合同。

应用

64. 如何理解从业人员在安全生产方面的批评权、检举权和控告权

批评权是指从业人员对本单位安全生产工作中存在的问题提出批评的权利。法律规定这一权利，有利于从业人员对生产经营单位进行群众监督，促使生产经营单位不断改进本单位的安全生产工作。检举权、控告权，是指从业人员对本单位及有关人员违反安全生产法律、法规的行为，有权向主管部门和司法机关进行检举和控告的权利。检举可以署名，也可以不署名；可以用书面形式，也可以用口头形式。但是，从业人员在行使这一权利时，应注意检举和控告的情况必须真实，要实事求是，不能道听途说，无中生有，更不能凭空捏造。法律规定从业人员的检举权、控告权，有利于及时对违法行为作出处理，保障生产安全，防止生产安全事故。

65. 劳动者拒绝用人单位管理人员违章指挥、强令冒险作业，是对劳动合同的违反吗

本条第2款明确规定，生产经营单位不得因从业人员拒绝违章指挥、强令冒险作业而解除与其订立的劳动合同。根据劳动合同法的规定，劳动者拒绝用人单位管理人员违章指挥、强令冒险作业的，不视为违反劳动合同。用人单位违章指挥、强令冒险作业危及劳动者人身安全的，劳动者可以立即解除劳动合同，不需事先告知用人单位。这是从另一个方面赋予从业人员的权利。另外，劳动合同法规定，用人单位有违章指挥或者强令冒险作业危及劳动者人身安全的行为的，依法给予行政处罚；构成犯罪的，依法追究刑事责任；给劳动者造成损害的，应当承担赔偿责任。

配 套

《劳动法》第56条；《劳动合同法》第32、38、88条

第五十五条　【紧急处置权】从业人员发现直接危及人身安全的紧急情况时，有权停止作业或者在采取可能的应急措施后撤离作业场所。

生产经营单位不得因从业人员在前款紧急情况下停止作业或者采取紧急撤离措施而降低其工资、福利等待遇或者解除与其订立的劳动合同。

注 解

本条第1款规定，从业人员发现直接危及人身安全的紧急情况时，有权停止作业或者在采取可能的应急措施后撤离作业场所。这是在法律所限定的特定情况下，法律赋予从业人员采取特定措施的权利，简称紧急撤离权，目的是保护从业人员的人身安全。法律所限定的特定情况是"发现直接危及人身安全的紧急情况"，这是从业人员行使紧急撤离权的前提条件，也就是从业人员的紧急撤离权需要在法律所限定的特定情况下行使，即发现直接危及人身安全的紧急情况，如果不撤离会对其生命安全和健康造成直接的威胁。在此情况下，法律赋予从业人员有权采取特定措施：停止作业或者在采取可能的应急措施后撤离作业场所。紧急撤离权包括两层含义：一是停止作业，

马上撤离作业场所;二是在采取可能的应急措施后撤离作业场所。

本条第2款是对从业人员紧急撤离权的保护,从业人员在第1款规定的紧急情况下行使紧急撤离权,不得因此受到对自己的不利处分。生产经营单位如果降低从业人员的工资、福利等待遇或者解除与其订立的劳动合同,则该类行为归于无效,对降低的工资要给从业人员补发,对福利予以恢复。解除合同的行为无效,原劳动合同依然具有法律效力。劳动法、劳动合同法都相应规定,有法律、行政法规规定的其他情形的,用人单位不得解除劳动合同。这属于安全生产法规定的不得解除劳动合同的特别情形。

【应用】

66. 从业人员行使紧急撤离权是否需要征得有关负责人员的同意

行使紧急撤离权的选择权在从业人员,不要求从业人员必须在采取可能的应急措施后或者在征得有关负责人员同意后撤离作业场所。当然,在条件允许的情况下,从业人员可以事先报告或者采取可能的应急措施后再撤离作业场所。同时,实践中要加强对从业人员紧急撤离权的宣传,以最大限度减少人员在生产安全事故中的伤亡。

【配套】

《劳动法》第29条;《劳动合同法》第42条;《突发事件应对法》第四章

第五十六条 【事故后的人员救治和赔偿】生产经营单位发生生产安全事故后,应当及时采取措施救治有关人员。

因生产安全事故受到损害的从业人员,除依法享有工伤保险外,依照有关民事法律尚有获得赔偿的权利的,有权提出赔偿要求。

【注解】

本条是关于生产经营单位的及时救治义务,以及从业人员享有社会保险和有关民事赔偿权利的规定。本条第1款规定,生产经营单位发生生产安全事故后,应当及时采取措施救治有关人员。在处理事故时,生产经营单位要把保护人的生命安全放在第一位,当发生人身伤亡事故时,要首先救治伤员,然后才保护财产。需要注意的是,发生生产安全事故后,生产经营单位的及时救治义务不仅仅是对从业人员,也包括其他受到生产安全事故影响的人员。例如,发生危险化学品泄漏的事故,生产经营单位也应及时救治受困或受到伤害的周边群众等。

本条第2款规定,因生产安全事故受到损害的从业人员,有权享受工伤保险待遇,同时,享有获得相关民事赔偿的权利。从业人员因生产安全事故受到损害的,如果经过工伤认定构成工伤,可以依法享受相应的工伤保险待遇。根据社会保险法的规定,工伤保险待遇包括治疗工伤的医疗费用和康复费用,住院伙食补助费,到统筹地区以外就医的交通食宿费,安装配置伤残辅助器具所需费用,生活不能自理的还可以获得生活护理费,伤残的可以获得相应的一次性伤残补助金等,终止或者解除劳动合同时可获得一次性医疗补助金,因工死亡的可获得丧葬补助金、供养亲属抚恤金和因工死亡补助金等。

我国工伤保险制度对解决劳动者工伤情况下的相关费用发挥了很大的作用,但用人单位为劳动者参加工伤保险,并不意味着绝对排除了其在劳动者遭受工伤时的民事赔偿责任。由于工伤保险待遇项目有确定的范围,有的项目赔偿标准也不高,有些情况下劳动者通过工伤保险并不能得到充分救济,而侵权损害赔偿可以更好填补受害人及其亲属的相关损失。例如,《民法典》侵权责任编第1183条第1款规定,侵害自然人人身权益造成严重精神损害的,被侵权人有权请求精神损害赔偿。另外,工伤保险对劳动者就医的医院以及治疗所使用的药品范围等都有比较多的限制,对有关费用需要劳动者通过向用人单位主张侵权损害赔偿获得救济。因此,为了确保从业人员在因生产安全事故遭受损害的情况下可以获得充分、合理的救济,本条规定因生产安全事故受到损害的从业人员,除依法享有工伤保险外,依照有关民事法律尚有获得赔偿的权利的,还有权提出赔偿要求。

应用

67. 因用人单位以外的第三人侵权造成劳动者人身损害构成工伤的,劳动者在获得工伤保险赔偿后,是否仍有权向第三人请求人身侵权赔偿

因用人单位以外的第三人侵权造成劳动者人身损害,构成工伤的,该劳动者既是工伤事故中的受伤职工,又是侵权行为的受害人,有权同时获得工伤保险赔偿和人身侵权赔偿;用人单位和侵权人均应当依法承担各自所负赔偿责任，即使该劳动者已从其中一方先行获得赔偿，亦不能免除或者减轻另一方的赔偿责任。(《最高人民法院公报》2006年第8期：杨文伟诉宝二十冶公司人身损害赔偿纠纷案)

配套

《职业病防治法》第58条；《工伤保险条例》第33-41条；《民法典》第1183条

第五十七条 【落实岗位安全责任和服从安全管理】从业人员在作业过程中，应当严格落实岗位安全责任，遵守本单位的安全生产规章制度和操作规程，服从管理，正确佩戴和使用劳动防护用品。

注解

从业人员在作业过程中，应当根据自身岗位的性质、特点和具体工作内容，强化安全生产意识，提高安全生产技能，严格落实岗位安全责任，切实履行安全职责，做到安全生产工作"层层负责、人人有责、各负其责"。

从业人员在作业过程中，还应当严格遵守本单位的安全生产规章制度和操作规程，服从管理。生产经营单位的安全生产规章制度是企业规章制度的重要组成部分。生产经营单位安全生产管理方面的规章制度包括安全生产责任制、安全技术措施管理、安全生产教育、安全生产检查、伤亡事故报告、各类事故管理、劳动保护设施管理、要害岗位管理、安全值日制度、安全生产竞赛办法、安全生产奖惩办法、劳动防护用品的发放管理办法等。安全操作规程是指在生产活动中，为消除能导致人身伤亡或造成设备、财产破坏以及危害环境因素而制定的具体技术要求和实施程序的统一规定。生产经营单位的从业人员不落实岗位安全责任，不服从管理，违反安全生产规章制度或者操作规程的，由生产经营单位给予批评教育，依照有关规章制度给予处分；构成犯罪的，依照刑法有关规定追究刑事责任。

第五十八条 【接受安全生产教育和培训义务】从业人员应当接受安全生产教育和培训，掌握本职工作所需的安全生产知识，提高安全生产技能，增强事故预防和应急处理能力。

应用

68. 安全教育培训的内容和形式主要有哪些

安全教育培训的基本内容包括安全意识、安全知识和安全技能教育三个方面。从业人员接受安全教育培训的形式多种多样,如组织专门的安全教育培训班;班前班后交代安全注意事项,讲评安全生产情况;施工和检修前进行安全措施交底;各级负责人和安全员在作业现场工作时进行安全宣传教育、督促安全生产法规和制度的贯彻执行;组织安全技术知识讲座、竞赛;召开事故分析会、现场会,分析造成事故的原因、责任、教训,制定事故防范措施;组织安全技术交流、安全生产展览,张贴宣传画、标语,设置警示标志,以及利用广播、电影、电视、录像等方式进行安全教育;通过由安全技术部门召开的安全例会、专题会、表彰会、座谈会或者采用安全信息、简报、通报等形式,总结、评比安全生产工作,达到安全教育的目的。从业人员要积极参加上述形式的安全教育培训。

配套

《安全生产许可证条例》第6条

第五十九条 【事故隐患和不安全因素的报告义务】从业人员发现事故隐患或者其他不安全因素,应当立即向现场安全生产管理人员或者本单位负责人报告;接到报告的人员应当及时予以处理。

注解

本条对从业人员发现事故隐患或者其他不安全因素规定了报告义务,符合职工参与安全生产工作的机制要求。其报告义务有两点要求:一是在发现事故隐患或者其他不安全因素后,应当立即报告,因为安全生产事故的特点之一是突发性,如果拖延报告,则使事故发生的可能性加大,发生了事故更是悔之晚矣。二是接受报告的主体是现场安全生产管理人员或者本单位的负责人,以便于对事故隐患或者其他不安全因素及时作出处理,避免事故的发生。接到报告的人员须及时进行处理,以防止有关人员延误消除事故隐患的时机。

配套

《国家安全生产监督管理局、中华全国总工会关于落实和维护生产经营单位从业人员安全生产合法权益的通知》七

第六十条 【工会监督】工会有权对建设项目的安全设施与主体工程同时设计、同时施工、同时投入生产和使用进行监督，提出意见。

工会对生产经营单位违反安全生产法律、法规，侵犯从业人员合法权益的行为，有权要求纠正；发现生产经营单位违章指挥、强令冒险作业或者发现事故隐患时，有权提出解决的建议，生产经营单位应当及时研究答复；发现危及从业人员生命安全的情况时，有权向生产经营单位建议组织从业人员撤离危险场所，生产经营单位必须立即作出处理。

工会有权依法参加事故调查，向有关部门提出处理意见，并要求追究有关人员的责任。

应用

69. 工会如何对本单位建设项目的安全设施提出意见

本条第1款规定了工会有权对建设项目的安全设施提出意见。本法第31条规定，生产经营单位新建、改建、扩建工程项目的安全设施，必须与主体工程同时设计、同时施工、同时投入生产和使用。安全设施投资应当纳入建设项目概算。维护职工劳动安全是工会的职责，《工会法》第24条也规定，工会依照国家规定对新建、扩建企业和技术改造工程中的劳动条件和安全卫生设施与主体工程同时设计、同时施工、同时投产使用进行监督。由此可见，工会既可以在设计阶段、施工阶段对建设项目的安全设施提出意见，也可以在投产前的检查验收中提出意见；既可以要求生产经营单位按照国家规定增加或者补建安全设施，也可以要求依法改善劳动条件，还可以建议停止施工、投产，待安全设施配套时再行施工、投产等。生产经营单位应当认真处理工会提出的意见，确有法律依据的，应当按照工会的意见处理。生产经营单位未按照工会的意见处理的，工会还可以向有关主管部门反映，或者向

上一级工会反映,要求解决。对工会提出的意见,主管部门要认真研究,处理解决,并将研究处理结果通知工会。

配套

《工会法》第24-27条

第六十一条 【被派遣劳动者的权利义务】生产经营单位使用被派遣劳动者的,被派遣劳动者享有本法规定的从业人员的权利,并应当履行本法规定的从业人员的义务。

注解

本条是关于生产经营单位被派遣劳动者的权利义务的规定。劳务派遣是劳动者和劳务派遣单位签订劳动合同,再由派遣单位将劳动者派到用工单位工作的一种用工方式。劳务派遣存在三个法律主体,分别为劳务派遣单位、被派遣劳动者和用工单位。劳务派遣单位是被派遣劳动者的用人单位,其向社会招用劳动者为其成员,并对应招合格的劳动者进行派遣,行使对劳动者的人事管理权,包括劳动者的录用、辞退、岗前培训、工资支付、社会保险费缴纳等方面的管理。劳务派遣单位与被派遣劳动者之间因签订劳动合同而存在劳动关系。用工单位是指接受劳务派遣用工的单位。劳务派遣单位派遣劳动者应当与用工单位订立劳务派遣协议。劳务派遣协议应当约定派遣岗位和人员数量、派遣期限、劳动报酬和社会保险费的数额与支付方式以及违反协议的责任等涉及被派遣劳动者权益的内容。本条中使用被派遣劳动者的生产经营单位即用工单位。

应用

70. 对于被派遣劳动者,用工单位应当履行哪些义务

《劳动合同法》第62条规定,对于被派遣劳动者,用工单位应当履行下列义务:(1)执行国家劳动标准,提供相应的劳动条件和劳动保护;(2)告知被派遣劳动者的工作要求和劳动报酬;(3)支付加班费、绩效奖金,提供与工作岗位相关的福利待遇;(4)对在岗被派遣劳动者进行工作岗位所必需的培训;(5)连续用工的,实行正常的工资调整机制。用工单位不得将被派遣劳动者再派遣到其他用人单位。有关行政法规、部门规章也对被派遣劳动

者的使用作出明确规定。如《国务院办公厅关于进一步加强煤矿安全生产工作的意见》规定，规范煤矿劳动用工管理。在一定区域内，加强煤矿企业招工信息服务，统一组织报名和资格审查、统一考核、统一签订劳动合同和办理用工备案、统一参加社会保险、统一依法使用劳务派遣用工，并加强监管。

71. 依照本法规定，被派遣劳动者具体享有哪些权利，应履行哪些义务

根据本法第三章的有关内容，本条规定的"被派遣劳动者享有本法规定的从业人员的权利"具体指：（1）从业人员与生产经营单位订立的劳动合同应当载明与从业人员劳动安全有关的事项，生产经营单位不得以协议免除或者减轻安全事故伤亡责任；（2）从业人员对危险因素、防范措施及事故应急措施的知情权和建议权；（3）从业人员对安全问题有批评、检举和控告权，并有权拒绝违章指挥和强令冒险作业；（4）从业人员有权在发现直接危及人身安全的紧急情况时，停止作业或者在采取可能的应急措施后撤离作业场所；（5）从业人员享有因生产安全事故而遭受损害时获得赔偿的权利。被派遣劳动者应履行的义务有：（1）落实岗位安全责任，遵守安全生产法律法规以及规章制度，照章操作；（2）接受安全生产培训；（3）对事故隐患或者不安全因素进行报告等。

配 套

《劳动合同法》第62条

第四章　安全生产的监督管理

第六十二条　【安全生产监督检查】县级以上地方各级人民政府应当根据本行政区域内的安全生产状况，组织有关部门按照职责分工，对本行政区域内容易发生重大生产安全事故的生产经营单位进行严格检查。

应急管理部门应当按照分类分级监督管理的要求，制定安全生产年度监督检查计划，并按照年度监督检查计划进行监督检查，发现事故隐患，应当及时处理。

`应用`

72. 县级以上地方各级人民政府应当如何组织有关部门开展安全生产监督检查

县级以上地方各级人民政府在安全生产监督管理方面应当按照下列要求组织有关部门开展安全生产监督检查：第一，全面了解掌握本行政区域安全生产状况。县级以上地方各级人民政府应当根据本行政区域生产经营活动的特点、分布区域、人员结构等情况，分析可能发生生产安全事故的途径、危害程度以及影响范围。第二，按照各有关部门的职责分工组织安全检查。本法第10条对应急管理部门和交通运输、住房和城乡建设、水利、民航等有关部门的安全生产监督管理职责作出了明确规定。县级以上地方各级人民政府应当根据有关部门的职责分工，组织相应行业、领域的安全检查。有关部门应当根据政府的组织安排，依照法律、法规的规定进行安全检查。第三，确定安全检查重点。县级以上地方人民政府应当在调查研究的基础上，确定本行政区域内容易发生重大生产安全事故的生产经营单位。第四，检查必须严格，禁止搞形式，走过场。有关部门应当严格按照有关法律、法规、规章和国家标准、行业标准的规定进行检查，做到"全覆盖、零容忍、严执法、重实效"。应当采用"四不两直"（即不发通知、不打招呼、不听汇报、不用接待和陪同，直奔基层、直插现场）、暗查暗访的方式严格检查，不能降低检查的标准和要求，真正做到有法必依、执法必严、违法必究。

73. 应急管理部门履行监督检查职责，应当采用哪些措施

根据本条第2款的规定，应急管理部门履行监督检查职责，应当采用下列措施：（1）对生产经营单位进行分类、分级监督管理。所谓分类，是指根据生产经营单位危险性质的不同，划分不同的行业或者领域类别。所谓分级，是指根据生产经营单位存在的可能引发生产安全事故的风险程度，对其进行等级评估，确定事故风险等级。（2）制订本部门年度监督检查计划，并按照计划实施监督检查。应急管理部门应当根据本部门执法人员的数量、装备配备、执法区域的范围和生产经营单位的数量、分布、生产规模以及安全生产状况等因素科学、合理制订年度监督检查计划。监督检查计划应当包括检查的生产经营单位数量和频次，检查的方式、重点等内容。计划的内容应当明确、具体，具有可操作性，并落实到本部门内设责任机构及人员。

第六十三条　【安全生产事项的审批、验收】负有安全生产监督管理职责的部门依照有关法律、法规的规定，对涉及安全生产的事项需要审查批准（包括批准、核准、许可、注册、认证、颁发证照等，下同）或者验收的，必须严格依照有关法律、法规和国家标准或者行业标准规定的安全生产条件和程序进行审查；不符合有关法律、法规和国家标准或者行业标准规定的安全生产条件的，不得批准或者验收通过。对未依法取得批准或者验收合格的单位擅自从事有关活动的，负责行政审批的部门发现或者接到举报后应当立即予以取缔，并依法予以处理。对已经依法取得批准的单位，负责行政审批的部门发现其不再具备安全生产条件的，应当撤销原批准。

注解

依照本条规定，负有安全生产监督管理职责的部门必须依法履行以下职责：（1）依法审批、验收。为防止和减少生产安全事故、保障人民群众生命和财产安全，有关法律、法规规定，对一些涉及安全生产的事项，应由负有安全生产监督管理职责的部门依法进行事前审查批准，包括批准、核准、许可、注册、认证、颁发证照等；对一些高危行业的建设项目的安全设施，要由有关监督管理部门进行检查验收。（2）对依法应当经过审批、验收，而未经审批、验收即从事有关活动的违法行为，必须依法予以取缔、处理。负有安全生产监督管理职责的部门接到单位或者个人的举报，或者由本部门发现有未经依法审批或者验收合格即擅自从事有关活动的，应当立即采取措施，制止违法行为，责令其停止有关生产经营活动，予以关闭，并按照有关法律、法规的规定追究其行政责任。对构成犯罪的，还应移交司法机关依法追究其刑事责任。（3）发现已经审批的生产经营单位不再具备安全生产条件的，应当撤销原批准。被依法撤销的批准，自撤销之日起失去效力，被撤销批准的单位不得再从事相关的生产经营活动，否则将依法追究其法律责任。

配套

《安全生产许可证条例》第2条

第六十四条 【审批、验收的禁止性规定】负有安全生产监督管理职责的部门对涉及安全生产的事项进行审查、验收，不得收取费用；不得要求接受审查、验收的单位购买其指定品牌或者指定生产、销售单位的安全设备、器材或者其他产品。

注解

负有安全生产监督管理职责的部门和接受审查、验收的单位之间是一种监督和被监督的关系，二者之间不应存在经济关系或者其他利益关系。本条明确规定，禁止负有安全生产监督管理职责的部门以任何形式要求接受审查、验收的单位购买其指定品牌或者指定生产、销售单位的安全设备、器材或者其他产品。这里的"品牌"是指负有安全生产监督管理职责的部门指定的某个或者某些特定品牌。"指定"还包括"变相指定"等相关行为，表现为对审查、验收的单位自行选择购买的合格安全设备、器材或者其他产品不予认可，阻碍审查、验收的单位自由选择安全设备、器材或者其他产品。

应用

74. 违反本条规定，应承担何种法律责任

本法第91条规定，负有安全生产监督管理职责的部门，要求被审查、验收的单位购买其指定的安全设备、器材或者其他产品的，在对安全生产事项的审查、验收中收取费用的，由其上级机关或者监察机关责令改正，责令退还收取的费用；情节严重的，对直接负责的主管人员和其他直接责任人员依法给予处分。

配套

《建筑法》第82条；《消防法》第56条

第六十五条 【监督检查的职权范围】应急管理部门和其他负有安全生产监督管理职责的部门依法开展安全生产行政执法工作，对生产经营单位执行有关安全生产的法律、法规和国家标准或者行业标准的情况进行监督检查，行使以下职权：

（一）进入生产经营单位进行检查，调阅有关资料，向有关单位和人员了解情况；

（二）对检查中发现的安全生产违法行为，当场予以纠正或者要求限期改正；对依法应当给予行政处罚的行为，依照本法和其他有关法律、行政法规的规定作出行政处罚决定；

（三）对检查中发现的事故隐患，应当责令立即排除；重大事故隐患排除前或者排除过程中无法保证安全的，应当责令从危险区域内撤出作业人员，责令暂时停产停业或者停止使用相关设施、设备；重大事故隐患排除后，经审查同意，方可恢复生产经营和使用；

（四）对有根据认为不符合保障安全生产的国家标准或者行业标准的设施、设备、器材以及违法生产、储存、使用、经营、运输的危险物品予以查封或者扣押，对违法生产、储存、使用、经营危险物品的作业场所予以查封，并依法作出处理决定。

监督检查不得影响被检查单位的正常生产经营活动。

应用

75. 在安全生产监督检查中，应急管理部门和其他负有安全生产监督管理职责的部门有哪些权力

本条规定，在安全生产监督检查中，应急管理部门和其他负有安全生产监督管理职责的部门有以下权力：

第一，现场调查取证权。包括：（1）应急管理部门和其他负有安全生产监督管理职责的部门有权进入生产经营单位进行现场检查，被检查单位不得拒绝。（2）有权向被检查单位调阅与监督检查有关的资料，被检查单位应当如实提供。（3）向有关人员，包括被检查单位的负责人，有关的管理人员、技术人员和作业人员等了解相关的情况。有关人员应当予以配合，如实提供有关情况。

第二，现场处理权。包括：（1）应急管理部门和其他负有安全生产监督管理职责的部门，对监督检查中发现的安全生产违法行为，有权当场予以纠正或者要求限期改正。（2）责令排除事故隐患。对现场监督检查中发现的事故隐患，应急管理部门和其他负有安全生产监督管理职责的部门有权责令被

检查单位采取有效措施,立即予以排除。(3)责令采取紧急避险措施。如果检查中发现的事故隐患属于重大隐患,在隐患排除前或者排除过程中不能保证人员安全的,应急管理部门和其他负有安全生产监督管理职责的部门有权要求从危险区域撤出作业人员,同时要求暂时停止存在重大事故隐患的作业,或者暂停存在重大事故隐患的相关设施、设备的使用。只有在重大事故隐患被排除后,经过应急管理部门和其他负有安全生产监督管理职责的部门审查同意,生产经营单位才能恢复有关的生产经营活动或恢复有关设施、设备的使用。(4)对检查中发现的违法行为,依照有关法律、法规的规定应当由应急管理部门和其他负有安全生产监督管理职责的部门予以处罚的,依法作出行政处罚的决定。

第三,采取查封或扣押行政强制措施权。这里所规定的"查封",是指应急管理部门和其他负有安全生产监督管理职责的部门对于不符合保障安全生产的国家标准或者行业标准的设施、设备、器材以张贴封条或者其他必要措施封存起来,未经查封部门许可,任何单位或者个人不得启封、动用。这里所规定的"扣押",是指应急管理部门和其他负有安全生产监督管理职责的部门将不符合保障安全生产的国家标准或者行业标准的设施、设备、器材运到另外的场所予以扣留。

76. 如何理解本条第2款规定的监督检查不得影响正常生产经营活动

本条第2款所规定的"正常生产经营活动",是指没有违反安全生产要求、履行了安全生产义务的生产经营活动。而对于在检查中发现的违法行为,事故隐患,不符合保障安全生产的国家标准或者行业标准的设施、设备、器材,违法生产、储存、使用、经营、运输的危险物品,违法生产、储存、使用、经营危险物品的作业场所,分别采取当场纠正或者要求限期改正,责令立即排除,责令暂时停产停业或者停止使用相关设施、设备,查封或者扣押等措施,不属于影响正常生产经营活动。生产经营单位不得以此为借口,拒绝、阻挠职能部门的监督检查。

配 套

《行政处罚法》;《行政强制法》第三章、第六章

第六十六条 【生产经营单位的配合义务】 生产经营单位对负有安全生产监督管理职责的部门的监督检查人员(以下统称安

全生产监督检查人员）依法履行监督检查职责，应当予以配合，不得拒绝、阻挠。

注解

本条所规定的安全生产监督检查人员的监督检查职责是指本法第65条规定的职权，包括：现场调查取证权、现场处理权、采取查封或扣押行政强制措施权等。生产经营单位有接受监管部门依法进行的监督检查的义务，对安全生产监督检查人员依法履行监督检查职责，应予以配合，不得拒绝、阻挠，包括允许监督检查人员进入相关场所实施现场检查，为监督检查人员依法履行职务提供便利条件，满足监督检查人员依法提出的调阅有关资料，检查有关设施、设备，找生产经营单位负责人或有关人员谈话了解有关情况等属于检查职权范围内的合法要求。

应用

77. 生产经营单位拒绝、阻碍依法实施的监督检查应承担何种法律责任

根据本法第108条的规定，违反本法规定，生产经营单位拒绝、阻碍负有安全生产监督管理职责的部门依法实施监督检查的，责令改正；拒不改正的，处2万元以上20万元以下的罚款；对其直接负责的主管人员和其他直接责任人员处1万元以上2万元以下的罚款；构成犯罪的，依照刑法有关规定追究刑事责任。《刑法》第277条第1款规定，以暴力、威胁方法阻碍国家机关工作人员依法执行职务的，处3年以下有期徒刑、拘役、管制或者罚金。同时，对于阻碍国家机关工作人员依法执行职务的行为，可以按照《治安管理处罚法》第50条的有关规定给予治安管理处罚，即处警告或者200元以下罚款；情节严重，处5日以上10以下拘留，可以并处500元以下罚款。

配套

《刑法》第277条；《治安管理处罚法》第50条

第六十七条　【监督检查的要求】安全生产监督检查人员应当忠于职守，坚持原则，秉公执法。

安全生产监督检查人员执行监督检查任务时，必须出示有效的行政执法证件；对涉及被检查单位的技术秘密和业务秘密，应当为其保密。

应 用

78. 什么是"技术秘密"和"业务秘密"

技术秘密，包括被检查单位的技术诀窍、技术配方、工艺流程等。业务秘密，包括有关的经营决策、客户资料等方面的内容。上述秘密都属于被检查单位的商业秘密。商业秘密是指不为公众所知悉，能为权利人带来经济利益，具有实用性并经权利人采取保密措施的技术信息和经营信息。安全生产监督检查人员执行公务时，对涉及被检查单位的技术秘密和业务秘密，应承担保密的义务。我国刑法规定，有违反保密义务或者违反权利人有关保守商业秘密的要求，披露、使用或者允许他人使用其所掌握的商业秘密等行为，情节严重的，处3年以下有期徒刑，并处或者单处罚金；情节特别严重的，处3年以上10年以下有期徒刑，并处罚金。

配 套

《公务员法》第14条；《刑法》第219条

第六十八条 【监督检查的记录与报告】安全生产监督检查人员应当将检查的时间、地点、内容、发现的问题及其处理情况，作出书面记录，并由检查人员和被检查单位的负责人签字；被检查单位的负责人拒绝签字的，检查人员应当将情况记录在案，并向负有安全生产监督管理职责的部门报告。

注 解

本条是关于安全生产监督检查人员在监督检查时，应当对有关检查情况作出记录的规定。按照本条规定，安全检查记录必须符合下述两项要求：一是安全检查记录应当为书面形式。二是检查记录须由检查人员和被检查单位的负责人签字。在监督检查记录上签字的人员，一是参加监督检查的人员。要求检查人员签字，目的是便于明确责任，增强检查人员的责任心。二是被检查单位的有关负责人。签字应当当场进行，如果被检查单位的负责人拒绝签字，检查人员应当将这一情况在检查记录中说明，并向负有安全生产监督管理职责的部门报告。负责人拒绝签字的，不影响检查记录的有效性。

应用

79. 安全检查记录应包括哪些内容

安全检查记录的具体内容应当包括：(1) 检查的时间。一般是指检查时的年、月、日、时、分的具体时间。对容易发生事故的重点部门和重点区域的检查时间更需要特别记录。(2) 检查的地点。通常是指被检查的生产经营单位及其场所。地点的记录应当具体、明确，载明实施检查的具体场所。如果是对生产经营单位的某个矿井、某个车间、某些设备设施等进行检查，这时还应当对具体的作业场所和设备设施的名称、地址予以记录。(3) 检查的内容。即指检查的具体事项，比如本次检查了哪些设施、设备等。(4) 检查中发现的问题。对检查中发现的被检查单位存在的与有关安全生产的法律、法规、国家标准和行业标准等要求不符的情况，如安全生产的规章制度不健全，设施、设备存在的安全隐患问题，是一般的事故隐患问题还是重大事故隐患问题等，都应如实加以记录。(5) 对检查中发现的问题的处理情况（特别是发现事故隐患的处理情况）。通常是指是否按照法律法规和规章的规定对发现的事故隐患和违法行为进行了处理。如对于事故隐患，是否责令立即排除或者限期排除；对安全生产违法行为是否当场纠正或者要求限期改正，对应当给予行政处罚的行为是否依法进行了处罚，对重大安全生产问题是否向有关人民政府或其所属部门及时报告等，都应当记录在案。

第六十九条　【监督检查的配合】负有安全生产监督管理职责的部门在监督检查中，应当互相配合，实行联合检查；确需分别进行检查的，应当互通情况，发现存在的安全问题应当由其他有关部门进行处理的，应当及时移送其他有关部门并形成记录备查，接受移送的部门应当及时进行处理。

第七十条　【强制停止生产经营活动】负有安全生产监督管理职责的部门依法对存在重大事故隐患的生产经营单位作出停产停业、停止施工、停止使用相关设施或者设备的决定，生产经营单位应当依法执行，及时消除事故隐患。生产经营单位拒不执行，有发生生产安全事故的现实危险的，在保证安全的前提下，经本部门主要负责人批准，负有安全生产监督管理职责的部门可以采取通知有关单位停止供电、停止供应民用爆炸物品等措施，强制生产经营单位履行决定。通知应当采用书面形式，有关单位应当予以配合。

负有安全生产监督管理职责的部门依照前款规定采取停止供电措施，除有危及生产安全的紧急情形外，应当提前二十四小时通知生产经营单位。生产经营单位依法履行行政决定、采取相应措施消除事故隐患的，负有安全生产监督管理职责的部门应当及时解除前款规定的措施。

应 用

80. 负有安全生产监督管理职责的部门在具体实施强制措施时应当注意哪些问题

第一，严格实施条件。一是保证安全。负有安全生产监督管理职责的部门在实施行政强制措施的过程中要以保证安全，特别是从业人员的生命安全为前提。要充分考虑生产经营单位的生产特点和特殊要求，不能因突然采取停电等措施发生其他事故。在实施停止供应民用爆炸物品，特别是停止供电的强制措施的情况下，要严格遵守安全断电程序，以保障实现行政强制目的。二是负有安全生产监督管理职责的部门依法对存在重大事故隐患的生产经营单位作出停产停业、停止施工、停止使用相关设施或者设备的决定。这里所称的决定，既包括依照本法第65条或者其他法律法规规定作出的责令暂时停产停业、停止使用相关设施设备的现场处理决定，也包括依照本法法律责任一章作出的责令停产停业整顿的行政决定。三是生产经营单位拒不执行上述决定。四是存在重大事故隐患，有发生生产安全事故的现实危险。这里所称的有发生生产安全事故的现实危险，是指现实存在的、紧迫的危险，如果这种危险持续存在，生产经营单位就可能随时发生事故。

第二，严格按照程序。一是经本部门主要负责人批准。这里所称的本部门主要负责人，一般是指负有安全生产监督管理职责的部门的正职负责人，也可以是主持工作的其他负责人。二是通知要采用书面形式,这是本条实施的形式要件。为保证实施过程的公开、公正、可追溯,书面形式应为相应的行政执法文书,内容包括生产经营单位名称、地址及法定代表人姓名,采取行政强制措施的理由、依据和期限,停止供电的区域范围等。三是采取停止供电的强制措施,应当提前24小时书面通知生产经营单位。这是对本条第1款的补充规定。如果遇有紧急情形的,负有安全生产监督管理职责的部门可以不提前24小时,甚至在不通知生产经营单位的情况下,直接依照本条第1款的规定要求供电企业停止供电。

第三,严格解除条件。一是生产经营单位依法履行行政决定。即生产经营单位已经按照负有安全生产监督管理职责的部门行政决定的要求,正确履行了停产停业、停止施工、停止使用相关设施设备的义务。二是采取了相应措施消除事故隐患。除了履行行政决定外,生产经营单位还必须采取措施消除事故隐患,经负有安全生产监督管理职责的部门复核通过后,负有安全生产监督管理职责的部门书面通知解除相应行政强制措施。

第七十一条 【安全生产监察】监察机关依照监察法的规定,对负有安全生产监督管理职责的部门及其工作人员履行安全生产监督管理职责实施监察。

注 解

本条所称监察机关是指行使国家监察职能的各级监察委员会。负有安全生产监督管理职责的部门的工作人员,无论其是否属于公务员身份,只要履行安全生产监督管理职责,都属于监察机关的监察对象。监察机关有权对履行安全生产监督管理职责的部门及其工作人员进行监督、调查、处置,具体包括:(1)对公职人员开展廉政教育,对其依法履职、秉公用权、廉洁从政从业以及道德操守情况进行监督检查。(2)对涉嫌贪污贿赂、滥用职权、玩忽职守、权力寻租、利益输送、徇私舞弊以及浪费国家资财等职务违法和职务犯罪进行调查。(3)对违法的公职人员依法作出政务处分决定;对履行职责不力、失职失责的领导人员进行问责;对涉嫌职务犯罪的,将调查结果移送人民检察院依法审查、提起公诉;向监察对象所在单位提出监察建议。

应用

81. 监察机关可以采取哪些措施对负有安全生产监督管理职责的部门及其工作人员实施监察

依照监察法的规定，监察机关对负有安全生产监督管理职责的部门及其工作人员实施监察时，有权采取下列措施：（1）依法向有关单位和个人了解情况，收集、调取证据。（2）对可能发生职务违法的监察对象，直接或者委托有关机关、人员进行谈话或者要求说明情况。（3）要求涉嫌职务违法的被调查人就涉嫌违法行为作出陈述，必要时向被调查人出具书面通知；对涉嫌贪污贿赂、失职渎职等职务犯罪的被调查人进行讯问。（4）在调查过程中询问证人等人员。（5）被调查人涉嫌贪污贿赂、失职渎职等严重职务违法或者职务犯罪，符合规定条件的，可以将其留置在特定场所。（6）调查涉嫌贪污贿赂、失职渎职等严重职务违法或者职务犯罪，可以依照规定查询、冻结涉案单位和个人的存款、汇款、债券、股票、基金份额等财产。（7）对涉嫌职务犯罪的被调查人以及可能隐藏被调查人或者犯罪证据的人的身体、物品、住处和其他有关地方进行搜查。（8）调取、查封、扣押用以证明被调查人涉嫌违法犯罪的财物、文件和电子数据等信息。（9）直接或者指派、聘请具有专门知识、资格的人员在调查人员主持下进行勘验检查。（10）对于案件中的专门性问题，可以指派、聘请有专门知识的人进行鉴定。（11）调查涉嫌重大贪污贿赂等职务犯罪，可以采取技术调查措施，按照规定交有关机关执行。（12）在本行政区域内通缉依法应当留置的被调查人。（13）对被调查人及相关人员采取限制出境措施。

第七十二条 【中介机构的条件和责任】承担安全评价、认证、检测、检验职责的机构应当具备国家规定的资质条件，并对其作出的安全评价、认证、检测、检验结果的合法性、真实性负责。资质条件由国务院应急管理部门会同国务院有关部门制定。

承担安全评价、认证、检测、检验职责的机构应当建立并实施服务公开和报告公开制度，不得租借资质、挂靠、出具虚假报告。

注解

　　本条所讲的承担安全评价、认证、检测、检验职责的机构，是指向社会开放的，接受生产经营单位或者负有安全生产监督管理职责的部门等的委托，对有关的安全生产条件、安全产品、安全设备等进行技术性评价、技术性检验、安全认证等，并出具相关报告的机构。为保证安全评价、认证、检测、检验结果的客观、公正、准确，本条要求，承担这类职责的机构应具备"国家规定的资质条件"，包括对必要的技术人员、管理人员的资格方面的要求，对必要的检测、检验设备方面的要求，对必要的组织机构的要求，对建立健全有关检测、检验操作规程的要求等。承担安全评价、认证、检测、检验职责的机构开展安全评价、认证、检测、检验前应当取得相应的资质，并且在资质的有效期内、在资质认可的业务范围内开展评价、认证、检测、检验。具有安全评价、认证、检测、检验资质的机构不得将其资质借给其他机构，不具备安全评价、认证、检测、检验资质的机构不得向具备资质的机构租借资质或者挂靠具备资质的机构。

　　本条第1款中的"国家规定"，包括法律、法规和部门规章的规定，比如应急管理部2019年出台的《安全评价检测检验机构管理办法》，就对申请安全评价机构、安全生产检测检验机构资质应当具备的条件作出了明确规定。

配套

《安全评价检测检验机构管理办法》

第七十三条　【安全生产举报制度】负有安全生产监督管理职责的部门应当建立举报制度，公开举报电话、信箱或者电子邮件地址等网络举报平台，受理有关安全生产的举报；受理的举报事项经调查核实后，应当形成书面材料；需要落实整改措施的，报经有关负责人签字并督促落实。对不属于本部门职责，需要由其他有关部门进行调查处理的，转交其他有关部门处理。

　　涉及人员死亡的举报事项，应当由县级以上人民政府组织核查处理。

> 应 用

82. 负有安全生产监督管理职责的部门向社会公开监督举报的联系方式应注意哪些问题

负有安全生产监督管理职责的部门所设立的各种举报方式应当向社会公开，使社会公众广为知晓。一是公开的面要广，要让多数人知悉。举报联系方式的宣传是否到位，关系到举报制度实施的成败。要充分利用影响面较广的电视、广播、报刊、互联网、宣传牌和宣传单等各种途径，多层次、全方位地对安全生产举报联系方式进行宣传，要持之以恒地长期宣传，让安全生产举报联系方式人人皆知。二是公开受理举报的方式等应当具体、明确，便于记忆。在宣传举报方式时，要明确重点，突出强调具体的举报方式，使举报方式在有限的时间内能够被强化记忆。三是应当公开受理举报的内容，主要包括：（1）在生产过程中违反劳动纪律或者违反安全生产操作规程的情形、各类生产安全事故、其他不安全因素等安全生产方面存在的问题；（2）安全生产和现场管理中的违章指挥现象、违反安全生产法律法规和方针政策、安全生产责任不落实、事故隐患整改不及时等安全生产管理方面存在的问题。受理举报的内容既包括对生产经营单位违反有关安全生产法律、法规行为的举报，也包括对负有安全生产监督管理职责部门的工作人员不依法行政的举报等。

第七十四条 【违法举报和公益诉讼】任何单位或者个人对事故隐患或者安全生产违法行为，均有权向负有安全生产监督管理职责的部门报告或者举报。

因安全生产违法行为造成重大事故隐患或者导致重大事故，致使国家利益或者社会公共利益受到侵害的，人民检察院可以根据民事诉讼法、行政诉讼法的相关规定提起公益诉讼。

> 注 解

本条是关于事故隐患或者安全生产违法行为的举报权和安全生产领域公益诉讼的规定。任何单位或者个人对事故隐患或者安全生产违法行为，均有权向负有安全生产监督管理职责的部门报告或者举报。有关部门对于违法行为的举报应当及时依法处理。单位和个人以书信、电话、口头和委托他人转告等方式，无论实名还是匿名，对安全生产违法行为和事故隐患等进行举报的均应受理。受理口头举报，应当将举报情况写成笔录；受理电话举报，应当询问清楚，如实记录。对具名报告或者举报但不愿对外公开身份的，接受报告或者举报的负有安全生产监督管理职责的部门，应当为当事人保密。

应用

83. 哪些部门可以受理单位或者个人对事故隐患或者安全生产违法行为的举报

受理安全生产领域举报的部门有：(1) 应急管理部门。应急管理部门是安全生产工作的综合监督管理部门，根据本法第10条第1款，国务院应急管理部门对全国安全生产工作实施综合监督管理，县级以上地方各级人民政府应急管理部门对本行政区域内安全生产工作实施综合监督管理。因此，任何单位和个人都可以向应急管理部门举报事故隐患或者安全生产违法行为，由应急管理部门依法实施综合监督管理。(2) 应急管理部门以外的其他负有安全生产监督管理职责的部门。根据本法第10条第2款的规定，国务院交通运输、住房和城乡建设、水利、民航等有关部门在各自的职责范围内对有关行业、领域的安全生产工作实施监督管理；县级以上地方各级人民政府有关部门在各自的职责范围内对有关行业、领域的安全生产工作实施监督管理。依据上述规定，任何单位和个人在发现生产经营单位的事故隐患或者安全生产违法行为时，也可以向相关行业主管部门举报，主要有公安机关、建筑行政部门、铁路、民航、交通部门，特种设备安全监察部门，电力监管部门等。(3) 监察机关。根据监察法的规定，各级监察委员会是行使国家监察职能的专责机关，依照监察法对所有行使公权力的公职人员进行监察，调查职务违法和职务犯罪，开展廉政建设和反腐败工作，维护宪法和法律的尊严。因此，对于各级地方人民政府、应急管理部门和其他负有安全生产监督管理职责的部门及其工作人员在安全生产监督管理过程中或者在事故报告和调查处理中有违法行为的，任何单位和个人都可以向有关监察机关举报。

84. 人民检察院对安全生产违法行为提起公益诉讼应具备哪些条件

检察机关提起公益诉讼有一定的条件，包括：(1) 因安全生产违法行为造成重大事故隐患或者导致重大事故，即任何组织或者个人有违反本法或者其他安全生产相关法律、法规规定的行为，且这种违法行为导致出现安全生产重大事故隐患或者发生重大事故。(2) 国家利益或者社会公共利益受到侵害。出现安全生产重大事故隐患或者发生重大事故，既会使生产经营单位及其从业人员、周边单位及居民等的人身、财产权益受到损害，也有可能使国家利益或者社会公共利益受到侵害。只有当国家利益或者社会公共利益受到侵害时，检察机关才能提起公益诉讼。(3) 根据民事诉讼法、行政诉讼法的相关规定提起公益诉讼。《民事诉讼法》第58条规定，对污染环境、侵害众多消费者合法权益等损害社会公共利益的行为，法律规定的机关和有关组织可以向人民法院提起诉讼。人民检察院在履行职责中发现破坏生态环境和资源保护、食品药品安全领域侵害众多消费者合法权益等损害社会公共利益的行为，在没有前述规定的机关和组织或者前述规定的机关和组织不提起诉讼的情况下，可以向人民法院提起诉讼。《行政诉讼法》第25条规定，人民检察院在履行职责中发现生态环境和资源保护、食品药品安全、国有财产保护、国有土地使用权出让等领域负有监督管理职责的行政机关违法行使职权或者不作为，致使国家利益或者社会公共利益受到侵害的，应当向行政机关提出检察建议，督促其依法履行职责。行政机关不依法履行职责的，人民检察院依法向人民法院提起诉讼。

配套

《生产经营单位从业人员安全生产举报处理规定》；《安全生产领域举报奖励办法》；《民事诉讼法》第58条；《最高人民法院关于适用〈中华人民共和国民事诉讼法〉的解释》第282-289条；《行政诉讼法》第25条

第七十五条　【居委会、村委会的监督】 居民委员会、村民委员会发现其所在区域内的生产经营单位存在事故隐患或者安全生产违法行为时，应当向当地人民政府或者有关部门报告。

配套

《城市居民委员会组织法》第2条；《村民委员会组织法》第2条

第七十六条　【举报奖励】 县级以上各级人民政府及其有关

部门对报告重大事故隐患或者举报安全生产违法行为的有功人员，给予奖励。具体奖励办法由国务院应急管理部门会同国务院财政部门制定。

注 解

本条是关于县级以上各级人民政府及其有关部门应实施安全生产举报奖励的规定。本条规定中的"有功"一般是指，举报人举报的重大事故隐患和安全生产违法行为，属于生产经营单位和负有安全监管职责的部门没有发现，或者虽然发现但未按有关规定依法处理的行为。需要说明的是，具有安全生产管理、监管、监察职责的工作人员及其近亲属或其授意他人的举报不在奖励之列。

应 用

85. 本条规定中的"安全生产违法行为"主要包括哪些行为

"安全生产违法行为"是指违反安全生产相关法律法规、国家标准或者行业标准的行为。原国家安全生产监督管理总局、财政部于2018年制定的《安全生产领域举报奖励办法》对安全生产违法行为进行了列举，主要包括：（1）没有获得有关安全生产许可证或证照不全、证照过期、证照未变更从事生产经营、建设活动的；未依法取得批准或者验收合格，擅自从事生产经营活动的；关闭取缔后又擅自从事生产经营、建设活动的；停产整顿、整合技改未经验收擅自组织生产和违反建设项目安全设施"三同时"规定的。（2）未依法对从业人员进行安全生产教育和培训，或者矿山和危险化学品生产、经营、储存单位，金属冶炼、建筑施工、道路交通运输单位的主要负责人和安全生产管理人员未依法经安全生产知识和管理能力考核合格，或者特种作业人员未依法取得特种作业操作资格证书而上岗作业的；与从业人员订立劳动合同，免除或者减轻其对从业人员因生产安全事故伤亡依法应承担的责任的。（3）将生产经营项目、场所、设备发包或者出租给不具备安全生产条件或者相应资质（资格）的单位或者个人，或者未与承包单位、承租单位签订专门的安全生产管理协议，或者未在承包合同、租赁合同中明确各自的安全生产管理职责，或者未对承包、承租单位的安全生产进行统一协调、管理的。（4）未按国家有关规定对危险物品进行管理或者使用国家明令淘汰、禁止的危及生产安全的工艺、设备的。（5）承担安全评价、认证、检测、检验工作和职业卫生技术服务的机构出具虚假证明文件的。
（6）生产安全事故瞒报、谎报以及重大事故隐患隐瞒不报，或者不按规定期限予以整治的，或者生产经营单位主要负责人在发生伤亡事故后逃匿的。
（7）未依法开展职业病防护设施"三同时"，或者未依法开展职业病危害检测、评价的。（8）法律、行政法规、国家标准或行业标准规定的其他安全生产违法行为。

86. 对报告重大事故隐患或者举报安全生产违法行为的有功人员给予奖励的标准是什么

对报告重大事故隐患或者举报安全生产违法行为的有功人员给予奖励，主要是指物质奖励，也包括精神奖励。《安全生产领域举报奖励办法》规定对重大事故隐患和安全生产违法行为的实名举报人给予现金奖励，具体标准为：（1）对举报重大事故隐患、违法生产经营建设的，奖励金额按照行政处罚金额的15%计算，最低奖励3000元，最高不超过30万元。（2）对举报瞒报、谎报事故的，按照最终确认的事故等级和查实举报的瞒报谎报死亡人数给予奖励。其中：一般事故按每查实瞒报谎报1人奖励3万元计算；较大事故按每查实瞒报谎报1人奖励4万元计算；重大事故按每查实瞒报谎报1人奖励5万元计算；特别重大事故按每查实瞒报谎报1人奖励6万元计算。最高奖励不超过30万元。

2020年9月应急管理部印发的《生产经营单位从业人员安全生产举报处理规定》明确，对生产经营单位从业人员安全生产举报以及信息员提供线索核查属实的，奖励标准按照一定比例上浮。

配套

《安全生产领域举报奖励办法》

第七十七条　【舆论监督】新闻、出版、广播、电影、电视等单位有进行安全生产公益宣传教育的义务，有对违反安全生产法律、法规的行为进行舆论监督的权利。

注解

本条是关于媒体负有安全生产公益宣传教育的义务，享有安全生产舆论监督的权利的规定。所谓"公益"，就是要求广大新闻媒体单位在安全生产宣传上不能以营利为目的，应做到不收费或者少收费，更不能搞所谓的有偿新闻。

第七十八条 【安全生产违法行为信息库】负有安全生产监督管理职责的部门应当建立安全生产违法行为信息库，如实记录生产经营单位及其有关从业人员的安全生产违法行为信息；对违法行为情节严重的生产经营单位及其有关从业人员，应当及时向社会公告，并通报行业主管部门、投资主管部门、自然资源主管部门、生态环境主管部门、证券监督管理机构以及有关金融机构。有关部门和机构应当对存在失信行为的生产经营单位及其有关从业人员采取加大执法检查频次、暂停项目审批、上调有关保险费率、行业或者职业禁入等联合惩戒措施，并向社会公示。

负有安全生产监督管理职责的部门应当加强对生产经营单位行政处罚信息的及时归集、共享、应用和公开，对生产经营单位作出处罚决定后七个工作日内在监督管理部门公示系统予以公开曝光，强化对违法失信生产经营单位及其有关从业人员的社会监督，提高全社会安全生产诚信水平。

第五章 生产安全事故的应急救援与调查处理

第七十九条 【事故应急救援队伍与信息系统】国家加强生产安全事故应急能力建设，在重点行业、领域建立应急救援基地和应急救援队伍，并由国家安全生产应急救援机构统一协调指挥；鼓励生产经营单位和其他社会力量建立应急救援队伍，配备相应的应急救援装备和物资，提高应急救援的专业化水平。

国务院应急管理部门牵头建立全国统一的生产安全事故应急救援信息系统，国务院交通运输、住房和城乡建设、水利、民航等有关部门和县级以上地方人民政府建立健全相关行业、领域、地区的生产安全事故应急救援信息系统，实现互联互通、信息共享，通过推行网上安全信息采集、安全监管和监测预警，提升监管的精准化、智能化水平。

注解

本条是关于国家应当加强生产安全事故救援能力和信息化水平建设的规定。所谓应急救援一般是指针对突发、具有破坏力的紧急事件采取预防、预备、响应和恢复措施的活动与计划。生产安全事故应急救援是指在应急响应过程中，为消除、减少事故危害，防止事故扩大或恶化，最大限度地降低事故造成的损失或危害而采取的救援措施或行动。

可以从以下两方面加强生产安全事故应急能力建设：第一，在重点行业、领域建立应急救援基地和应急救援队伍，推进应急救援专业化处置能力建设，并明确生产安全事故应急救援统一指挥权。第二，鼓励生产经营单位和其他社会力量建立应急救援队伍，配备相应的应急救援装备和物资，提高应急救援的专业化水平。加强生产经营单位专兼职救援队伍和职工队伍建设，是切实提高事故初期应急救援效果的重要手段。应按照专业救援和职工参与相结合、险时救援和平时防范相结合的原则，建设以专业队伍为骨干、兼职队伍为辅助、职工队伍为基础的企业应急队伍体系。

配套

《生产安全事故应急条例》

第八十条　【事故应急救援预案与体系】县级以上地方各级人民政府应当组织有关部门制定本行政区域内生产安全事故应急救援预案，建立应急救援体系。

乡镇人民政府和街道办事处，以及开发区、工业园区、港区、风景区等应当制定相应的生产安全事故应急救援预案，协助人民政府有关部门或者按照授权依法履行生产安全事故应急救援工作职责。

注解

本条是关于县级以上地方各级人民政府应组织制定生产安全事故应急救援预案、建立应急救援体系，以及乡镇人民政府等部门单位在应急救援方面职责的规定。

根据本条第1款规定，县级以上地方各级人民政府应当根据有关法律、法规、规章和标准的规定，结合本地区生产经营活动的特点、安全生产工作实际情况、危险性分析情况和可能发生的生产安全事故的特点，组织应急管理部门和其他负责相关行业、领域的专项安全生产监督管理的有关部门制定本行政区域内的生产安全事故应急预案。应急救援预案对应急组织和人员的职责分工应当明确，并有具体的落实措施；应当有明确、具体的事故预防措施和应急程序，并与其应急能力相适应；应当有明确的应急保障措施，并能满足本地区应急工作要求。地方各级人民政府编制应急救援预案，应当组织有关应急救援专家对应急预案进行审定，必要时，可以召开听证会，听取社会有关方面的意见。

考虑到县级以上地方人民政府在应急资源的管理和利用方面的绝对优势，以及在整合应急救援队伍和培训演练方面的便利条件，本法将建立应急救援体系的职责赋予县级以上地方各级人民政府。根据国务院有关文件的要求，县级以上地方各级人民政府应建立充分发挥公安消防以及武警、解放军、预备役民兵的骨干作用，各专业应急救援队伍各负其责、互为补充，企业专兼职救援队伍和社会志愿者共同参与的应急救援体系。

本条第2款在规定县级以上地方各级人民政府相应职责的基础上，进一步明确了乡镇人民政府、街道办事处，以及开发区、工业园区、港区、风景区等特殊区域管理机构制定应急救援预案，协助开展生产安全事故应急救援的工作职责。

应用

87. 什么是生产安全事故应急预案

应急预案是指面对突发事件如自然灾害、重特大事故、环境公害及人为破坏的应急管理、指挥、救援计划等，它一般应当建立在综合防灾规划基础上。《突发事件应对法》第18条明确规定："应急预案应当根据本法和其他有关法律、法规的规定，针对突发事件的性质、特点和可能造成的社会危害,具体规定突发事件应急管理工作的组织指挥体系与职责和突发事件的预防与预警机制、处置程序、应急保障措施以及事后恢复与重建措施等内容。"生产安全事故应急救援预案是针对具体设备、设施、场所和环境,在安全评价的基础上,为降低事故造成的人身、财产损失与环境危害,就事故发生后的应急救援机构和人员,应急救援的设备、设施、条件和环境,行动的步骤和纲领,控制事故发展的方法和程序等,预先作出的科学而有效的计划和安排。应急救援预案的制定一般可以分为五个步骤,即组建应急救援预案编制队伍、开展危险与应急能力分析、预案编制、预案评审与发布和预案的实施。

配套

《生产安全事故应急条例》第5-7条;《特种设备安全法》第69条;《突发事件应对法》第17、23条;《危险化学品安全管理条例》第69条

第八十一条 【事故应急救援预案的制定与演练】生产经营单位应当制定本单位生产安全事故应急救援预案,与所在地县级以上地方人民政府组织制定的生产安全事故应急救援预案相衔接,并定期组织演练。

注解

本条是关于生产经营单位生产安全事故应急救援预案的制定以及定期组织演练的规定。生产经营单位应当根据有关法律、法规和国家其他有关规定,结合本单位的危险源状况、危险性分析情况和可能发生的事故特点,制定相应的应急救援预案。生产经营单位编制的各类应急预案之间应当相互衔接,并与相关人民政府及其部门、应急救援队伍和涉及的其他单位的应急预案相衔接。易燃易爆物品、危险化学品等危险物品的生产、经营、储存、运输单位,矿山、金属冶炼、城市轨道交通运营、建筑施工单位,以及宾馆、商场、娱乐场所、旅游景区等人员密集场所经营单位,应当在应急预案公布之日起20个工作日内,按照分级属地原则,向县级以上人民政府应急管理部门和其他负有安全生产监督管理职责的部门进行备案,并依法向社会公布。

预案只是为实战提供了一个方案,保障生产安全事故发生时能够及时、协调、有序地开展应急救援等应急处置工作。因此需要生产经营单位通过经常性的演练提高实战能力和水平。按照《生产安全事故应急预案管理办法》

的要求,生产经营单位应当制定本单位的应急预案演练计划,根据本单位的事故风险特点,每年至少组织一次综合应急预案演练或者专项应急预案演练,每半年至少组织一次现场处置方案演练。易燃易爆物品、危险化学品等危险物品的生产、经营、储存、运输单位,矿山、金属冶炼、城市轨道交通运营、建筑施工单位,以及宾馆、商场、娱乐场所、旅游景区等人员密集场所经营单位,应当至少每半年组织一次生产安全事故应急预案演练,并将演练情况报送所在地县级以上地方人民政府负有安全生产监督管理职责的部门。县级以上地方人民政府负有安全生产监督管理职责的部门应当对本行政区域内上述重点生产经营单位的生产安全事故应急救援预案演练进行抽查;发现演练不符合要求的,应当责令限期改正。应急预案演练结束后,应急预案演练组织单位应当对应急预案演练效果进行评估,撰写应急预案演练评估报告,分析存在的问题,并对应急预案提出修订意见。同时,生产经营单位应当采取多种形式开展应急预案的宣传教育,普及生产安全事故避险、自救和互救知识,提高从业人员和社会公众的安全意识与应急处置技能;组织开展本单位的应急预案、应急知识、自救互救和避险逃生技能的培训活动,使有关人员了解应急预案内容,熟悉应急职责、应急处置程序和措施。

应用

88. 生产经营单位制定生产安全事故应急预案应符合哪些要求

生产经营单位制定生产安全事故应急救援预案应当符合下列基本要求:(1)符合有关法律、法规、规章和标准的规定;(2)符合本单位的安全生产实际情况;(3)符合本单位的危险性分析情况;(4)应急组织和人员的职责分工明确,并有具体的落实措施;(5)有明确、具体的应急程序和处置措施,并与其应急能力相适应;(6)有明确的应急保障措施,满足本单位的应急工作需要;(7)应急预案基本要素齐全、完整,应急预案附件提供的信息准确;(8)应急预案内容与相关应急预案相互衔接。

生产经营单位的应急救援预案按照针对情况的不同,分为综合应急预案、专项应急预案和现场处置方案。综合应急预案,是指生产经营单位为应对各种生产安全事故而制定的综合性工作方案,是本单位应对生产安全事故的总体工作程序、措施和应急预案体系的总纲。专项应急预案,是指生产经营单位为应对某一种或者多种类型生产安全事故,或者针对重要生产设施、重大危险源、重大活动防止生产安全事故而制定的专项性工作方案。现场处置方案，是指生产经营单位根据不同生产安全事故类型，针对具体场所、装置或者设施所制定的应急处置措施。生产经营单位风险种类多、可能发生多种类型事故的，应当组织编制综合应急预案。综合应急预案应当规定应急组织机构及其职责、应急预案体系、事故风险描述、预警及信息报告、应急响应、保障措施、应急预案管理等内容。对于某一种或者多种类型的事故风险，生产经营单位可以编制相应的专项应急预案，或将专项应急预案并入综合应急预案。专项应急预案应当规定应急指挥机构与职责、处置程序和措施等内容。对于危险性较大的场所、装置或者设施，生产经营单位应当编制现场处置方案。现场处置方案应当规定应急工作职责、应急处置措施和注意事项等内容。事故风险单一、危险性小的生产经营单位，可以只编制现场处置方案。

89. 在何种情形下，应当对生产安全事故应急救援预案进行修订

有下列情形之一的，生产安全事故应急救援预案制定单位应当及时修订相关预案：(1) 制定预案所依据的法律、法规、规章、标准及上位预案中的有关规定发生重大变化；(2) 应急指挥机构及其职责发生调整；(3) 安全生产面临的风险发生重大变化；(4) 重要应急资源发生重大变化；(5) 在预案演练或者应急救援中发现需要修订预案的重大问题；(6) 其他应当修订的情形。应急预案修订涉及组织指挥体系与职责、应急处置程序、主要处置措施、应急响应分级等内容变更的，修订工作应当参照应急预案编制程序进行，并按照有关应急预案报备程序重新备案。

90. 生产经营单位未按照规定编制应急预案或定期组织应急预案演练的，应当承担何种责任

根据本法第97条规定，生产经营单位未按照规定制定生产安全事故应急救援预案或者未定期组织演练的，责令限期改正，处10万元以下的罚款；逾期未改正的，责令停产停业整顿，并处10万元以上20万元以下的罚款，对其直接负责的主管人员和其他直接责任人员处2万元以上5万元以下的罚款。

配套

《生产安全事故应急条例》第5-8条；《特种设备安全法》第69条；《生产安全事故应急预案管理办法》

第八十二条　【高危行业的应急救援要求】危险物品的生产、经营、储存单位以及矿山、金属冶炼、城市轨道交通运营、建筑施工单位应当建立应急救援组织；生产经营规模较小的，可以不建立应急救援组织，但应当指定兼职的应急救援人员。

危险物品的生产、经营、储存、运输单位以及矿山、金属冶炼、城市轨道交通运营、建筑施工单位应当配备必要的应急救援器材、设备和物资，并进行经常性维护、保养，保证正常运转。

注解

本条是关于高危行业的生产经营单位应急救援义务的规定。

易燃易爆物品、危险化学品等危险物品的生产、经营、储存、运输单位，矿山、金属冶炼、城市轨道交通运营、建筑施工单位，以及宾馆、商场、娱乐场所、旅游景区等人员密集场所经营单位，应当建立应急救援队伍；其中，小型企业或者微型企业等规模较小的生产经营单位，可以不建立应急救援队伍，但应当指定兼职的应急救援人员，并且可以与邻近的应急救援队伍签订应急救援协议。工业园区、开发区等产业聚集区域内的生产经营单位，可以联合建立应急救援队伍。

应急救援队伍的应急救援人员应当具备必要的专业知识、技能、身体素质和心理素质。应急救援队伍建立单位或者兼职应急救援人员所在单位应当按照国家有关规定对应急救援人员进行培训；应急救援人员经培训合格后，方可参加应急救援工作。应急救援队伍应当配备必要的应急救援装备和物资，并定期组织训练。

生产经营单位应当及时将本单位应急救援队伍建立情况按照国家有关规定报送县级以上人民政府负有安全生产监督管理职责的部门，并依法向社会公布。

易燃易爆物品、危险化学品等危险物品的生产、经营、储存、运输单位，矿山、金属冶炼、城市轨道交通运营、建筑施工单位，以及宾馆、商场、娱乐场所、旅游景区等人员密集场所经营单位，应当根据本单位可能发生的生产安全事故的特点和危害，配备必要的灭火、排水、通风以及危险物品稀释、掩埋、收集等应急救援器材、设备和物资,并进行经常性维护、保养,保证正常运转。

> 应用

91. 哪些单位应当建立应急值班制度,配备应急值班人员

下列单位应当建立应急值班制度,配备应急值班人员:(1)县级以上人民政府及其负有安全生产监督管理职责的部门;(2)危险物品的生产、经营、储存、运输单位以及矿山、金属冶炼、城市轨道交通运营、建筑施工单位;(3)应急救援队伍。规模较大、危险性较高的易燃易爆物品、危险化学品等危险物品的生产、经营、储存、运输单位应当成立应急处置技术组,实行24小时应急值班。

> 配套

《突发事件应对法》第23条;《矿山安全法》第31条;《生产安全事故应急条例》第9-15条

第八十三条 【单位报告和组织抢救义务】生产经营单位发生生产安全事故后,事故现场有关人员应当立即报告本单位负责人。

单位负责人接到事故报告后,应当迅速采取有效措施,组织抢救,防止事故扩大,减少人员伤亡和财产损失,并按照国家有关规定立即如实报告当地负有安全生产监督管理职责的部门,不得隐瞒不报、谎报或者迟报,不得故意破坏事故现场、毁灭有关证据。

> 注解

本条是关于生产经营单位对生产安全事故报告和组织抢救义务的规定。依照本条规定,生产经营单位发生生产安全事故后,事故现场有关人员应当立即报告本单位负责人,使本单位负责人及时得知事故情况,马上组织抢救工作。单位负责人接到事故报告后,应当按照国家有关规定立即如实报告当地负有安全生产监督管理职责的部门,不得以任何理由隐瞒不报、谎报或者迟报。所谓"事故现场",是指事故具体发生地点及事故能够影响和波及的

区域，以及该区域内的物品、痕迹所处的状态。所谓"有关人员"，主要是指事故发生单位在事故现场的有关工作人员，既可以是事故的负伤者，也可以是在事故现场的其他工作人员；在发生人员死亡和重伤无法报告，且事故现场又没有其他工作人员时，任何首先发现事故的人都属于有关人员，负有立即报告事故的义务。"立即报告"是指在事故发生后的第一时间用最快捷的报告方式进行报告，不拘于报告形式。"单位负责人"可以是事故发生单位的主要负责人，也可以是事故发生单位主要负责人以外的其他分管安全生产工作的副职领导或其他负责人。根据企业的组织形式，主要负责人可以是公司制企业的董事长、总经理、首席执行官或者其他实际履行经理职责的企业负责人，也可以是非公司制企业的厂长、经理、矿长等企业行政"一把手"。由于事故报告的紧迫性，现场有关人员只要将事故报告到事故单位的指挥中心（如调度室、监控室），由指挥中心启动应急程序，也可视为向本单位负责人报告。

依据本条第2款的规定，单位负责人接到事故报告后，应当迅速采取有效措施，组织抢救，防止事故扩大，减少人员伤亡和财产损失。生产安全事故发生后，组织抢救是生产经营单位的首要任务。组织抢救包括组织救护组织抢救和从业人员自救。对危险化学品泄漏等可能对周边群众和环境产生危害的事故，生产经营单位应在向地方政府和有关部门报告的同时，及时向可能受到影响的单位、职工、群众发出预警信息，标明危险区域，组织、协助应急救援队伍和工作人员救助受害人员，疏散、撤离、安置受到威胁的人员，并采取必要措施防止发生次生、衍生事故。应急处置工作结束后，各生产经营单位应尽快组织恢复生产、生活秩序，配合事故调查组进行调查。

应 用

92. 生产安全事故发生后，有关单位和个人应当如何保护事故现场

事故现场和有关证据是调查事故原因、查明事故性质和责任的重要方面。事故发生后，有关单位和人员应当妥善保护事故现场以及相关证据，任何单位和个人不得破坏事故现场、毁灭相关证据。事故现场保护的主要任务就是在现场勘查之前，维持现场的原始状态，既不使它减少任何痕迹、物品，也不使它增加任何痕迹、物品。在事故调查组未进入事故现场前，企业应派专人看护现场，保护事故现场，必须根据事故现场的具体情况和周围环境，划定保护区的范围，布置警戒，必要时，将事故现场封锁起来，禁止一切人员进入保护区，即使是保护现场的人员，也不能无故出入，更不能擅自进行勘查，禁止随意触摸或者移动事故现场的任何物品。因抢救人员、防止事故扩大以及疏通交通等原因，需要移动事故现现场物件的，应当作出标志，绘制现场简图并作出书面记录，妥善保存现场重要痕迹、物证，并应当尽量使现场少受破坏。同时，移动物件必须经过事故单位负责人或者组织事故调查的应急管理部门和负有安全生产监督管理职责的有关部门的同意。

93. 发生生产安全事故的生产经营单位应当按照什么程序作出报告

依照《生产安全事故报告和调查处理条例》的规定，发生生产安全事故的生产经营单位应当按照下列程序作出报告：（1）事故发生后，事故现场有关人员应当立即向本单位负责人报告。（2）单位负责人接到报告后，应当于1小时内向事故发生地县级以上人民政府应急管理部门和负有安全生产监督管理职责的有关部门报告。在现代通信技术比较发达的条件下，这一要求既能保证事故单位采取相关应急措施，又能保证应急管理部门和其他负有安全生产监督管理职责的有关部门较快地获取事故的相关情况。需要注意的是，本条中"当地负有安全生产监督管理职责的部门"包括当地县级以上人民政府应急管理部门和对事故单位负有安全生产监督管理职责的其他相关部门。因此，事故单位负责人既有向县级以上人民政府应急管理部门报告的义务，又有向负有安全生产监督管理职责的其他有关部门报告的义务。（3）情况紧急时，事故现场有关人员可以直接向事故发生地县级以上人民政府应急管理部门和负有安全生产监督管理职责的有关部门报告，以利于积极组织事故救援力量调度。在一般情况下，事故现场有关人员应当向本单位负责人报告事故，但是，事故是人命关天的大事，应当在情况紧急时，允许事故现场有关人员直接向应急管理部门和负有安全生产监督管理职责的有关部门报告。至于"情况紧急"应当作较为灵活的理解，比如事故单位负责人联系不上、事故重大需要政府部门迅速调集救援力量等情形。对于负有安全生产监督管理职责的部门和具体工作人员来说，只要接到事故现场有关人员的报告，不论是否属于"情况紧急"，都应当立即赶赴现场，并积极组织事故救援。（4）报告事故应当包括下列内容：①事故发生单位概况；②事故发生的时间、地点以

101

及事故现场情况；③事故的简要经过；④事故已经造成或者可能造成的伤亡人数（包括下落不明的人数）和初步估计的直接经济损失；⑤已经采取的措施；⑥其他应当报告的情况。(5) 事故报告后出现新情况的，应当及时补报。自事故发生之日起30日内，事故造成的伤亡人数发生变化的，应当及时补报。道路交通事故、火灾事故自发生之日起7日内，事故造成的伤亡人数发生变化的，应当及时补报。

94. 在发生安全事故后，负有报告职责的人员隐瞒不报或者谎报事故情况、贻误事故抢救的，应承担何种法律责任

我国《刑法》第139条之一规定了不报、谎报安全事故罪，根据该条规定，在安全事故发生后，负有报告职责的人员不报或者谎报事故情况，贻误事故抢救，情节严重的，处3年以下有期徒刑或者拘役；情节特别严重的，处3年以上7年以下有期徒刑。(《最高人民法院公报》2012年第3期：李发奎、李成奎、李向奎、苏正喜、苏强全、邓开兴非法买卖、储存爆炸物，非法采矿，重大劳动安全事故，不报安全事故，行贿案)

配套

《矿山安全法》第36条；《生产安全事故报告和调查处理条例》

第八十四条　【安全监管部门的事故报告】 负有安全生产监督管理职责的部门接到事故报告后，应当立即按照国家有关规定上报事故情况。负有安全生产监督管理职责的部门和有关地方人民政府对事故情况不得隐瞒不报、谎报或者迟报。

注解

本条是关于负有安全监督管理职责的部门对生产安全事故的报告职责的规定。依据本条的规定，负有安全生产监督管理职责的部门接到生产经营单位关于生产安全事故的报告后，应当立即上报事故情况。所谓"立即"，要求上报事故必须及时、快速。所谓"负有安全生产监督管理职责的部门"，是指县级以上应急管理部门和对发生生产安全事故的生产经营单位负有安全生产监督管理职责的其他有关部门。应急管理部门和其他负有安全生产监督管理职责的有关部门接到事故报告后，应当按照规定向上级应急管理部门和负有安全生产监督管理职责的有关部门报告事故情况。

应用

95. 负有安全生产监督管理职责的部门应在何时限内上报事故

应急管理部门和负有安全生产监督管理职责的有关部门逐级上报事故情况，每级上报的时间不得超过2小时。因此，事故的报告，从生产安全事故单位负责人报告，到最后报至国务院，均不得超过最长时限。

96. 应急管理部门和负有安全生产监督管理职责的有关部门接到事故报告后，应当如何上报事故情况

根据《生产安全事故报告和调查处理条例》的规定，应急管理部门和负有安全生产监督管理职责的有关部门接到事故报告后，应当依照下列规定上报事故情况，并通知公安机关、劳动保障行政部门、工会和人民检察院：(1) 特别重大事故、重大事故逐级上报至国务院应急管理部门和负有安全生产监督管理职责的有关部门。(2) 较大事故逐级上报至省、自治区、直辖市人民政府应急管理部门和负有安全生产监督管理职责的有关部门。(3) 一般事故上报至设区的市级人民政府应急管理部门和负有安全生产监督管理职责的有关部门。(4) 应急管理部门和负有安全生产监督管理职责的有关部门依照上述规定上报事故情况，应当同时报告本级人民政府。国务院应急管理部门和负有安全生产监督管理职责的有关部门以及省级人民政府接到发生特别重大事故、重大事故的报告后，应当立即报告国务院。(5) 必要时，应急管理部门和负有安全生产监督管理职责的有关部门可以越级上报事故情况。

97. 什么是"隐瞒不报""谎报"和"迟报"

所谓隐瞒不报，是指负有安全生产监督管理职责的部门和有关地方人民政府对发生的生产安全事故不进行上报，隐瞒已经发生的事故，并经有关部门查证属实的；所谓谎报，是指不按照国家有关规定对应当上报的事故发生单位概况、事故的发生时间、地点、简要经过、现场情况、已经造成和可能造成的伤亡人数、直接经济损失、事故类别等内容故意不如实报告的；而迟报则是指超过《生产安全事故报告和调查处理条例》或者其他国家有关规定规定的时限报告事故情况，包括对事故情况故意拖延不报的。

配套

《生产安全事故报告和调查处理条例》第10-14条

第八十五条 【事故抢救】 有关地方人民政府和负有安全生产监督管理职责的部门的负责人接到生产安全事故报告后,应当按照生产安全事故应急救援预案的要求立即赶到事故现场,组织事故抢救。

参与事故抢救的部门和单位应当服从统一指挥,加强协同联动,采取有效的应急救援措施,并根据事故救援的需要采取警戒、疏散等措施,防止事故扩大和次生灾害的发生,减少人员伤亡和财产损失。

事故抢救过程中应当采取必要措施,避免或者减少对环境造成的危害。

任何单位和个人都应当支持、配合事故抢救,并提供一切便利条件。

> **注解**

本条第2款中的警戒措施一般是指对具有危险因素的事故现场周围的道路、出入口等进行暂时封闭、设立警戒标志或者人工隔离,防止与事故抢救无关的人员进入危险区域而受到伤害。本条所称的疏散是指将事故现场危险区域的从业人员和群众及时转移安置到其他安全场所,防止聚集在事故现场及其周边的人员受到进一步的伤害。次生灾害,是指由原生灾害所诱导出来的灾害,具体到生产安全领域的次生灾害,是指生产安全事故发生后,由于事故源本身的特点或采取措施不及时等原因,进一步引发其他灾害事故,比如由于生产、储存危化品的工厂坍塌,对有关危化品处理、转移不及时又引起爆炸等灾害。

> **应用**

98. 本条要求赶到事故现场、组织事故救援的政府和安全生产监管部门的负责人就是指政府和部门的主要负责人吗

本条要求赶到事故现场、组织事故救援的政府和安全生产监管部门的负责人,并不限于政府和部门的主要负责人,也就是通常所说的"一把手",也可以是主要负责人以外的其他负责人。一般而言,事故发生具有突然性和紧迫性,要求地方政府和监管部门的负责人到场,主要是考虑到作为负责人，他们能够代表其任职的政府和安全生产监管部门，能够运用法律赋予的职权，在短时间内调动各种资源，并协调好各方面的关系，在事故救援过程中发挥指挥、协调的作用，保证救援工作的顺利开展，其他部门、单位和个人能够在其统一组织下参与事故抢救。

99. 发生生产安全事故后，生产经营单位应当采取哪些应急救援措施

发生生产安全事故后，生产经营单位应当立即启动生产安全事故应急救援预案，采取下列一项或者多项应急救援措施，并按照国家有关规定报告事故情况：（1）迅速控制危险源，组织抢救遇险人员；（2）根据事故危害程度，组织现场人员撤离或者采取可能的应急措施后撤离；（3）及时通知可能受到事故影响的单位和人员；（4）采取必要措施，防止事故危害扩大和次生、衍生灾害发生；（5）根据需要请求邻近的应急救援队伍参加救援，并向参加救援的应急救援队伍提供相关技术资料、信息和处置方法；（6）维护事故现场秩序，保护事故现场和相关证据；（7）法律、法规规定的其他应急救援措施。

100. 有关地方人民政府及其部门接到生产安全事故报告后，应当采取哪些应急救援措施

有关地方人民政府及其部门接到生产安全事故报告后，应当按照国家有关规定上报事故情况，启动相应的生产安全事故应急救援预案，并按照应急救援预案的规定采取下列一项或者多项应急救援措施：（1）组织抢救遇险人员，救治受伤人员，研判事故发展趋势以及可能造成的危害；（2）通知可能受到事故影响的单位和人员，隔离事故现场，划定警戒区域，疏散受到威胁的人员，实施交通管制；（3）采取必要措施，防止事故危害扩大和次生、衍生灾害发生，避免或者减少事故对环境造成的危害；（4）依法发布调用和征用应急资源的决定；（5）依法向应急救援队伍下达救援命令；（6）维护事故现场秩序，组织安抚遇险人员和遇险遇难人员亲属；（7）依法发布有关事故情况和应急救援工作的信息；（8）法律、法规规定的其他应急救援措施。有关地方人民政府不能有效控制生产安全事故的，应当及时向上级人民政府报告。上级人民政府应当及时采取措施，统一指挥应急救援。

配套

《生产安全事故报告和调查处理条例》第15条；《生产安全事故应急条例》第17—23条

第八十六条　【事故调查处理】事故调查处理应当按照科学严谨、依法依规、实事求是、注重实效的原则，及时、准确地查清事故原因，查明事故性质和责任，评估应急处置工作，总结事故教训，提出整改措施，并对事故责任单位和人员提出处理建议。事故调查报告应当依法及时向社会公布。事故调查和处理的具体办法由国务院制定。

事故发生单位应当及时全面落实整改措施，负有安全生产监督管理职责的部门应当加强监督检查。

负责事故调查处理的国务院有关部门和地方人民政府应当在批复事故调查报告后一年内，组织有关部门对事故整改和防范措施落实情况进行评估，并及时向社会公开评估结果；对不履行职责导致事故整改和防范措施没有落实的有关单位和人员，应当按照有关规定追究责任。

注　解

本条是关于事故调查的基本原则、主要任务和相关要求的规定。

本条第1款对事故调查的基本原则、主要任务、事故调查报告公布和授权国务院制定事故调查处理具体办法作了规定。目前特别重大事故由国务院或者国务院授权有关部门组织事故调查组进行调查。重大事故、较大事故、一般事故分别由事故发生地省级人民政府、设区的市级人民政府、县级人民政府负责调查。省级人民政府、设区的市级人民政府、县级人民政府可以直接组织事故调查组进行调查，也可以授权或者委托有关部门组织事故调查组进行调查。未造成人员伤亡的一般事故，县级人民政府也可以委托事故发生单位组织事故调查组进行调查。上级人民政府认为必要时，可以调查由下级人民政府负责调查的事故。无论是哪一级的政府和部门组织事故调查，都要遵循本条规定的基本原则和具体要求。

本条第2款规定，事故发生单位应当及时全面落实整改措施，负有安全生产监督管理职责的部门应当加强监督检查。所谓监督检查，主要是指通过信息反馈、情况反映、实地检查等方式及时掌握事故发生单位落实整改措施的情况，对未按照要求落实的，督促其落实；经督促仍然不落实的，依法采取有关措施。

本条第3款规定，负责事故调查处理的国务院有关部门和地方人民政府应当在批复事故调查报告后一年内，组织有关部门对事故整改和防范措施落实情况进行评估。评估的内容是指事故整改和防范措施落实情况。对履职不力、整改措施不落实的，依法依规严肃追究有关单位和人员责任。通过建立强制性的评估制度，最大限度地督促相关的整改措施在规定时间内落实到位，避免有关安全生产隐患久拖未决。

应 用

101. 事故调查的主要任务包括哪几方面

事故调查的主要任务包括及时、准确地查清事故原因，查明事故性质和责任，评估应急处置工作，总结事故教训、提出整改措施，对事故责任单位和人员提出处理意见五个方面：

第一，及时、准确地查清事故原因。事故原因有可能是自然原因，也有可能是人为原因，更多情况下则是二者共同造成的。事故原因一般包括直接原因和间接原因，应根据事故调查所确认的事实，从直接原因入手，逐步深入到间接原因，从而掌握事故的全部原因。直接原因是指直接导致事故发生的原因，包括物的不安全状态和人的不安全行为：（1）物的不安全状态是指造成事故的物质条件，即机械、设施、作业场所的潜在危险，如矿山作业场所采场支护不当、瓦斯超限等。（2）人的不安全行为是指造成事故的人为错误，如违章作业、违章指挥等。间接原因是指直接原因得以产生和存在的原因，包括：（1）设计上的欠缺；（2）对职工的安全教育培训不够，或者未经培训就上岗作业；（3）劳动组织不合理；（4）没有操作规程或者操作规程不健全；（5）未对事故隐患采取措施等。事故原因的调查离不开对事故发生经过的调查，查明事故发生的经过包括以下内容：事故发生前，事故发生单位生产作业状况；事故发生的具体时间、地点；事故现场状况及事故现场保护情况；事故发生后采取的应急处置措施情况；事故报告经过；事故抢救及事故救援情况；事故的善后处理情况；其他与事故发生经过有关的情况。查清事故原因，重在及时、准确。所谓及时，就是应在规定的时间内尽快查出事故原因。一般情况下，事故调查组应当自事故发生之日起60日内完成调查，提交事故调查报告；特殊情况下，经负责事故调查的人民政府批准，提交事故调查报告的期限可以适当延长，但延长的期限最长不超过60日。所谓准确，是指应当客观地、全面地反映事故发生的原因。

第二，查明事故性质和责任。这是指要查明事故的类型和具体责任的承担。事故性质是指事故是人为事故还是自然事故，是意外事故还是责任事故。查明事故性质是认定事故责任的基础和前提。如果事故纯属自然事故或者意外事故，则不需要认定事故责任。如果是人为事故和责任事故，就应当查明哪些人员对事故负有责任，并确定其责任。

第三，评估应急处置工作。事故发生后，应当采取应急处置工作，但是应急处置采取的措施是否科学、合理，需要进行评估。《生产安全事故应急条例》要求，按照国家有关规定成立的生产安全事故调查组应当对应急救援工作进行评估，并在事故调查报告中作出评估结论。

第四，安全生产工作的根本方针是安全第一、预防为主、综合治理。通过查明事故经过和事故原因，发现安全生产管理工作的漏洞，从事故中总结教训，并提出整改措施，防止今后类似事故再次发生，这是事故调查处理的重要任务和内容之一，也是事故调查处理的最根本目的。

第五，对事故责任单位和人员提出处理意见。

102. 事故调查报告应包括哪些内容

本条第1款规定，事故调查报告应当依法及时向社会公布。一般情况下，事故调查报告包括：（1）事故发生单位概况；（2）事故发生经过和事故救援情况；（3）造成的人员伤亡和直接经济损失；（4）事故发生的原因和事故性质；（5）事故责任的认定以及对事故责任单位和人员的处理建议；（6）事故防范和整改措施。事故调查报告应当附具有关证据材料。事故调查组成员应当在事故调查报告上签名。

103. 事故调查报告中如包含依法应当保密的内容，能否以此为由不向社会公布调查报告

向社会公布事故调查报告时，对于依法应当保密的内容，不向社会公布。这里所说的依法应当保密的内容既包括依据保守国家秘密法等规定的属于国家秘密的信息，也包括依据其他有关法律、行政法规规定，应当保密的企业商业秘密等。商业秘密，是指不为公众所知悉，能为权利人带来经济利益，具有实用性并经权利人采取保密措施的技术信息和经营信息。在实际操

作中，有关地方人民政府和部门不能以事故调查报告中某一部分需要保密为由，不予公布，而是应当对事故调查报告的保密部分作出适当处理后，依法予以公布。

> 配套

《生产安全事故报告和调查处理条例》第三章

第八十七条　【责任追究】生产经营单位发生生产安全事故，经调查确定为责任事故的，除了应当查明事故单位的责任并依法予以追究外，还应当查明对安全生产的有关事项负有审查批准和监督职责的行政部门的责任，对有失职、渎职行为的，依照本法第九十条的规定追究法律责任。

> 注解

本条是有关行政部门的安全生产有关事项审查批准和监督责任的规定。依据本条追究相关行政部门法律责任的前提，是相关行政部门负有审查批准和监督管理的职责。实践中，需要注意以下两点：一是追究法律责任的对象，是负有安全生产监督管理职责的部门的工作人员。这里的工作人员，既包括具体从事安全生产有关事项审查批准和监督职责的经办人员，也包括相关行政部门及其相关机构的主要负责人。同时，对于法律责任性质的理解，应当结合失职、渎职行为的严重程度加以把握。情节较为轻微，不构成刑事责任的，则主要给予责任人降级或者撤职的政务处分。如果情节严重，影响恶劣，满足刑法相关罪名构成要件的，还要进一步追究有关人员的刑事责任。二是在追究失职、渎职行为时，要避免盲目扩大化。事故的调查处理，最终目的是查明原因、接受教训、举一反三，以后不再发生相类似的事故，而不仅仅是处罚相关人员。总体来说，只要负有安全生产监督管理职责的部门及其工作人员按照法律法规规定的职责，认真履行了义务，尽职尽责做了工作，就不能简单地定"罪"。对确实属于不负责任的，或者有徇私枉法行为的，严格依法按失职、渎职处理。

> 配套

《生产安全事故报告和调查处理条例》第32条

第八十八条 【事故调查处理不得干涉】任何单位和个人不得阻挠和干涉对事故的依法调查处理。

应用

104. 阻挠、干涉对事故的依法调查处理，在实践中主要有哪些表现

在事故调查环节，阻挠、干涉对事故的依法调查，可以表现为多种形式。比如，在事故调查组组成过程中阻挠和干涉事故调查组的组成；阻挠和干涉事故调查的过程，包括故意破坏事故现场或者转移、隐匿有关证据，无正当理由拒绝接受事故调查组的询问，或者拒绝提供有关情况和资料，或者作伪证、提供虚假情况，或者为事故调查设置障碍等；阻挠和干涉对事故性质的认定或者事故责任的确定等。在事故处理环节，则主要表现为拒不服从有关政府对事故调查报告的批复，阻挠和干涉对有关事故责任人员进行处理等。对阻挠、干涉依法调查处理事故的单位和个人，必须依法严肃处理。不构成犯罪的，依法给予行政处罚或者处分；构成犯罪的，依法追究刑事责任。

配套

《治安管理处罚法》第50条；《生产安全事故报告和调查处理条例》第7条

第八十九条 【事故定期统计分析和定期公布制度】县级以上地方各级人民政府应急管理部门应当定期统计分析本行政区域内发生生产安全事故的情况，并定期向社会公布。

应用

105. 可否以公布生产安全事故的总体情况替代公布具体事故的调查报告

本条规定的生产安全事故情况向社会公布与生产安全事故调查报告向社会公布是有区别的。前者是针对具体的事故调查报告，涉及某一个事故的起因、后果、事故责任和调查处理情况等内容；本条规定的公布主要是从统计分析的角度，对某一地区一段时间内生产安全事故的数量、类别、死伤人数、财产损失等综合情况的公布。两者不宜混淆，更不能以公布生产安全事故的总体情况替代对于具体事故调查报告的公布。

第六章 法律责任

第九十条 【监管部门工作人员违法责任】负有安全生产监督管理职责的部门的工作人员,有下列行为之一的,给予降级或者撤职的处分;构成犯罪的,依照刑法有关规定追究刑事责任:

(一)对不符合法定安全生产条件的涉及安全生产的事项予以批准或者验收通过的;

(二)发现未依法取得批准、验收的单位擅自从事有关活动或者接到举报后不予取缔或者不依法予以处理的;

(三)对已经依法取得批准的单位不履行监督管理职责,发现其不再具备安全生产条件而不撤销原批准或者发现安全生产违法行为不予查处的;

(四)在监督检查中发现重大事故隐患,不依法及时处理的。

负有安全生产监督管理职责的部门的工作人员有前款规定以外的滥用职权、玩忽职守、徇私舞弊行为的,依法给予处分;构成犯罪的,依照刑法有关规定追究刑事责任。

注解

本条是关于监管部门工作人员不依法履行监管职责的法律责任的规定。本条所称"负有安全生产监督管理职责的部门"包括国务院应急管理部门、县级以上地方各级人民政府应急管理部门,依照法律、法规规定对有关行业、领域的安全生产工作负有监督管理职责的国务院有关部门和县级以上地方人民政府其他有关部门。

应用

106. 对于有本条所列违法行为的负有安全生产监督管理职责的部门的工作人员,应当追究何种法律责任

对有本条第1款所列违法行为之一的负有安全生产监督管理职责的部门的工作人员,应当按照下列规定追究法律责任:(1)给予降级或者撤职的处分。公务员法规定，公务员因违纪违法应当承担纪律责任的，依法给予处分，处分分为警告、记过、记大过、降级、撤职、开除。负有安全生产监督管理职责的部门的工作人员有本条第1款列举的违法行为的，应当受到降级或者撤职的处分。(2) 构成犯罪的，依照刑法有关规定追究刑事责任。主要涉及玩忽职守犯罪和滥用职权犯罪。是否构成犯罪以及如何追究刑事责任，需要根据刑法规定的犯罪构成和刑罚等内容确定。

本条第1款列举了有关人员违法行为的几种具体形式，但实践中违法行为的情况比较复杂，除了这几种形式外还可能有其他情形。例如，第1款第4项规定的是"在监督检查中发现重大事故隐患，不依法及时处理"，实践中也可能在检查过程中发现的是一般的事故隐患，也会造成比较严重的后果，这种情况下也要依法及时处理，否则也应承担相应的法律责任。因此，本款规定只要满足滥用职权、玩忽职守、徇私舞弊等情形的，即便不属于第1款中具体列示的相关情形，也要依法给予处分，可能是警告、记过、记大过，也可能是降级、撤职、开除等，需要根据具体情况确定。构成犯罪符合相关罪名构成要件的，也要一并追究刑事责任。

配套

《公务员法》第62条；《刑法》第397条

第九十一条　【监管部门违法责任】负有安全生产监督管理职责的部门，要求被审查、验收的单位购买其指定的安全设备、器材或者其他产品的，在对安全生产事项的审查、验收中收取费用的，由其上级机关或者监察机关责令改正，责令退还收取的费用；情节严重的，对直接负责的主管人员和其他直接责任人员依法给予处分。

注解

本条是关于监管部门违反规定指定购买产品或者收取费用的法律责任的规定。本法明确规定，负有安全生产监督管理职责的部门对涉及安全生产的事项进行审查、验收，不得收取费用；不得要求接受审查、验收的单位购买其指定品牌或者指定生产、销售单位的安全设备、器材或者其他产品。值得注意的是，即便负有安全生产监督管理职责的部门没有为自身谋取不正当利益，要求被审查、验收的单位购买指定的安全设备、器材或者其他产品的，仍然属于违法行为。根据反垄断法的有关规定，行政机关和法律、法规授权的具有管理公共事务职能的组织不得滥用行政权力，限定或者变相限定单位或者个人经营、购买、使用其指定的经营者提供的商品。因此，对相关安全设备、器材或者其他产品进行指定，涉嫌滥用行政权力实施地方性保护，即便并不谋求个人或单位的利益，仍然有违市场经济的精神和反垄断法的有关规定。

根据本条规定，对于有本条规定的违法行为的，应由其上级机关或者监察机关责令改正，责令退还收取的费用。对于接受审查、验收的单位符合审批、验收的条件，如果只是因为接受审查、验收的单位没有缴纳"审查费""验收费"等费用或者没有购买负有安全生产监督管理职责的部门指定品牌或者指定生产、销售单位的产品，而不予审查批准或验收通过的，还应责令审批部门依法予以批准或验收通过。

有本条规定的违法行为，情节严重的，对直接负责的主管人员和其他直接责任人员依法给予处分。处分包括警告、记过、记大过、降级、撤职、开除，具体给予哪种处分，可根据具体情况确定。这里讲的"情节严重"，包括在审查、验收中多次要求接受审查、验收的单位购买其指定品牌或者指定生产、销售单位的安全设备、器材或者其他产品；在审查、验收中多次收取费用，且数额较大，社会影响较恶劣等。这里所说的"直接负责的主管人员"，是指在单位违法行为中负有直接领导责任的人员，包括违法行为的决策人，事后对单位违法行为予以认可和支持的领导人员，以及由于疏于管理或放任而对单位违法行为负有不可推卸的责任的领导人员。这里所说的"其他直接责任人员"，是指直接实施违法行为的人员。

配套

《刑法》第394条

第九十二条 【中介机构违法责任】承担安全评价、认证、检测、检验职责的机构出具失实报告的，责令停业整顿，并处三万元以上十万元以下的罚款；给他人造成损害的，依法承担赔偿责任。

承担安全评价、认证、检测、检验职责的机构租借资质、挂靠、出具虚假报告的,没收违法所得;违法所得在十万元以上的,并处违法所得二倍以上五倍以下的罚款,没有违法所得或者违法所得不足十万元的,单处或者并处十万元以上二十万元以下的罚款;对其直接负责的主管人员和其他直接责任人员处五万元以上十万元以下的罚款;给他人造成损害的,与生产经营单位承担连带赔偿责任;构成犯罪的,依照刑法有关规定追究刑事责任。

对有前款违法行为的机构及其直接责任人员,吊销其相应资质和资格,五年内不得从事安全评价、认证、检测、检验等工作;情节严重的,实行终身行业和职业禁入。

注解

本条是关于承担安全评价、认证、检测、检验职责的机构及其直接责任人员的法律责任的规定。本条规定的承担安全评价、认证、检测、检验职责的机构的违法情形主要是两种:一种是自身有相关资质,但出具失实报告的;另一种是己方或对方不具备相关资质,通过租借资质、挂靠等方式,进而由己方或者对方出具虚假报告的。

本条规定的"构成犯罪",对有关的机构来说,主要是指构成刑法第229条规定的提供虚假证明文件罪。构成该罪须具备以下条件:一是主体特定,是承担安全评价职责的中介组织的人员;二是客观上实施了故意提供虚假证明文件的行为;三是情节严重。这里讲的"情节严重",是指故意提供虚假证明文件手段比较恶劣、虚假的内容特别重要以及因此而造成生产安全事故等。按照刑法的规定,对故意提供虚假证明文件,情节严重的,处5年以下有期徒刑或者拘役,并处罚金。如果在涉及公共安全的重大工程、项目中提供虚假的安全评价等证明文件,致使公共财产、国家和人民利益遭受特别重大损失的,处5年以上10年以下有期徒刑,并处罚金。

配套

《刑法》第229、231条;《安全评价检测检验机构管理办法》第31条

第九十三条 【资金投入违法责任】生产经营单位的决策机构、主要负责人或者个人经营的投资人不依照本法规定保证安全生产所必需的资金投入,致使生产经营单位不具备安全生产条件的,责令限期改正,提供必需的资金;逾期未改正的,责令生产经营单位停产停业整顿。

有前款违法行为,导致发生生产安全事故的,对生产经营单位的主要负责人给予撤职处分,对个人经营的投资人处二万元以上二十万元以下的罚款;构成犯罪的,依照刑法有关规定追究刑事责任。

注解

本条是关于生产经营单位不依法投入安全生产费用的法律责任的规定。构成本条的违法行为的主体,是生产经营单位的决策机构、主要负责人、个人经营的投资人,其客观表现为由于不依照本法规定保证安全生产所必需的资金投入,例如编制财务预算时扣减或者取消安全生产专项费用,采购安全生产设备资金拨付不及时等,从而导致生产经营单位不具备安全生产条件,生产经营存在重大安全隐患。

本条规定的"构成犯罪",主要是指构成刑法规定的关于重大劳动安全事故的犯罪。根据刑法第135条的规定,构成该罪须具备以下条件:(1)安全生产设施或者安全生产条件不符合国家规定,即不符合有关的法律、法规、国家标准或者行业标准的规定,使生产经营单位不具备安全生产条件;(2)导致发生重大伤亡事故或者造成其他严重后果。对造成犯罪结果的直接责任人员,根据刑法处3年以下有期徒刑或者拘役;情节特别恶劣的,处3年以上7年以下有期徒刑。

应用

107. 如何认定本条规定的"不具备安全生产条件"

是否"具备安全生产条件",应当结合多方面的因素综合进行判断,例如注册安全工程师出具的安全生产评估结论、负有安全生产监督管理职责的部门出具的安全生产整改通知、特定建设项目的安全设施的验收审查结果等。如果有关部门和专业人员对生产经营单位提出整改要求或者负面评价的，应当认为相关生产经营单位不具备安全生产条件。

配套

《刑法》第 135 条

第九十四条　【单位主要负责人违法责任】生产经营单位的主要负责人未履行本法规定的安全生产管理职责的，责令限期改正，处二万元以上五万元以下的罚款；逾期未改正的，处五万元以上十万元以下的罚款，责令生产经营单位停产停业整顿。

生产经营单位的主要负责人有前款违法行为，导致发生生产安全事故的，给予撤职处分；构成犯罪的，依照刑法有关规定追究刑事责任。

生产经营单位的主要负责人依照前款规定受刑事处罚或者撤职处分的，自刑罚执行完毕或者受处分之日起，五年内不得担任任何生产经营单位的主要负责人；对重大、特别重大生产安全事故负有责任的，终身不得担任本行业生产经营单位的主要负责人。

第九十五条　【对单位主要负责人罚款】生产经营单位的主要负责人未履行本法规定的安全生产管理职责，导致发生生产安全事故的，由应急管理部门依照下列规定处以罚款：

（一）发生一般事故的，处上一年年收入百分之四十的罚款；

（二）发生较大事故的，处上一年年收入百分之六十的罚款；

（三）发生重大事故的，处上一年年收入百分之八十的罚款；

（四）发生特别重大事故的，处上一年年收入百分之一百的罚款。

配套

《生产安全事故报告和调查处理条例》第 3 条

第九十六条　【单位安全生产管理人员违法责任】生产经营

单位的其他负责人和安全生产管理人员未履行本法规定的安全生产管理职责的，责令限期改正，处一万元以上三万元以下的罚款；导致发生生产安全事故的，暂停或者吊销其与安全生产有关的资格，并处上一年年收入百分之二十以上百分之五十以下的罚款；构成犯罪的，依照刑法有关规定追究刑事责任。

> **应用**

108. 接受委托指派的注册安全工程师如果在工作中未履行本法规定的安全生产管理职责，是否适用本条规定

本条规定的安全生产管理人员既包括生产经营单位的职工担任安全生产管理人员的情形，也包括生产经营单位根据本法第13条的规定委托有关安全生产管理服务机构的人员承担本单位安全生产管理工作的情形。目前，一些专门从事安全生产管理服务的中介机构，接受委托指派注册安全工程师到生产经营单位承担安全生产管理工作，接受委托指派的注册安全工程师如果在工作中未履行本法规定的安全生产管理职责，也应当适用本条的规定。

> **配套**

《刑法》第134条

第九十七条　【生产经营单位安全管理违法责任（一）】生产经营单位有下列行为之一的，责令限期改正，处十万元以下的罚款；逾期未改正的，责令停产停业整顿，并处十万元以上二十万元以下的罚款，对其直接负责的主管人员和其他直接责任人员处二万元以上五万元以下的罚款：

（一）未按照规定设置安全生产管理机构或者配备安全生产管理人员、注册安全工程师的；

（二）危险物品的生产、经营、储存、装卸单位以及矿山、金属冶炼、建筑施工、运输单位的主要负责人和安全生产管理人员未按照规定经考核合格的；

（三）未按照规定对从业人员、被派遣劳动者、实习学生进

行安全生产教育和培训，或者未按照规定如实告知有关的安全生产事项的；

（四）未如实记录安全生产教育和培训情况的；

（五）未将事故隐患排查治理情况如实记录或者未向从业人员通报的；

（六）未按照规定制定生产安全事故应急救援预案或者未定期组织演练的；

（七）特种作业人员未按照规定经专门的安全作业培训并取得相应资格，上岗作业的。

应用

109. 行政机关作出的行政处罚决定，虽然认定的事故客观存在，但在举行听证时未对其所采用的证据进行出示和质证，该行政处罚决定是否合法

根据《行政处罚法》第42条（2021年1月22日《行政处罚法》修订后，该条调整为第63条）的规定，行政机关作出责令停产停业、吊销许可证件、较大数额罚款等行政处罚决定之前，应当告知当事人有要求举行听证的权利；当事人要求听证的，行政机关应当组织听证。举行听证时，调查人员提出当事人违法的事实、证据和行政处罚建议；当事人进行申辩和质证。此外根据《最高人民法院关于行政诉讼证据若干问题的规定》第60条第2项的规定，被告在行政程序中非法剥夺公民、法人或者其他组织依法享有的陈述、申辩或者听证权利所采用的证据，不能作为认定被诉具体行政行为合法的依据。因此，行政机关作出的行政处罚决定，虽然认定的事故客观存在，但在举行听证时未对其所采用的证据进行出示和质证，其所采用的证据不能作为认定其行政处罚行为合法的依据，该行政处罚决定不合法，应当予以撤销。（《人民法院案例选》2013年第四辑：淄博汇亿运输有限公司诉淄博市临淄区安全生产监督管理局安监行政处罚案）

第九十八条 【建设项目违法责任】生产经营单位有下列行为之一的，责令停止建设或者停产停业整顿，限期改正，并处十万元以上五十万元以下的罚款，对其直接负责的主管人员和其他

直接责任人员处二万元以上五万元以下的罚款；逾期未改正的，处五十万元以上一百万元以下的罚款，对其直接负责的主管人员和其他直接责任人员处五万元以上十万元以下的罚款；构成犯罪的，依照刑法有关规定追究刑事责任：

（一）未按照规定对矿山、金属冶炼建设项目或者用于生产、储存、装卸危险物品的建设项目进行安全评价的；

（二）矿山、金属冶炼建设项目或者用于生产、储存、装卸危险物品的建设项目没有安全设施设计或者安全设施设计未按照规定报经有关部门审查同意的；

（三）矿山、金属冶炼建设项目或者用于生产、储存、装卸危险物品的建设项目的施工单位未按照批准的安全设施设计施工的；

（四）矿山、金属冶炼建设项目或者用于生产、储存、装卸危险物品的建设项目竣工投入生产或者使用前，安全设施未经验收合格的。

第九十九条　【生产经营单位安全管理违法责任（二）】生产经营单位有下列行为之一的，责令限期改正，处五万元以下的罚款；逾期未改正的，处五万元以上二十万元以下的罚款，对其直接负责的主管人员和其他直接责任人员处一万元以上二万元以下的罚款；情节严重的，责令停产停业整顿；构成犯罪的，依照刑法有关规定追究刑事责任：

（一）未在有较大危险因素的生产经营场所和有关设施、设备上设置明显的安全警示标志的；

（二）安全设备的安装、使用、检测、改造和报废不符合国家标准或者行业标准的；

（三）未对安全设备进行经常性维护、保养和定期检测的；

（四）关闭、破坏直接关系生产安全的监控、报警、防护、救生设备、设施，或者篡改、隐瞒、销毁其相关数据、信息的；

（五）未为从业人员提供符合国家标准或者行业标准的劳动防护用品的；

（六）危险物品的容器、运输工具，以及涉及人身安全、危险性较大的海洋石油开采特种设备和矿山井下特种设备未经具有专业资质的机构检测、检验合格，取得安全使用证或者安全标志，投入使用的；

（七）使用应当淘汰的危及生产安全的工艺、设备的；

（八）餐饮等行业的生产经营单位使用燃气未安装可燃气体报警装置的。

第一百条　【违法经营危险物品】 未经依法批准，擅自生产、经营、运输、储存、使用危险物品或者处置废弃危险物品的，依照有关危险物品安全管理的法律、行政法规的规定予以处罚；构成犯罪的，依照刑法有关规定追究刑事责任。

> **注解**

本条是关于违反危险物品安全管理规定的法律责任的规定。根据本条规定，任何人未经有关主管部门审批均不得生产、经营、运输、储存、使用危险物品或者处置废弃危险物品，这里的"任何人"，包括自然人、法人和其他组织。

本条讲的构成犯罪，主要是指构成《刑法》第 136 条规定的危险物品肇事罪。《刑法》第 136 条规定，违反爆炸性、易燃性、放射性、毒害性、腐蚀性物品的管理规定，在生产、储存、运输、使用中发生重大事故，造成严重后果的，处 3 年以下有期徒刑或者拘役；后果特别严重的，处 3 年以上 7 年以下有期徒刑。构成危险物品肇事罪，应当符合以下构成要件：第一，行为人在主观方面是过失，如果行为人主观上是故意，则不构成本罪，可能构成爆炸罪等犯罪。第二，行为人客观上实施了违反爆炸性、易燃性、放射性、毒害性、腐蚀性物品管理规定的行为。未经依法批准擅自生产、经营、运输、储存、使用危险物品或者处置废弃危险物品的，就可能属于违反爆炸性、易燃性、放射性、毒害性、腐蚀性物品管理规定的行为。第三，必须由于违反管理规定在生产、储存、运输、使用中发生重大事故造成严重后果，这是追究刑事责任的必要条件。

配套

《刑法》第136条；《危险化学品安全管理条例》第77条；《安全生产许可证条例》第19条；《工业产品生产许可证管理条例》第45条；《烟花爆竹安全管理条例》第36条；《最高人民检察院、公安部关于公安机关管辖的刑事案件立案追诉标准的规定（一）》第12条；《最高人民法院、最高人民检察院关于办理危害生产安全刑事案件适用法律若干问题的解释》第5、6条

第一百零一条　【生产经营单位安全管理违法责任（三）】生产经营单位有下列行为之一的，责令限期改正，处十万元以下的罚款；逾期未改正的，责令停产停业整顿，并处十万元以上二十万元以下的罚款，对其直接负责的主管人员和其他直接责任人员处二万元以上五万元以下的罚款；构成犯罪的，依照刑法有关规定追究刑事责任：

（一）生产、经营、运输、储存、使用危险物品或者处置废弃危险物品，未建立专门安全管理制度、未采取可靠的安全措施的；

（二）对重大危险源未登记建档，未进行定期检测、评估、监控，未制定应急预案，或者未告知应急措施的；

（三）进行爆破、吊装、动火、临时用电以及国务院应急管理部门会同国务院有关部门规定的其他危险作业，未安排专门人员进行现场安全管理的；

（四）未建立安全风险分级管控制度或者未按照安全风险分级采取相应管控措施的；

（五）未建立事故隐患排查治理制度，或者重大事故隐患排查治理情况未按照规定报告的。

注解

　　本条是关于违反危险物品安全管理规定、进行危险作业未安排专门人员进行现场安全管理、未建立安全风险分级管控制度或者未按照安全风险分级采取相应管控措施等违法行为的法律责任的规定。本条规定的承担法律责任的主体有两类：一是本条规定的违法行为的生产经营单位；二是本条规定的违法行为的生产经营单位的直接负责的主管人员和其他直接责任人员。本条规定的构成犯罪，主要是指构成《刑法》第136条规定的危险物品肇事罪。要构成危险物品肇事罪，行为人主观上需出于过失，客观上需实施了违反爆炸性、易燃性、放射性、毒害性、腐蚀性物品管理规定的行为，并且由于违反管理规定发生重大事故造成严重后果，不符合其中任何一项均不构成本罪。

配套

《刑法》第136条

　　第一百零二条　【未采取措施消除事故隐患违法责任】生产经营单位未采取措施消除事故隐患的，责令立即消除或者限期消除，处五万元以下的罚款；生产经营单位拒不执行的，责令停产停业整顿，对其直接负责的主管人员和其他直接责任人员处五万元以上十万元以下的罚款；构成犯罪的，依照刑法有关规定追究刑事责任。

　　第一百零三条　【违法发包、出租和违反项目安全管理的法律责任】生产经营单位将生产经营项目、场所、设备发包或者出租给不具备安全生产条件或者相应资质的单位或者个人的，责令限期改正，没收违法所得；违法所得十万元以上的，并处违法所得二倍以上五倍以下的罚款；没有违法所得或者违法所得不足十万元的，单处或者并处十万元以上二十万元以下的罚款；对其直接负责的主管人员和其他直接责任人员处一万元以上二万元以下的罚款；导致发生生产安全事故给他人造成损害的，与承包方、承租方承担连带赔偿责任。

　　生产经营单位未与承包单位、承租单位签订专门的安全生产管理协议或者未在承包合同、租赁合同中明确各自的安全生产管理职责,或者未对承包单位、承租单位的安全生产统一协调、管理的,责令限期改正,处五万元以下的罚款,对其直接负责的主管人员和其他直接责任人员处一万元以下的罚款;逾期未改正的,责令停产停业整顿。

矿山、金属冶炼建设项目和用于生产、储存、装卸危险物品的建设项目的施工单位未按照规定对施工项目进行安全管理的,责令限期改正,处十万元以下的罚款,对其直接负责的主管人员和其他直接责任人员处二万元以下的罚款;逾期未改正的,责令停产停业整顿。以上施工单位倒卖、出租、出借、挂靠或者以其他形式非法转让施工资质的,责令停产停业整顿,吊销资质证书,没收违法所得;违法所得十万元以上的,并处违法所得二倍以上五倍以下的罚款,没有违法所得或者违法所得不足十万元的,单处或者并处十万元以上二十万元以下的罚款;对其直接负责的主管人员和其他直接责任人员处五万元以上十万元以下的罚款;构成犯罪的,依照刑法有关规定追究刑事责任。

应用

110. 建筑施工、矿山企业等用人单位将工程(业务)或经营权发包给不具备用工主体资格的组织或自然人,对该组织或自然人招用的劳动者,发生工伤后由谁承担责任

根据劳社部发〔2005〕12号《劳动和社会保障部关于确立劳动关系有关事项的通知》第4条规定,建筑施工、矿山企业等用人单位将工程(业务)或经营权发包给不具备用工主体资格的组织或自然人,对该组织或自然人招用的劳动者,由具备用工主体资格的发包方承担用工主体责任。(最高人民法院2014年8月21日发布的四起工伤保险行政纠纷典型案例:张成兵与上海市松江区人力资源和社会保障局工伤认定行政上诉案)

第一百零四条 【同一作业区域安全管理违法责任】两个以上生产经营单位在同一作业区域内进行可能危及对方安全生产的

生产经营活动,未签订安全生产管理协议或者未指定专职安全生产管理人员进行安全检查与协调的,责令限期改正,处五万元以下的罚款,对其直接负责的主管人员和其他直接责任人员处一万元以下的罚款;逾期未改正的,责令停产停业。

第一百零五条 【生产经营场所和员工宿舍违法责任】生产经营单位有下列行为之一的,责令限期改正,处五万元以下的罚款,对其直接负责的主管人员和其他直接责任人员处一万元以下的罚款;逾期未改正的,责令停产停业整顿;构成犯罪的,依照刑法有关规定追究刑事责任:

(一)生产、经营、储存、使用危险物品的车间、商店、仓库与员工宿舍在同一座建筑内,或者与员工宿舍的距离不符合安全要求的;

(二)生产经营场所和员工宿舍未设有符合紧急疏散需要、标志明显、保持畅通的出口、疏散通道,或者占用、锁闭、封堵生产经营场所或者员工宿舍出口、疏散通道的。

注解

本条规定的构成犯罪,主要是指构成《刑法》第136条规定的危险物品肇事罪和第139条规定的消防责任事故罪。构成危险物品肇事罪,须具备以下要件:一是行为人主观上是过失,如果是故意则构成其他犯罪;二是在客观上实施了违反爆炸性、易燃性、放射性、毒害性、腐蚀性物品管理规定的行为;三是造成了严重后果。构成消防责任事故罪,须具备以下要件:一是行为人主观上是出于过失;二是行为人客观上违反了消防管理规定,并且经消防监督机构通知采取改正措施而拒绝执行;三是必须造成严重后果。需要注意的是,以上两种犯罪中的"过失"是指行为人对于严重后果的发生在主观心态上是过失,包括疏忽大意的过失和过于自信的过失两种,行为人对于自己的行为违反相关管理规定则可能是故意。

配套

《刑法》第136、139条;《最高人民检察院、公安部关于公安机关管辖的刑事案件立案追诉标准的规定（一）》第12、15条；《最高人民法院、最高人民检察院关于办理危害生产安全刑事案件适用法律若干问题的解释》第5、6条

第一百零六条 【免责协议违法责任】生产经营单位与从业人员订立协议，免除或者减轻其对从业人员因生产安全事故伤亡依法应承担的责任的，该协议无效；对生产经营单位的主要负责人、个人经营的投资人处二万元以上十万元以下的罚款。

注解

本条是关于生产经营单位免除或者减轻其法律责任的规定。根据本法的规定，生产经营单位不得以任何形式与从业人员订立协议，免除或者减轻其对从业人员因生产安全事故伤亡依法应承担的责任。这里的"协议"，既包括生产经营单位与从业人员单独订立的协议，也包括生产经营单位与从业人员签订的劳动合同中的有关条款。

应用

111. 生产经营单位与从业人员签订的劳动合同中有免除或者减轻其对从业人员因生产安全事故伤亡依法应承担的责任的条款，合同整体都无效吗

生产经营单位免除或者减轻其对从业人员因生产安全事故伤亡依法应承担的责任的协议表现为生产经营单位与从业人员签订的劳动合同中的有关条款时，无效的仅仅是生产经营单位免除或者减轻其责任的那部分条款，劳动合同的其余部分仍然有效，对双方当事人有约束力。而无效的条款，从签订之日起，就没有法律约束力，法律既不保护无效协议当事人的利益，也不强制当事人履行无效协议规定的义务。

配套

《安全生产法》第49条

第一百零七条 【从业人员违章操作的法律责任】生产经营单位的从业人员不落实岗位安全责任，不服从管理，违反安全生产规章制度或者操作规程的，由生产经营单位给予批评教育，依

照有关规章制度给予处分；构成犯罪的，依照刑法有关规定追究刑事责任。

注解

本条是关于从业人员违章操作的法律责任的规定。本条规定的承担法律责任的主体是生产经营单位的从业人员，包括生产经营单位的主要负责人、安全生产管理人员、特种作业人员和其他从业人员。

应用

112. 符合哪些条件，会构成重大责任事故罪

本条规定的构成犯罪，主要是指构成《刑法》第 134 条规定的重大责任事故罪。该条第 1 款规定，在生产、作业中违反有关安全管理的规定，因而发生重大伤亡事故或者造成其他严重后果的，处 3 年以下有期徒刑或者拘役；情节特别恶劣的，处 3 年以上 7 年以下有期徒刑。构成重大责任事故罪，须具备以下条件：一是行为人在生产、作业中实施了违反有关安全管理规定的行为。二是因违反安全管理规定造成重大伤亡事故或者其他严重后果，违反规定的行为与重大伤亡事故或者其他严重后果之间存在刑法上的因果关系。三是行为人主观方面表现为过失。即应当知道自己违反安全管理规定生产、作业的行为可能会造成重大伤亡事故或者其他严重后果但因为疏忽大意而没有预见，或者虽然已经预见但根据主客观条件轻信能够避免，最终导致重大伤亡事故或者其他严重后果。如果行为人对造成的后果的心态是故意，则构成其他危害公共安全的犯罪。无论是疏忽大意的过失还是过于自信的过失，行为人主观上都不希望发生重大伤亡事故或者其他严重后果，但其对于违反安全管理规定本身则可能是出于故意。

配套

《劳动合同法》第 4、38、39、46、80 条；《刑法》第 134 条；《最高人民检察院、公安部关于公安机关管辖的刑事案件立案追诉标准的规定（一）》第 8 条；《最高人民法院、最高人民检察院关于办理危害生产安全刑事案件适用法律若干问题的解释》第 5、6 条

第一百零八条　【生产经营单位不服从监督检查违法责任】

违反本法规定，生产经营单位拒绝、阻碍负有安全生产监督管理职责的部门依法实施监督检查的，责令改正；拒不改正的，处二万元以上二十万元以下的罚款；对其直接负责的主管人员和其他直接责任人员处一万元以上二万元以下的罚款；构成犯罪的，依照刑法有关规定追究刑事责任。

注解

本条所称构成犯罪，主要是指构成《刑法》第277条规定的妨害公务罪。该条第1款规定，以暴力、威胁方法阻碍国家机关工作人员依法执行职务的，处3年以下有期徒刑、拘役、管制或者罚金。构成妨害公务罪，须具备以下条件：一是行为人以暴力、威胁方法阻碍国家机关工作人员依法执行职务。阻碍国家机关工作人员依法执行职务，包括以暴力、威胁的方式进行阻碍，也包括以暴力、威胁以外的其他方式进行阻碍。所谓"暴力"，是指对执行公务人员的人身进行打击或者强制，如捆绑、殴打等，如果行为人在使用暴力阻碍国家机关工作人员依法执行职务的过程中，造成国家机关工作人员重伤或者死亡，牵连触犯了故意伤害罪或者故意杀人罪的，应当按照牵连犯的处理原则，从一重罪处断，即以故意伤害罪或者故意杀人罪定罪处罚。所谓"威胁"，是指对执行公务人员以杀害、伤害、毁坏财物、损害名誉等造成损害相威逼、胁迫。行为人只有以暴力、威胁方法阻碍国家机关工作人员依法执行职务的，才可能构成妨害公务罪。如果行为人只是对依法执行职务的国家机关工作人员吵闹、谩骂等，并未实施暴力或者威胁的，则不构成本罪，属于违反治安管理行为，要依据《治安管理处罚法》的规定由公安机关予以治安管理处罚。根据《治安管理处罚法》的规定，阻碍国家机关工作人员依法执行职务的，处警告或者200元以下罚款；情节严重的，处5日以上10日以下拘留，可以并处500元以下罚款。需要注意的是，国家机关工作人员必须是依法执行职务，如果不是依法执行职务，而是利用职权违法乱纪或者滥用职权，生产经营单位对其进行阻止的，则不能认为构成妨害公务罪。二是行为人主观上是出于故意。也就是说行为人明知对方是正在依法执行公务的国家机关工作人员而对其实施暴力或者威胁，目的是阻碍其依法执行公务。如果行为人不知道对方是在依法执行职务的国家机关工作人员，而对其实施了上述行为，则可能构成其他犯罪，但不构成妨害公务罪。

配套

《治安管理处罚法》第50条；《刑法》第277条

第一百零九条 【未投保安全生产责任保险的违法责任】 高危行业、领域的生产经营单位未按照国家规定投保安全生产责任保险的，责令限期改正，处五万元以上十万元以下的罚款；逾期未改正的，处十万元以上二十万元以下的罚款。

第一百一十条 【单位主要负责人事故处理违法责任】 生产经营单位的主要负责人在本单位发生生产安全事故时，不立即组织抢救或者在事故调查处理期间擅离职守或者逃匿的，给予降级、撤职的处分，并由应急管理部门处上一年年收入百分之六十至百分之一百的罚款；对逃匿的处十五日以下拘留；构成犯罪的，依照刑法有关规定追究刑事责任。

生产经营单位的主要负责人对生产安全事故隐瞒不报、谎报或者迟报的，依照前款规定处罚。

配套

《生产安全事故报告和调查处理条例》第35-36条

第一百一十一条 【政府部门未按规定报告事故违法责任】 有关地方人民政府、负有安全生产监督管理职责的部门，对生产安全事故隐瞒不报、谎报或者迟报的，对直接负责的主管人员和其他直接责任人员依法给予处分；构成犯罪的，依照刑法有关规定追究刑事责任。

注解

本条所称构成犯罪，主要是指构成《刑法》第397条规定的关于国家机关工作人员滥用职权、玩忽职守的犯罪。依照该条第1款的规定，国家机关工作人员滥用职权或者玩忽职守，致使公共财产、国家和人民利益遭受重大损失的，处3年以下有期徒刑或者拘役；情节特别严重的，处3年以上7年以下有期徒刑。构成本条犯罪，必须具备的条件如下：一是客观上实施了滥用职权、玩忽职守的行为。例如，对生产安全事故隐瞒不报，就是一种不履行职责的行为。二是客观上必须有由于滥用职权、玩忽职守致使公共财产、国家和人民利益遭受重大损失的严重后果。这是划分罪与非罪的重要标准。

配套

《刑法》第397条；《生产安全事故报告和调查处理条例》第39条

第一百一十二条 【按日连续处罚】 生产经营单位违反本法规定，被责令改正且受到罚款处罚，拒不改正的，负有安全生产监督管理职责的部门可以自作出责令改正之日的次日起，按照原处罚数额按日连续处罚。

注解

本条是关于对生产经营单位违法行为"按日计罚"的规定。

根据本条的规定，对生产经营单位实施按日计罚，需要具备以下三个条件：一是生产经营单位违反本法规定。本法明确规定了生产经营单位的安全生产职责，生产经营单位负有履行本法和其他法律、法规规定的有关安全生产职责的法定义务，违反这些义务，应当承担相应的法律责任。因此，对生产经营单位实施按日计罚的基本前提是该生产经营单位违反了本法的规定。按日计罚措施的实施对象是生产经营单位。二是生产经营单位被责令改正，且受到罚款处罚。"受到罚款处罚"，即有关部门强制违法行为人在一定期限内缴纳一定数量货币而使其遭受经济利益损失。实施按日计罚，"被责令改正"和"受到罚款处罚"这两个条件需同时兼备。三是生产经营单位存在拒不改正情形。本法有关"责令改正"且给予"罚款处罚"情形中的"责令改正"，多数是"责令限期改正"，即要求生产经营单位在限定期限内改正到位。实践中，"拒不改正"的典型表现是：有些生产经营单位在限定期限内无动于衷、置之不理，甚至明确表示拒绝改正；有些生产经营单位虽表面上采取改正措施，但改正措施流于形式，不符合有关部门责令改正的实质要求和主要目的，敷衍了事，本质上是逃避改正、拒绝改正。以上三个条件缺一不可,需同时符合才能实施按日计罚。

本条规定的"原处罚数额"即指生产经营单位被作出责令改正时受到罚款处罚的数额。按照原处罚数额按日连续处罚,即按照原处罚数额按日累加连续计算,并非按日倍增计算或者以其他方法计算,避免处罚过重。同时,本法有些条文还规定了"逾期未改正"的法律责任,在生产经营单位逾期拒不改正的情况下,在可以适用"按日计罚"规定的同时,还应当适用以上关于逾期未改正法律责任的规定。例如:(1)有关部门于1月1日按照本法第102条的规定,对生产经营单位未采取措施消除事故隐患的违法行为,作出责令立即消除事故隐患,处5万元罚款的决定。1月5日,有关部门现场检查时发现生产经营单位拒不采取措施消除事故隐患。那么有关部门可以按照本条规定,自1月2日起,按照每日5万元的金额连续计罚,即可以对生产经营单位再处以20万元的罚款,总罚款金额为25万元。(2)有关部门在1月1日根据本法第102条的规定,对生产经营单位未采取措施消除事故隐患的违法行为,作出责令限期10日消除事故隐患,处5万元罚款的决定。该生产经营单位在限定时间内拒不改正,有关部门可以在1月11日作出按照原处罚数额按日连续处罚的决定,自1月2日起开始计算,按照每日5万元的金额连续计罚,即可以对生产经营单位再处以50万元的罚款,总罚款金额为55万元。

需要说明的是,在本法中规定"按日计罚"制度,并非单纯让生产经营单位承担巨额违法成本,罚款不是主要目的,而是针对生产经营单位拒不改正违法行为的情况,通过罚款数额的不断累加,使违法者感受到巨大的经济惩戒,从而受到法律的震慑,迫使其尽早改正违法行为,履行安全生产责任。因此,按日计罚不能无限期计罚,如果实施"按日计罚"措施已经不能或者预期不能制止违法行为持续的,应当及时采取停业整顿、关闭等合理措施,有效制止违法行为的持续发生,避免一罚了之,用罚款代替其他合理措施。

应用

113. 如何确定"按日计罚"的起始期限

本条规定,负有安全生产监督管理职责的部门可以自作出责令改正之日的次日起开始计算连续罚款日期。责令改正区分为责令立即改正和责令限期改正。在责令立即改正的情况下,如果生产经营单位拒不改正,可以从有关部门作出责令立即改正决定之日的次日起开始计算;在责令限期改正的情况下，如果生产经营单位在限定期满后被认定属于拒不改正，从有关部门作出责令限期改正决定之日的次日起开始计算。

第一百一十三条　【生产经营单位安全管理违法责任（四）】生产经营单位存在下列情形之一的，负有安全生产监督管理职责的部门应当提请地方人民政府予以关闭，有关部门应当依法吊销其有关证照。生产经营单位主要负责人五年内不得担任任何生产经营单位的主要负责人；情节严重的，终身不得担任本行业生产经营单位的主要负责人：

（一）存在重大事故隐患，一百八十日内三次或者一年内四次受到本法规定的行政处罚的；

（二）经停产停业整顿，仍不具备法律、行政法规和国家标准或者行业标准规定的安全生产条件的；

（三）不具备法律、行政法规和国家标准或者行业标准规定的安全生产条件，导致发生重大、特别重大生产安全事故的；

（四）拒不执行负有安全生产监督管理职责的部门作出的停产停业整顿决定的。

第一百一十四条　【对事故责任单位罚款】发生生产安全事故，对负有责任的生产经营单位除要求其依法承担相应的赔偿等责任外，由应急管理部门依照下列规定处以罚款：

（一）发生一般事故的，处三十万元以上一百万元以下的罚款；

（二）发生较大事故的，处一百万元以上二百万元以下的罚款；

（三）发生重大事故的，处二百万元以上一千万元以下的罚款；

（四）发生特别重大事故的，处一千万元以上二千万元以下的罚款。

发生生产安全事故，情节特别严重、影响特别恶劣的，应急管理部门可以按照前款罚款数额的二倍以上五倍以下对负有责任的生产经营单位处以罚款。

注解

本条是关于对事故责任单位的处罚的规定。给予本条规定的处罚应当具备以下条件：第一，生产经营单位发生生产安全事故。这里的事故既包括重特大事故和较大事故，也包括一般事故，而按照本法第118条的规定，各类事故的划分标准由国务院规定。第二，生产经营单位对事故发生负有责任，即该事故是责任事故。因第三方原因、不可抗力等因素引起的事故，生产经营单位没有责任，不应当依据本条规定给予处罚。此外，根据本条的规定，对事故责任单位处以罚款与生产经营单位依法承担民事赔偿责任并不冲突。生产安全事故发生后，往往对受害人需要承担民事赔偿责任，二者互不影响。

配套

《生产安全事故报告和调查处理条例》第37条

第一百一十五条　【行政处罚决定机关】 本法规定的行政处罚，由应急管理部门和其他负有安全生产监督管理职责的部门按照职责分工决定；其中，根据本法第九十五条、第一百一十条、第一百一十四条的规定应当给予民航、铁路、电力行业的生产经营单位及其主要负责人行政处罚的，也可以由主管的负有安全生产监督管理职责的部门进行处罚。予以关闭的行政处罚，由负有安全生产监督管理职责的部门报请县级以上人民政府按照国务院规定的权限决定；给予拘留的行政处罚，由公安机关依照治安管理处罚的规定决定。

第一百一十六条　【生产经营单位赔偿责任】 生产经营单位发生生产安全事故造成人员伤亡、他人财产损失的，应当依法承担赔偿责任；拒不承担或者其负责人逃匿的，由人民法院依法强制执行。

生产安全事故的责任人未依法承担赔偿责任，经人民法院依法采取执行措施后，仍不能对受害人给予足额赔偿的，应当继续履行赔偿义务；受害人发现责任人有其他财产的，可以随时请求人民法院执行。

注解

按照本条第2款的规定，生产安全事故的责任人未依法承担赔偿责任，不履行生效的法律判决，经人民法院依法采取执行措施后，仍不能对受害人给予足额赔偿的，应当继续履行赔偿义务。按照民事诉讼法的规定，人民法院采取一定的执行措施后，被执行人仍不能偿还债务的，应当继续履行义务。债权人发现被执行人有其他财产的，可以随时请求人民法院执行。在实践当中，一般有两种情况：一是有些生产安全事故的责任人有能力履行赔偿义务，但是却称自己没有赔偿能力，企图拖延一段时间，不承担责任；二是有些生产安全事故的责任人确实是由于经济状况不好，或者资金周转不灵，无力承担赔偿责任。无论是由于何种情况不能履行赔偿义务，都不能免除其赔偿义务。生产安全事故责任人的赔偿义务，也不因采取强制措施而终止。生产安全事故的责任人什么时候有能力履行赔偿义务，什么时候就应当履行义务，直到完全履行赔偿义务为止。在这期间，如果受害人发现生产安全事故的责任人在采取执行措施后，还有其他可供执行的财产，或者发现生产安全事故的责任人经过一段时间的恢复后，又获得了新的财产，可以随时请求人民法院执行。

第七章 附　　则

第一百一十七条　【用语解释】本法下列用语的含义：

危险物品，是指易燃易爆物品、危险化学品、放射性物品等能够危及人身安全和财产安全的物品。

重大危险源，是指长期地或者临时地生产、搬运、使用或者储存危险物品，且危险物品的数量等于或者超过临界量的单元（包括场所和设施）。

第一百一十八条 【事故、隐患分类判定标准的制定】本法规定的生产安全一般事故、较大事故、重大事故、特别重大事故的划分标准由国务院规定。

国务院应急管理部门和其他负有安全生产监督管理职责的部门应当根据各自的职责分工，制定相关行业、领域重大危险源的辨识标准和重大事故隐患的判定标准。

应 用

114. 什么样的生产安全事故是特别重大事故

根据《生产安全事故报告和调查处理条例》第3条的规定，根据生产安全事故（以下简称事故）造成的人员伤亡或者直接经济损失，事故一般分为以下等级：（1）特别重大事故，是指造成30人以上死亡，或者100人以上重伤（包括急性工业中毒，下同），或者1亿元以上直接经济损失的事故；（2）重大事故，是指造成10人以上30人以下死亡，或者50人以上100人以下重伤，或者5000万元以上1亿元以下直接经济损失的事故；（3）较大事故，是指造成3人以上10人以下死亡，或者10人以上50人以下重伤，或者1000万元以上5000万元以下直接经济损失的事故；（4）一般事故，是指造成3人以下死亡，或者10人以下重伤，或者1000万元以下直接经济损失的事故。"以上"包括本数，所称的"以下"不包括本数。国务院应急管理部门可以会同国务院有关部门，制定事故等级划分的补充性规定。上述规定只能适用于生产经营活动中发生的造成人身伤亡或者直接经济损失的生产安全事故，环境污染事故、核设施事故、国防科研生产事故的划分不适用上述规定。

第一百一十九条 【生效日期】本法自2002年11月1日起施行。

配套法规

中华人民共和国矿山安全法

(1992年11月7日第七届全国人民代表大会常务委员会第二十八次会议通过 根据2009年8月27日第十一届全国人民代表大会常务委员会第十次会议《关于修改部分法律的决定》修正)

第一章 总 则

第一条 为了保障矿山生产安全,防止矿山事故,保护矿山职工人身安全,促进采矿业的发展,制定本法。

第二条 在中华人民共和国领域和中华人民共和国管辖的其他海域从事矿产资源开采活动,必须遵守本法。

第三条 矿山企业必须具有保障安全生产的设施,建立、健全安全管理制度,采取有效措施改善职工劳动条件,加强矿山安全管理工作,保证安全生产。

第四条 国务院劳动行政主管部门对全国矿山安全工作实施统一监督。

县级以上地方各级人民政府劳动行政主管部门对本行政区域内的矿山安全工作实施统一监督。

县级以上人民政府管理矿山企业的主管部门对矿山安全工作进行管理。

第五条 国家鼓励矿山安全科学技术研究,推广先进技术,改进安全设施，提高矿山安全生产水平。

第六条 对坚持矿山安全生产，防止矿山事故，参加矿山抢险救护，进行矿山安全科学技术研究等方面取得显著成绩的单位和个人，给予奖励。

第二章 矿山建设的安全保障

第七条 矿山建设工程的安全设施必须和主体工程同时设计、同时施工、同时投入生产和使用。

第八条 矿山建设工程的设计文件，必须符合矿山安全规程和行业技术规范，并按照国家规定经管理矿山企业的主管部门批准；不符合矿山安全规程和行业技术规范的，不得批准。

矿山建设工程安全设施的设计必须有劳动行政主管部门参加审查。

矿山安全规程和行业技术规范，由国务院管理矿山企业的主管部门制定。

注解

编制矿山建设项目的可行性研究报告和总体设计，应当对矿山开采的安全条件进行论证。矿山建设项目的初步设计，应当编制安全专篇。安全专篇的编写要求，由国务院劳动行政主管部门规定。

矿山建设单位在向管理矿山企业的主管部门报送审批矿山建设工程安全设施设计文件时，应当同时报送劳动行政主管部门审查；没有劳动行政主管部门的审查意见，管理矿山企业的主管部门不得批准。经批准的矿山建设工程安全设施设计需要修改时，应当征求原参加审查的劳动行政主管部门的意见。(参见《矿山安全法实施条例》第6、7条)

第九条 矿山设计下列项目必须符合矿山安全规程和行业技术规范：

(一) 矿井的通风系统和供风量、风质、风速；

(二) 露天矿的边坡角和台阶的宽度、高度；

（三）供电系统；

（四）提升、运输系统；

（五）防水、排水系统和防火、灭火系统；

（六）防瓦斯系统和防尘系统；

（七）有关矿山安全的其他项目。

第十条 每个矿井必须有两个以上能行人的安全出口，出口之间的直线水平距离必须符合矿山安全规程和行业技术规范。

第十一条 矿山必须有与外界相通的、符合安全要求的运输和通讯设施。

第十二条 矿山建设工程必须按照管理矿山企业的主管部门批准的设计文件施工。

矿山建设工程安全设施竣工后，由管理矿山企业的主管部门验收，并须有劳动行政主管部门参加；不符合矿山安全规程和行业技术规范的，不得验收，不得投入生产。

注解

[安全设施的验收]

矿山建设工程应当按照经批准的设计文件施工，保证施工质量；工程竣工后，应当按照国家有关规定申请验收。建设单位应当在验收前60日向管理矿山企业的主管部门、劳动行政主管部门报送矿山建设工程安全设施施工、竣工情况的综合报告。

管理矿山企业的主管部门、劳动行政主管部门应当自收到建设单位报送的矿山建设工程安全设施施工、竣工情况的综合报告之日起30日内，对矿山建设工程的安全设施进行检查；不符合矿山安全规程、行业技术规范的，不得验收，不得投入生产或者使用。（参见《矿山安全法实施条例》第8、9条）

第三章 矿山开采的安全保障

第十三条 矿山开采必须具备保障安全生产的条件，执行开采不同矿种的矿山安全规程和行业技术规范。

注解

矿山开采应当有下列图纸资料：(1) 地质图（包括水文地质图和工程地质图）；(2) 矿山总布置图和矿井井上、井下对照图；(3) 矿井、巷道、采场布置图；(4) 矿山生产和安全保障的主要系统图。(参见《矿山安全法实施条例》第12条)

第十四条 矿山设计规定保留的矿柱、岩柱，在规定的期限内，应当予以保护，不得开采或者毁坏。

注解

矿山企业应当在采矿许可证批准的范围开采，禁止越层、越界开采。(参见《矿山安全法实施条例》第13条)

第十五条 矿山使用的有特殊安全要求的设备、器材、防护用品和安全检测仪器，必须符合国家安全标准或者行业安全标准；不符合国家安全标准或者行业安全标准的，不得使用。

注解

矿山使用的下列设备、器材、防护用品和安全检测仪器，应当符合国家安全标准或者行业安全标准；不符合国家安全标准或者行业安全标准的，不得使用：(1) 采掘、支护、装载、运输、提升、通风、排水、瓦斯抽放、压缩空气和起重设备；(2) 电动机、变压器、配电柜、电器开关、电控装置；(3) 爆破器材、通讯器材、矿灯、电缆、钢丝绳、支护材料、防火材料；(4) 各种安全卫生检测仪器仪表；(5) 自救器、安全帽、防尘防毒口罩或者面罩、防护服、防护鞋等防护用品和救护设备；(6) 经有关主管部门认定的其他有特殊安全要求的设备和器材。(参见《矿山安全法实施条例》第14条)

第十六条 矿山企业必须对机电设备及其防护装置、安全检测仪器，定期检查、维修，保证使用安全。

注解

矿山企业应当对机电设备及其防护装置、安全检测仪器定期检查、维修，并建立技术档案，保证使用安全。非负责设备运行的人员，不得操作设备。非值班电气人员，不得进行电气作业。操作电气设备的人员，应当有可靠的绝缘保护。检修电气设备时，不得带电作业。(参见《矿山安全法实施条例》第 15 条)

第十七条 矿山企业必须对作业场所中的有毒有害物质和井下空气含氧量进行检测，保证符合安全要求。

注解

矿山作业场所空气中的有毒有害物质的浓度，不得超过国家标准或者行业标准；矿山企业应当按照国家规定的方法，按照下列要求定期检测：(1) 粉尘作业点，每月至少检测两次；(2) 三硝基甲苯作业点，每月至少检测一次；(3) 放射性物质作业点，每月至少检测三次；(4) 其他有毒有害物质作业点，井下每月至少检测一次，地面每季度至少检测一次；(5) 采用个体采样方法检测呼吸性粉尘的，每季度至少检测一次。(参见《矿山安全法实施条例》第 16 条)

第十八条 矿山企业必须对下列危害安全的事故隐患采取预防措施：

（一）冒顶、片帮、边坡滑落和地表塌陷；
（二）瓦斯爆炸、煤尘爆炸；
（三）冲击地压、瓦斯突出、井喷；
（四）地面和井下的火灾、水害；
（五）爆破器材和爆破作业发生的危害；
（六）粉尘、有毒有害气体、放射性物质和其他有害物质引起的危害；
（七）其他危害。

注解

[冒顶、片帮、边坡滑落和地表塌陷等的预防措施]

井下采掘作业，必须按照作业规程的规定管理顶帮。采掘作业通过地质破碎带或者其他顶帮破碎地点时，应当加强支护。露天采剥作业，应当按照设计规定，控制采剥工作面的阶段高度、宽度、边坡角和最终边坡角。采剥作业和排土作业，不得对深部或者邻近井巷造成危害。

[瓦斯、煤尘爆炸等的预防措施]

煤矿和其他有瓦斯爆炸可能性的矿井，应当严格执行瓦斯检查制度，任何人不得携带烟草和点火用具下井。

[冲击地压、瓦斯突出、井喷等的预防措施]

在下列条件下从事矿山开采，应当编制专门设计文件，并报管理矿山企业的主管部门批准：（1）有瓦斯突出的；（2）有冲击地压的；（3）在需要保护的建筑物、构筑物和铁路下面开采的；（4）在水体下面开采的；（5）在地温异常或者有热水涌出的地区开采的。

[火灾、水害等的预防措施]

有自然发火可能性的矿井，应当采取下列措施：（1）及时清出采场浮矿和其他可燃物质，回采结束后及时封闭采空区；（2）采取防火灌浆或者其他有效的预防自然发火的措施；（3）定期检查井巷和采区封闭情况，测定可能自然发火地点的温度和风量；定期检测火区内的温度、气压和空气成份。

井下采掘作业遇下列情形之一时，应当探水前进：（1）接近承压含水层或者含水的断层、流砂层、砾石层、溶洞、陷落柱时；（2）接近与地表水体相通的地质破碎带或者接近连通承压层的未封钻孔时；（3）接近积水的老窑、旧巷或者灌过泥浆的采空区时；（4）发现有出水征兆时；（5）掘开隔离矿柱或者岩柱放水时。

[爆破器材和爆破作业等的预防措施]

矿山的爆破作业和爆破材料的制造、储存、运输、试验及销毁，必须严格执行国家有关规定。

[有害物质引起的危害的预防措施]

井下风量、风质、风速和作业环境的气候，必须符合矿山安全规程的规定。采掘工作面进风风流中，按照体积计算，氧气不得低于20%，二氧化碳不得超过0.5%。井下作业地点的空气温度不得超过28℃；超过时，应当采取降温或者其他防护措施。

开采放射性矿物的矿井，必须采取下列措施，减少氡气析出量：（1）及时封闭采空区和已经报废或者暂时不用的井巷；（2）用留矿法作业的采场采用下行通风；（3）严格管理井下污水。矿山企业对地面、井下产生粉尘的作

业，应当采取综合防尘措施，控制粉尘危害。井下风动凿岩，禁止干打眼。（参见《矿山安全法实施条例》第17—25条）

第十九条 矿山企业对使用机械、电气设备，排土场、砰石山、尾矿库与矿山闭坑后可能引起的危害，应当采取预防措施。

第四章 矿山企业的安全管理

第二十条 矿山企业必须建立、健全安全生产责任制。
矿长对本企业的安全生产工作负责。

注解

[矿山安全生产责任制]

矿山企业应当建立、健全下列安全生产责任制：(1) 行政领导岗位安全生产责任制；(2) 职能机构安全生产责任制；(3) 岗位人员的安全生产责任制。

[矿长责任]

矿长（含矿务局局长、矿山公司经理，下同）对本企业的安全生产工作负有下列责任：(1) 认真贯彻执行《矿山安全法》和《矿山安全法实施条例》以及其他法律、法规中有关矿山安全生产的规定；(2) 制定本企业安全生产管理制度；(3) 根据需要配备合格的安全工作人员，对每个作业场所进行跟班检查；(4) 采取有效措施，改善职工劳动条件，保证安全生产所需要的材料、设备、仪器和劳动防护用品的及时供应；(5) 依照《矿山安全法实施条例》的规定，对职工进行安全教育、培训；(6) 制定矿山灾害的预防和应急计划；(7) 及时采取措施，处理矿山存在的事故隐患；(8) 及时、如实向劳动行政主管部门和管理矿山企业的主管部门报告矿山事故。（参见《矿山安全法实施条例》第28、29条）

第二十一条 矿长应当定期向职工代表大会或者职工大会报告安全生产工作，发挥职工代表大会的监督作用。

注解

矿长应当定期向职工代表大会或者职工大会报告下列事项，接受民主监督：（1）企业安全生产重大决策；（2）企业安全技术措施计划及其执行情况；（3）职工安全教育、培训计划及其执行情况；（4）职工提出的改善劳动条件的建议和要求的处理情况；（5）重大事故处理情况；（6）有关安全生产的其他重要事项。（参见《矿山安全法实施条例》第31条）

第二十二条 矿山企业职工必须遵守有关矿山安全的法律、法规和企业规章制度。

矿山企业职工有权对危害安全的行为，提出批评、检举和控告。

注解

[矿山企业职工的权利]

矿山企业职工享有下列权利：（1）有权获得作业场所安全与职业危害方面的信息；（2）有权向有关部门和工会组织反映矿山安全状况和存在的问题；（3）对任何危害职工安全健康的决定和行为，有权提出批评、检举和控告。

[矿山企业职工的义务]

矿山企业职工应当履行下列义务：（1）遵守有关矿山安全的法律、法规和企业规章制度；（2）维护矿山企业的生产设备、设施；（3）接受安全教育和培训；（4）及时报告危险情况，参加抢险救护。（参见《矿山安全法实施条例》第32、33条）

第二十三条 矿山企业工会依法维护职工生产安全的合法权益，组织职工对矿山安全工作进行监督。

第二十四条 矿山企业违反有关安全的法律、法规，工会有权要求企业行政方面或者有关部门认真处理。

矿山企业召开讨论有关安全生产的会议，应当有工会代表参加，工会有权提出意见和建议。

第二十五条 矿山企业工会发现企业行政方面违章指挥、强令工人冒险作业或者生产过程中发现明显重大事故隐患和职业危害，有权提出解决的建议；发现危及职工生命安全的情况时，有权向矿山企业行政方面建议组织职工撤离危险现场，矿山企业行政方面必须及时作出处理决定。

第二十六条 矿山企业必须对职工进行安全教育、培训；未经安全教育、培训的，不得上岗作业。

矿山企业安全生产的特种作业人员必须接受专门培训，经考核合格取得操作资格证书的，方可上岗作业。

> 注 解

[职工安全教育培训]

矿山企业应当按照下列规定对职工进行安全教育、培训：(1) 新进矿山的井下作业职工，接受安全教育、培训的时间不得少于72小时，考试合格后，必须在有安全工作经验的职工带领下工作满4个月，然后经再次考核合格，方可独立工作；(2) 新进露天矿的职工，接受安全教育、培训的时间不得少于40小时，经考试合格后，方可上岗作业；(3) 对调换工种和采用新工艺作业的人员，必须重新培训，经考试合格后，方可上岗作业；(4) 所有生产作业人员，每年接受在职安全教育、培训的时间不少于20小时。职工安全教育、培训期间，矿山企业应当支付工资。职工安全教育、培训情况和考核结果，应当记录存档。

矿山企业对职工的安全教育、培训，应当包括下列内容：(1)《矿山安全法》及《矿山安全法实施条例》赋予矿山职工的权利与义务；(2) 矿山安全规程及矿山企业有关安全管理的规章制度；(3) 与职工本职工作有关的安全知识；(4) 各种事故征兆的识别、发生紧急危险情况时的应急措施和撤退路线；(5) 自救装备的使用和有关急救方面的知识；(6) 有关主管部门规定的其他内容。

[特种作业人员的培训]

瓦斯检查工、爆破工、通风工、信号工、拥罐工、电工、金属焊接（切割）工、矿井泵工、瓦斯抽放工、主扇风机操作工、主提升机操作工、绞车操作工、输送机操作工、尾矿工、安全检查工和矿内机动车司机等特种作业人员应当接受专门技术培训，经考核合格取得操作资格证书后，方可上岗作业。特种作业人员的考核、发证工作按照国家有关规定执行。（参见《矿山安全法实施条例》第35-37条）

第二十七条 矿长必须经过考核，具备安全专业知识，具有领导安全生产和处理矿山事故的能力。

矿山企业安全工作人员必须具备必要的安全专业知识和矿山安全工作经验。

第二十八条 矿山企业必须向职工发放保障安全生产所需的劳动防护用品。

第二十九条 矿山企业不得录用未成年人从事矿山井下劳动。

矿山企业对女职工按照国家规定实行特殊劳动保护,不得分配女职工从事矿山井下劳动。

第三十条 矿山企业必须制定矿山事故防范措施,并组织落实。

第三十一条 矿山企业应当建立由专职或者兼职人员组成的救护和医疗急救组织,配备必要的装备、器材和药物。

> 注解
>
> 矿山企业应当建立由专职的或者兼职的人员组成的矿山救护和医疗急救组织。不具备单独建立专业救护和医疗急救组织的小型矿山企业,除应当建立兼职的救护和医疗急救组织外,还应当与邻近的有专业的救护和医疗急救组织的矿山企业签订救护和急救协议,或者与邻近的矿山企业联合建立专业救护和医疗急救组织。矿山救护和医疗急救组织应当有固定场所、训练器械和训练场地。矿山救护和医疗急救组织的规模和装备标准,由国务院管理矿山企业的有关主管部门规定。(参见《矿山安全法实施条例》第41条)

第三十二条 矿山企业必须从矿产品销售额中按照国家规定提取安全技术措施专项费用。安全技术措施专项费用必须全部用于改善矿山安全生产条件,不得挪作他用。

> 注解
>
> 矿山企业必须按照国家规定的安全条件进行生产,并安排一部分资金,用于下列改善矿山安全生产条件的项目:(1)预防矿山事故的安全技术措施;(2)预防职业危害的劳动卫生技术措施;(3)职工的安全培训;(4)改善矿山安全生产条件的其他技术措施。前述所需资金,由矿山企业按矿山维简费的20%的比例具实列支;没有矿山维简费的矿山企业,按固定资产折旧费的20%的比例具实列支。(参见《矿山安全法实施条例》第42条)

第五章 矿山安全的监督和管理

第三十三条 县级以上各级人民政府劳动行政主管部门对矿山安全工作行使下列监督职责：

（一）检查矿山企业和管理矿山企业的主管部门贯彻执行矿山安全法律、法规的情况；

（二）参加矿山建设工程安全设施的设计审查和竣工验收；

（三）检查矿山劳动条件和安全状况；

（四）检查矿山企业职工安全教育、培训工作；

（五）监督矿山企业提取和使用安全技术措施专项费用的情况；

（六）参加并监督矿山事故的调查和处理；

（七）法律、行政法规规定的其他监督职责。

第三十四条 县级以上人民政府管理矿山企业的主管部门对矿山安全工作行使下列管理职责：

（一）检查矿山企业贯彻执行矿山安全法律、法规的情况；

（二）审查批准矿山建设工程安全设施的设计；

（三）负责矿山建设工程安全设施的竣工验收；

（四）组织矿长和矿山企业安全工作人员的培训工作；

（五）调查和处理重大矿山事故；

（六）法律、行政法规规定的其他管理职责。

第三十五条 劳动行政主管部门的矿山安全监督人员有权进入矿山企业，在现场检查安全状况；发现有危及职工安全的紧急险情时，应当要求矿山企业立即处理。

注解

矿山安全监督人员在执行职务时，有权进入现场检查，参加有关会议，无偿调阅有关资料，向有关单位和人员了解情况。矿山安全监督人员进入现场检查，发现有危及职工安全健康的情况时，有权要求矿山企业立即改正或者限期解决；情况紧急时，有权要求矿山企业立即停止作业，从危险区内撤出作业人员。

劳动行政主管部门可以委托检测机构对矿山作业场所和危险性较大的在用设备、仪器、器材进行抽检。劳动行政主管部门对检查中发现的违反《矿山安全法》《矿山安全法实施条例》以及其他法律、法规有关矿山安全的规定的情况，应当依法提出处理意见。（参见《矿山安全法实施条例》第44条）

第六章 矿山事故处理

第三十六条 发生矿山事故，矿山企业必须立即组织抢救，防止事故扩大，减少人员伤亡和财产损失，对伤亡事故必须立即如实报告劳动行政主管部门和管理矿山企业的主管部门。

注解

矿山发生事故后，事故现场有关人员应当立即报告矿长或者有关主管人员；矿长或者有关主管人员接到事故报告后，必须立即采取有效措施，组织抢救，防止事故扩大，尽力减少人员伤亡和财产损失。矿山发生重伤、死亡事故后，矿山企业应当在24小时内如实向劳动行政主管部门和管理矿山企业的主管部门报告。劳动行政主管部门和管理矿山企业的主管部门接到死亡事故或者一次重伤3人以上的事故报告后，应当立即报告本级人民政府，并报各自的上一级主管部门。（参见《矿山安全法实施条例》第46-48条）

第三十七条 发生一般矿山事故，由矿山企业负责调查和处理。

发生重大矿山事故，由政府及其有关部门、工会和矿山企业按照行政法规的规定进行调查和处理。

注解

矿山事故发生后，有关部门应当按照国家有关规定，进行事故调查处理。矿山事故调查处理工作应当自事故发生之日起90日内结束；遇有特殊情况，可以适当延长，但是不得超过180日。矿山事故处理结案后，应当公布处理结果。（参见《矿山安全法实施条例》第50、51条）

第三十八条 矿山企业对矿山事故中伤亡的职工按照国家规定给予抚恤或者补偿。

第三十九条 矿山事故发生后，应当尽快消除现场危险，查明事故原因，提出防范措施。现场危险消除后，方可恢复生产。

> **注解**
>
> 发生伤亡事故，矿山企业和有关单位应当保护事故现场；因抢救事故，需要移动现场部分物品时，必须作出标志，绘制事故现场图，并详细记录；在消除现场危险，采取防范措施后，方可恢复生产。（参见《矿山安全法实施条例》第49条）

第七章　法　律　责　任

第四十条 违反本法规定，有下列行为之一的，由劳动行政主管部门责令改正，可以并处罚款；情节严重的，提请县级以上人民政府决定责令停产整顿；对主管人员和直接责任人员由其所在单位或者上级主管机关给予行政处分：

（一）未对职工进行安全教育、培训，分配职工上岗作业的；

（二）使用不符合国家安全标准或者行业安全标准的设备、器材、防护用品、安全检测仪器的；

（三）未按照规定提取或者使用安全技术措施专项费用的；

（四）拒绝矿山安全监督人员现场检查或者在被检查时隐瞒事故隐患、不如实反映情况的；

（五）未按照规定及时、如实报告矿山事故的。

> **注解**
>
> 依照本条规定处以罚款的，分别按照下列规定执行：（1）未对职工进行

安全教育、培训，分配职工上岗作业的，处4万元以下的罚款；（2）使用不符合国家安全标准或者行业安全标准的设备、器材、防护用品和安全检测仪器的，处5万元以下的罚款；（3）未按照规定提取或者使用安全技术措施专项费用的，处5万元以下的罚款；（4）拒绝矿山安全监督人员现场检查或者在被检查时隐瞒事故隐患，不如实反映情况的，处2万元以下的罚款；（5）未按照规定及时、如实报告矿山事故的，处3万元以下的罚款。（参见《矿山安全法实施条例》第52条）

第四十一条 矿长不具备安全专业知识的，安全生产的特种作业人员未取得操作资格证书上岗作业的，由劳动行政主管部门责令限期改正；逾期不改正的，提请县级以上人民政府决定责令停产，调整配备合格人员后，方可恢复生产。

第四十二条 矿山建设工程安全设施的设计未经批准擅自施工的，由管理矿山企业的主管部门责令停止施工；拒不执行的，由管理矿山企业的主管部门提请县级以上人民政府决定由有关主管部门吊销其采矿许可证和营业执照。

第四十三条 矿山建设工程的安全设施未经验收或者验收不合格擅自投入生产的，由劳动行政主管部门会同管理矿山企业的主管部门责令停止生产，并由劳动行政主管部门处以罚款；拒不停止生产的，由劳动行政主管部门提请县级以上人民政府决定由有关主管部门吊销其采矿许可证和营业执照。

注解

依照本条规定处以罚款的，罚款幅度为5万元以上10万元以下。（参见《矿山安全法实施条例》第53条）

第四十四条 已经投入生产的矿山企业，不具备安全生产条件而强行开采的，由劳动行政主管部门会同管理矿山企业的主管部门责令限期改进；逾期仍不具备安全生产条件的，由劳动行政主管部门提请县级以上人民政府决定责令停产整顿或者由有关主管部门吊销其采矿许可证和营业执照。

第四十五条 当事人对行政处罚决定不服的,可以在接到处罚决定通知之日起15日内向作出处罚决定的机关的上一级机关申请复议;当事人也可以在接到处罚决定通知之日起15日内直接向人民法院起诉。

复议机关应当在接到复议申请之日起60日内作出复议决定。当事人对复议决定不服的,可以在接到复议决定之日起15日内向人民法院起诉。复议机关逾期不作出复议决定的,当事人可以在复议期满之日起15日内向人民法院起诉。

当事人逾期不申请复议也不向人民法院起诉、又不履行处罚决定的,作出处罚决定的机关可以申请人民法院强制执行。

> **注解**
>
> 当事人收到罚款通知书后,应当在15日内到指定的金融机构缴纳罚款;逾期不缴纳的,自逾期之日起每日加收3‰的滞纳金。(参见《矿山安全法实施条例》第55条)

第四十六条 矿山企业主管人员违章指挥、强令工人冒险作业,因而发生重大伤亡事故的,依照刑法有关规定追究刑事责任。

> **注解**
>
> 矿山企业主管人员有下列行为之一,造成矿山事故的,按照规定给予纪律处分;构成犯罪的,由司法机关依法追究刑事责任:(1)违章指挥、强令工人违章、冒险作业的;(2)对工人屡次违章作业熟视无睹,不加制止的;(3)对重大事故预兆或者已发现的隐患不及时采取措施的;(4)不执行劳动行政主管部门的监督指令或者不采纳有关部门提出的整顿意见,造成严重后果的。(参见《矿山安全法实施条例》第56条)

第四十七条 矿山企业主管人员对矿山事故隐患不采取措施,因而发生重大伤亡事故的,依照刑法有关规定追究刑事责任。

第四十八条 矿山安全监督人员和安全管理人员滥用职权、玩忽职守、徇私舞弊,构成犯罪的,依法追究刑事责任;不构成犯罪的,给予行政处分。

第八章 附 则

第四十九条 国务院劳动行政主管部门根据本法制定实施条例，报国务院批准施行。

省、自治区、直辖市人民代表大会常务委员会可以根据本法和本地区的实际情况，制定实施办法。

第五十条 本法自1993年5月1日起施行。

中华人民共和国煤炭法（节录）

（1996年8月29日第八届全国人民代表大会常务委员会第二十一次会议通过 根据2009年8月27日第十一届全国人民代表大会常务委员会第十次会议《关于修改部分法律的决定》第一次修正 根据2011年4月22日第十一届全国人民代表大会常务委员会第二十次会议《关于修改〈中华人民共和国煤炭法〉的决定》第二次修正 根据2013年6月29日第十二届全国人民代表大会常务委员会第三次会议《关于修改〈中华人民共和国文物保护法〉等十二部法律的决定》第三次修正 根据2016年11月7日第十二届全国人民代表大会常务委员会第二十四次会议《关于修改〈中华人民共和国对外贸易法〉等十二部法律的决定》第四次修正）

……

第七条 煤矿企业必须坚持安全第一、预防为主的安全生产方针，建立健全安全生产的责任制度和群防群治制度。

第八条 各级人民政府及其有关部门和煤矿企业必须采取措施

加强劳动保护,保障煤矿职工的安全和健康。

国家对煤矿井下作业的职工采取特殊保护措施。

……

第二十条 煤矿投入生产前,煤矿企业应当依照有关安全生产的法律、行政法规的规定取得安全生产许可证。未取得安全生产许可证的,不得从事煤炭生产。

……

第三十条 县级以上各级人民政府及其煤炭管理部门和其他有关部门,应当加强对煤矿安全生产工作的监督管理。

第三十一条 煤矿企业的安全生产管理,实行矿务局长、矿长负责制。

第三十二条 矿务局长、矿长及煤矿企业的其他主要负责人必须遵守有关矿山安全的法律、法规和煤炭行业安全规章、规程,加强对煤矿安全生产工作的管理,执行安全生产责任制度,采取有效措施,防止伤亡和其他安全生产事故的发生。

第三十三条 煤矿企业应当对职工进行安全生产教育、培训;未经安全生产教育、培训的,不得上岗作业。

煤矿企业职工必须遵守有关安全生产的法律、法规、煤炭行业规章、规程和企业规章制度。

第三十四条 在煤矿井下作业中,出现危及职工生命安全并无法排除的紧急情况时,作业现场负责人或者安全管理人员应当立即组织职工撤离危险现场,并及时报告有关方面负责人。

第三十五条 煤矿企业工会发现企业行政方面违章指挥、强令职工冒险作业或者生产过程中发现明显重大事故隐患,可能危及职工生命安全的情况,有权提出解决问题的建议,煤矿企业行政方面必须及时作出处理决定。企业行政方面拒不处理的,工会有权提出批评、检举和控告。

第三十六条 煤矿企业必须为职工提供保障安全生产所需的劳动保护用品。

第三十七条 煤矿企业应当依法为职工参加工伤保险缴纳工伤保险费。鼓励企业为井下作业职工办理意外伤害保险，支付保险费。

第三十八条 煤矿企业使用的设备、器材、火工产品和安全仪器，必须符合国家标准或者行业标准。

……

中华人民共和国建筑法（节录）

（1997年11月1日第八届全国人民代表大会常务委员会第二十八次会议通过 根据2011年4月22日第十一届全国人民代表大会常务委员会第二十次会议《关于修改〈中华人民共和国建筑法〉的决定》第一次修正 根据2019年4月23日第十三届全国人民代表大会常务委员会第十次会议《关于修改〈中华人民共和国建筑法〉等八部法律的决定》第二次修正）

……

第三条 建筑活动应当确保建筑工程质量和安全，符合国家的建筑工程安全标准。

……

第三十六条 建筑工程安全生产管理必须坚持安全第一、预防为主的方针，建立健全安全生产的责任制度和群防群治制度。

第三十七条 建筑工程设计应当符合按照国家规定制定的建筑安全规程和技术规范，保证工程的安全性能。

第三十八条 建筑施工企业在编制施工组织设计时，应当根据建筑工程的特点制定相应的安全技术措施；对专业性较强的工程项目，应当编制专项安全施工组织设计，并采取安全技术措施。

第三十九条 建筑施工企业应当在施工现场采取维护安全、防范危险、预防火灾等措施；有条件的，应当对施工现场实行封闭管理。

施工现场对毗邻的建筑物、构筑物和特殊作业环境可能造成损害的，建筑施工企业应当采取安全防护措施。

第四十条 建设单位应当向建筑施工企业提供与施工现场相关的地下管线资料，建筑施工企业应当采取措施加以保护。

第四十一条 建筑施工企业应当遵守有关环境保护和安全生产的法律、法规的规定，采取控制和处理施工现场的各种粉尘、废气、废水、固体废物以及噪声、振动对环境的污染和危害的措施。

第四十二条 有下列情形之一的，建设单位应当按照国家有关规定办理申请批准手续：

（一）需要临时占用规划批准范围以外场地的；

（二）可能损坏道路、管线、电力、邮电通讯等公共设施的；

（三）需要临时停水、停电、中断道路交通的；

（四）需要进行爆破作业的；

（五）法律、法规规定需要办理报批手续的其他情形。

第四十三条 建设行政主管部门负责建筑安全生产的管理，并依法接受劳动行政主管部门对建筑安全生产的指导和监督。

第四十四条 建筑施工企业必须依法加强对建筑安全生产的管理，执行安全生产责任制度，采取有效措施，防止伤亡和其他安全生产事故的发生。

建筑施工企业的法定代表人对本企业的安全生产负责。

第四十五条 施工现场安全由建筑施工企业负责。实行施工总承包的，由总承包单位负责。分包单位向总承包单位负责，服从总承包单位对施工现场的安全生产管理。

第四十六条 建筑施工企业应当建立健全劳动安全生产教育培训制度，加强对职工安全生产的教育培训；未经安全生产教育培训的人员，不得上岗作业。

第四十七条 建筑施工企业和作业人员在施工过程中，应当遵守有关安全生产的法律、法规和建筑行业安全规章、规程，不得违章指挥或者违章作业。作业人员有权对影响人身健康的作业程序和作业条件提出改进意见，有权获得安全生产所需的防护用品。作业人员对危及生命安全和人身健康的行为有权提出批评、检举和控告。

第四十八条 建筑施工企业应当依法为职工参加工伤保险缴纳工伤保险费。鼓励企业为从事危险作业的职工办理意外伤害保险，支付保险费。

第四十九条 涉及建筑主体和承重结构变动的装修工程，建设单位应当在施工前委托原设计单位或者具有相应资质条件的设计单位提出设计方案；没有设计方案的，不得施工。

第五十条 房屋拆除应当由具备保证安全条件的建筑施工单位承担，由建筑施工单位负责人对安全负责。

第五十一条 施工中发生事故时，建筑施工企业应当采取紧急措施减少人员伤亡和事故损失，并按照国家有关规定及时向有关部门报告。

……

第六十五条 发包单位将工程发包给不具有相应资质条件的承包单位的，或者违反本法规定将建筑工程肢解发包的，责令改正，处以罚款。

超越本单位资质等级承揽工程的，责令停止违法行为，处以罚款，可以责令停业整顿，降低资质等级；情节严重的，吊销资质证书；有违法所得的，予以没收。

未取得资质证书承揽工程的，予以取缔，并处罚款；有违法所得的，予以没收。

以欺骗手段取得资质证书的，吊销资质证书，处以罚款；构成犯罪的，依法追究刑事责任。

……

第六十七条 承包单位将承包的工程转包的，或者违反本法规定进行分包的，责令改正，没收违法所得，并处罚款，可以责令停业整顿，降低资质等级；情节严重的，吊销资质证书。

承包单位有前款规定的违法行为的，对因转包工程或者违法分包的工程不符合规定的质量标准造成的损失，与接受转包或者分包的单位承担连带赔偿责任。

……

中华人民共和国职业病防治法（节录）

（2001年10月27日第九届全国人民代表大会常务委员会第二十四次会议通过 根据2011年12月31日第十一届全国人民代表大会常务委员会第二十四次会议《关于修改〈中华人民共和国职业病防治法〉的决定》第一次修正 根据2016年7月2日第十二届全国人民代表大会常务委员会第二十一次会议《关于修改〈中华人民共和国节约能源法〉等六部法律的决定》第二次修正 根据2017年11月4日第十二届全国人民代表大会常务委员会第三十次会议《关于修改〈中华人民共和国会计法〉等十一部法律的决定》第三次修正 根据2018年12月29日第十三届全国人民代表大会常务委员会第七次会议《关于修改〈中华人民共和国劳动法〉等七部法律的决定》第四次修正）

……

第十五条 产生职业病危害的用人单位的设立除应当符合法律、行政法规规定的设立条件外，其工作场所还应当符合下列职业卫生要求：

（一）职业病危害因素的强度或者浓度符合国家职业卫生标准；

（二）有与职业病危害防护相适应的设施；

（三）生产布局合理，符合有害与无害作业分开的原则；

（四）有配套的更衣间、洗浴间、孕妇休息间等卫生设施；

（五）设备、工具、用具等设施符合保护劳动者生理、心理健康的要求；

（六）法律、行政法规和国务院卫生行政部门关于保护劳动者健康的其他要求。

……

第二十四条 产生职业病危害的用人单位，应当在醒目位置设置公告栏，公布有关职业病防治的规章制度、操作规程、职业病危害事故应急救援措施和工作场所职业病危害因素检测结果。

对产生严重职业病危害的作业岗位，应当在其醒目位置，设置警示标识和中文警示说明。警示说明应当载明产生职业病危害的种类、后果、预防以及应急救治措施等内容。

……

第二十八条 向用人单位提供可能产生职业病危害的设备的，应当提供中文说明书，并在设备的醒目位置设置警示标识和中文警示说明。警示说明应当载明设备性能、可能产生的职业病危害、安全操作和维护注意事项、职业病防护以及应急救治措施等内容。

第二十九条 向用人单位提供可能产生职业病危害的化学品、放射性同位素和含有放射性物质的材料的，应当提供中文说明书。说明书应当载明产品特性、主要成份、存在的有害因素、可能产生的危害后果、安全使用注意事项、职业病防护以及应急救治措施等内容。产品包装应当有醒目的警示标识和中文警示说明。贮存上述材料的场所应当在规定的部位设置危险物品标识或者放射性警示标识。

国内首次使用或者首次进口与职业病危害有关的化学材料，使用单位或者进口单位按照国家规定经国务院有关部门批准后，应当向国务院卫生行政部门报送该化学材料的毒性鉴定以及经有关部门登记注册或者批准进口的文件等资料。

进口放射性同位素、射线装置和含有放射性物质的物品的，按照国家有关规定办理。

……

第三十三条 用人单位与劳动者订立劳动合同（含聘用合同，下同）时，应当将工作过程中可能产生的职业病危害及其后果、职业病防护措施和待遇等如实告知劳动者，并在劳动合同中写明，不得隐瞒或者欺骗。

劳动者在已订立劳动合同期间因工作岗位或者工作内容变更，从事与所订立劳动合同中未告知的存在职业病危害的作业时，用人单位应当依照前款规定，向劳动者履行如实告知的义务，并协商变更原劳动合同相关条款。

用人单位违反前两款规定的，劳动者有权拒绝从事存在职业病危害的作业，用人单位不得因此解除与劳动者所订立的劳动合同。

……

第三十七条 发生或者可能发生急性职业病危害事故时，用人单位应当立即采取应急救援和控制措施，并及时报告所在地卫生行政部门和有关部门。卫生行政部门接到报告后，应当及时会同有关部门组织调查处理；必要时，可以采取临时控制措施。卫生行政部门应当组织做好医疗救治工作。

对遭受或者可能遭受急性职业病危害的劳动者，用人单位应当及时组织救治、进行健康检查和医学观察，所需费用由用人单位承担。

……

第五十八条 职业病病人除依法享有工伤保险外，依照有关民事法律，尚有获得赔偿的权利的，有权向用人单位提出赔偿要求。

第五十九条 劳动者被诊断患有职业病，但用人单位没有依法参加工伤保险的，其医疗和生活保障由该用人单位承担。

……

中华人民共和国刑法（节录）*

（1979年7月1日第五届全国人民代表大会第二次会议通过　1997年3月14日第八届全国人民代表大会第五次会议修订　根据1998年12月29日第九届全国人民代表大会常务委员会第六次会议通过的《全国人民代表大会常务委员会关于惩治骗购外汇、逃汇和非法买卖外汇犯罪的决定》、1999年12月25日第九届全国人民代表大会常务委员会第十三次会议通过的《中华人民共和国刑法修正案》、2001年8月31日第九届全国人民代表大会常务委员会第二十三次会议通过的《中华人民共和国刑法修正案（二）》、2001年12月29日第九届全国人民代表大会常务委员会第二十五次会议通过的《中华人民共和国刑法修正案（三）》、2002年12月28日第九届全国人民代表大会常务委员会第三十一次会议通过的《中华人民共和国刑法修正案（四）》、2005年2月28日第十届全国人民代表大会常务委员会第十四次会议通过的《中华人民共和国刑法修正案（五）》、2006年6月29日第十届全国人民代表大会常务委员会第二十二次会议通过的《中华人民共和国刑法修正案（六）》、2009年2月28日第十一届全国人民代表大会常务委员会第七次会议通过的《中华人民共和国刑法修正案（七）》、2009年8月27日第十一届全国人民代表大会常务委员会第十次会议通过的《全国人民代表大会常务委员会关于修改部分法律的决定》、2011年2月25日第十

---

* 刑法、历次刑法修正案、涉及修改刑法的决定的施行日期，分别依据各法律所规定的施行日期确定。另，分则部分条文主旨是根据司法解释确定罪名所加。

一届全国人民代表大会常务委员会第十九次会议通过的《中华人民共和国刑法修正案（八）》、2015年8月29日第十二届全国人民代表大会常务委员会第十六次会议通过的《中华人民共和国刑法修正案（九）》、2017年11月4日第十二届全国人民代表大会常务委员会第三十次会议通过的《中华人民共和国刑法修正案（十）》和2020年12月26日第十三届全国人民代表大会常务委员会第二十四次会议通过的《中华人民共和国刑法修正案（十一）》修正）

……

第一百三十四条 【重大责任事故罪】在生产、作业中违反有关安全管理的规定，因而发生重大伤亡事故或者造成其他严重后果的，处三年以下有期徒刑或者拘役；情节特别恶劣的，处三年以上七年以下有期徒刑。

【强令违章冒险作业罪】强令他人违章冒险作业，因而发生重大伤亡事故或者造成其他严重后果的，处五年以下有期徒刑或者拘役；情节特别恶劣的，处五年以上有期徒刑。

注 解

[犯罪主体]

重大责任事故罪的犯罪主体，包括对生产、作业负有组织、指挥或者管理职责的负责人、管理人员、实际控制人、投资人等人员，以及直接从事生产、作业的人员。强令违章冒险作业罪的犯罪主体，包括对生产、作业负有组织、指挥或者管理职责的负责人、管理人员、实际控制人、投资人等人员。

[重大伤亡事故或者其他严重后果]

实施本条第1款规定的行为，因而发生安全事故，具有下列情形之一的，应当认定为"发生重大伤亡事故或者造成其他严重后果"，对相关责任人员，处3年以下有期徒刑或者拘役：（1）造成死亡1人以上，或者重伤3人以上的；（2）造成直接经济损失100万元以上的；（3）其他造成严重后果或者重大安全事故的情形。实施本条第2款规定的行为，因而发生安全事故，具有上述情形的，应当认定为"发生重大伤亡事故或者造成其他严重后果"，对相关责任人员，处5年以下有期徒刑或者拘役。

[情节特别恶劣]

实施本条第1款规定的行为，因而发生安全事故，具有下列情形之一的，对相关责任人员，处3年以上7年以下有期徒刑：（1）造成死亡3人以上或者重伤10人以上，负事故主要责任的；（2）造成直接经济损失500万元以上，负事故主要责任的；（3）其他造成特别严重后果、情节特别恶劣或者后果特别严重的情形。实施本条第2款规定的行为，因而发生安全事故，具有上述情形的，对相关责任人员，处5年以上有期徒刑。（参见《最高人民检察院、公安部关于公安机关管辖的刑事案件立案追诉标准的规定（一）》第8、9条；《最高人民法院、最高人民检察院关于办理危害生产安全刑事案件适用法律若干问题的解释》第1-2、5-7条）

第一百三十四条之一　【危险作业罪】在生产、作业中违反有关安全管理的规定，有下列情形之一，具有发生重大伤亡事故或者其他严重后果的现实危险的，处一年以下有期徒刑、拘役或者管制：

（一）关闭、破坏直接关系生产安全的监控、报警、防护、救生设备、设施，或者篡改、隐瞒、销毁其相关数据、信息的；

（二）因存在重大事故隐患被依法责令停产停业、停止施工、停止使用有关设备、设施、场所或者立即采取排除危险的整改措施，而拒不执行的；

（三）涉及安全生产的事项未经依法批准或者许可，擅自从事矿山开采、金属冶炼、建筑施工，以及危险物品生产、经营、储存等高度危险的生产作业活动的。

注解

本条规定的犯罪主体，包括对生产、作业负有组织、指挥或者管理职责的负责人、管理人员、实际控制人、投资人等人员，以及直接从事生产、作业的人员。

因存在重大事故隐患被依法责令停产停业、停止施工、停止使用有关设备、设施、场所或者立即采取排除危险的整改措施，有下列情形之一的，属于本条第 2 项规定的"拒不执行"：（1）无正当理由故意不执行各级人民政府或者负有安全生产监督管理职责的部门依法作出的上述行政决定、命令的；（2）虚构重大事故隐患已经排除的事实，规避、干扰执行各级人民政府或者负有安全生产监督管理职责的部门依法作出的上述行政决定、命令的；（3）以行贿等不正当手段，规避、干扰执行各级人民政府或者负有安全生产监督管理职责的部门依法作出的上述行政决定、命令的。有前述第 3 项行为，同时构成刑法第 389 条行贿罪、第 393 条单位行贿罪等犯罪的，依照数罪并罚的规定处罚。认定是否属于"拒不执行"，应当综合考虑行政决定、命令是否具有法律、行政法规等依据，行政决定、命令的内容和期限要求是否明确、合理，行为人是否具有按照要求执行的能力等因素进行判断。

在生产、作业中违反有关安全管理的规定，有本条规定情形之一，因而发生重大伤亡事故或者造成其他严重后果，构成刑法第 134 条、第 135 条至第 139 条等规定的重大责任事故罪、重大劳动安全事故罪、危险物品肇事罪、工程重大安全事故罪等犯罪的，依照该规定定罪处罚。

有本条规定的行为，积极配合公安机关或者负有安全生产监督管理职责的部门采取措施排除事故隐患，确有悔改表现，认罪认罚的，可以依法从宽处罚；犯罪情节轻微不需要判处刑罚的，可以不起诉或者免予刑事处罚；情节显著轻微危害不大的，不作为犯罪处理。（参见《最高人民法院、最高人民检察院关于办理危害生产安全刑事案件适用法律若干问题的解释（二）》第 2-5、10 条）

第一百三十五条　【重大劳动安全事故罪】安全生产设施或者安全生产条件不符合国家规定，因而发生重大伤亡事故或者造成其他严重后果的，对直接负责的主管人员和其他直接责任人员，处三年以下有期徒刑或者拘役；情节特别恶劣的，处三年以上七年以下有期徒刑。

注解

[直接负责的主管人员和其他直接责任人员]

本条规定的"直接负责的主管人员和其他直接责任人员"，是指对安全生产设施或者安全生产条件不符合国家规定负有直接责任的生产经营单位负责人、管理人员、实际控制人、投资人,以及其他对安全生产设施或者安全生产条件负有管理、维护职责的人员。

[重大伤亡事故或者其他严重后果]

实施本条规定的行为,因而发生安全事故,具有下列情形之一的,应当认定为"发生重大伤亡事故或者造成其他严重后果",对相关责任人员,处3年以下有期徒刑或者拘役:(1)造成死亡1人以上,或者重伤3人以上的;(2)造成直接经济损失100万元以上的;(3)其他造成严重后果或者重大安全事故的情形。

[情节特别恶劣]

实施本条规定的行为,因而发生安全事故,具有下列情形之一的,对相关责任人员,处3年以上7年以下有期徒刑:(1)造成死亡3人以上或者重伤10人以上,负事故主要责任的;(2)造成直接经济损失500万元以上,负事故主要责任的;(3)其他造成特别严重后果、情节特别恶劣或者后果特别严重的情形。(参见《最高人民检察院、公安部关于公安机关管辖的刑事案件立案追诉标准的规定(一)》第10条;《最高人民法院、最高人民检察院关于办理危害生产安全刑事案件适用法律若干问题的解释》第3、6、7条)

……

第一百三十六条 【危险物品肇事罪】违反爆炸性、易燃性、放射性、毒害性、腐蚀性物品的管理规定,在生产、储存、运输、使用中发生重大事故,造成严重后果的,处三年以下有期徒刑或者拘役;后果特别严重的,处三年以上七年以下有期徒刑。

注解

[造成严重后果]

实施本条规定的行为,因而发生安全事故,具有下列情形之一的,应当认定为"造成严重后果",对相关责任人员,处3年以下有期徒刑或者拘役:(1)造成死亡1人以上,或者重伤3人以上的;(2)造成直接经济损失100万元以上的;(3)其他造成严重后果或者重大安全事故的情形。

[后果特别严重]

实施本条规定的行为,因而发生安全事故,具有下列情形之一的,对相关责任人员，处3年以上7年以下有期徒刑：（1）造成死亡3人以上或者重伤10人以上，负事故主要责任的；（2）造成直接经济损失500万元以上，负事故主要责任的；（3）其他造成特别严重后果、情节特别恶劣或者后果特别严重的情形。(参见《最高人民检察院、公安部关于公安机关管辖的刑事案件立案追诉标准的规定（一）》第12条；《最高人民法院、最高人民检察院关于办理危害生产安全刑事案件适用法律若干问题的解释》第6、7条)

……

第一百三十九条之一 **【不报、谎报安全事故罪】**在安全事故发生后，负有报告职责的人员不报或者谎报事故情况，贻误事故抢救，情节严重的，处三年以下有期徒刑或者拘役；情节特别严重的，处三年以上七年以下有期徒刑。

> 注解

[负有报告职责的人员]

本条规定的"负有报告职责的人员"，是指负有组织、指挥或者管理职责的负责人、管理人员、实际控制人、投资人，以及其他负有报告职责的人员。在安全事故发生后，与负有报告职责的人员串通，不报或者谎报事故情况，贻误事故抢救，情节严重的，依照本条规定，以共犯论处。

[情节严重]

在安全事故发生后，负有报告职责的人员不报或者谎报事故情况，贻误事故抢救，具有下列情形之一的，应当认定为本条规定的"情节严重"：（1）导致事故后果扩大，增加死亡1人以上，或者增加重伤3人以上，或者增加直接经济损失100万元以上的。（2）实施下列行为之一，致使不能及时有效开展事故抢救的：①决定不报、迟报、谎报事故情况或者指使、串通有关人员不报、迟报、谎报事故情况的；②在事故抢救期间擅离职守或者逃匿的；③伪造、破坏事故现场，或者转移、藏匿、毁灭遇难人员尸体，或者转移、藏匿受伤人员的；④毁灭、伪造、隐匿与事故有关的图纸、记录、计算机数据等资料以及其他证据的。（3）其他情节严重的情形。

[情节特别严重]

具有下列情形之一的，应当认定为本条规定的"情节特别严重"：（1）导致事故后果扩大,增加死亡3人以上,或者增加重伤10人以上,或者增加直接经济损失500万元以上的;(2)采用暴力、胁迫、命令等方式阻止他人报告事故情况,导致事故后果扩大的;(3)其他情节特别严重的情形。(参见《最高人民法院、最高人民检察院关于办理危害生产安全刑事案件适用法律若干问题的解释》第4、8、9条)

......

第二百二十九条　【提供虚假证明文件罪】 承担资产评估、验资、验证、会计、审计、法律服务等职责的中介组织的人员故意提供虚假证明文件,情节严重的,处五年以下有期徒刑或者拘役,并处罚金。

前款规定的人员,索取他人财物或者非法收受他人财物,犯前款罪的,处五年以上十年以下有期徒刑,并处罚金。

【出具证明文件重大失实罪】 第一款规定的人员,严重不负责任,出具的证明文件有重大失实,造成严重后果的,处三年以下有期徒刑或者拘役,并处或者单处罚金。

......

注解

[虚假证明文件]

承担安全评价职责的中介组织的人员提供的证明文件有下列情形之一的,属于本条第1款规定的"虚假证明文件":(1)故意伪造的;(2)在周边环境、主要建(构)筑物、工艺、装置、设备设施等重要内容上弄虚作假,导致与评价期间实际情况不符,影响评价结论的;(3)隐瞒生产经营单位重大事故隐患及整改落实情况、主要灾害等级等情况,影响评价结论的;(4)伪造、篡改生产经营单位相关信息、数据、技术报告或者结论等内容,影响评价结论的;(5)故意采用存疑的第三方证明材料、监测检验报告,影响评价结论的;(6)有其他弄虚作假行为,影响评价结论的情形。

生产经营单位提供虚假材料、影响评价结论,承担安全评价职责的中介组织的人员对评价结论与实际情况不符无主观故意的,不属于本条第1款规定的"故意提供虚假证明文件"。有前述情形,承担安全评价职责的中介组织的人员严重不负责任,导致出具的证明文件有重大失实,造成严重后果的，依照本条第3款的规定追究刑事责任。

[情节严重]

承担安全评价职责的中介组织的人员故意提供虚假证明文件，有下列情形之一的，属于本条第1款规定的"情节严重"：（1）造成死亡1人以上或者重伤3人以上安全事故的；（2）造成直接经济损失50万元以上安全事故的；（3）违法所得数额10万元以上的；（4）两年内因故意提供虚假证明文件受过两次以上行政处罚，又故意提供虚假证明文件的；（5）其他情节严重的情形。

[致使公共财产、国家和人民利益遭受特别重大损失]

在涉及公共安全的重大工程、项目中提供虚假的安全评价文件，有下列情形之一的，属于本条第1款第3项规定的"致使公共财产、国家和人民利益遭受特别重大损失"：（1）造成死亡3人以上或者重伤10人以上安全事故的；（2）造成直接经济损失500万元以上安全事故的；（3）其他致使公共财产、国家和人民利益遭受特别重大损失的情形。

承担安全评价职责的中介组织的人员有本条第1款行为，在裁量刑罚时，应当考虑其行为手段、主观过错程度、对安全事故的发生所起作用大小及其获利情况、一贯表现等因素，综合评估社会危害性，依法裁量刑罚，确保罪责刑相适应。

[造成严重后果]

承担安全评价职责的中介组织的人员，严重不负责任，出具的证明文件有重大失实，有下列情形之一的，属于本条第3款规定的"造成严重后果"：（1）造成死亡1人以上或者重伤3人以上安全事故的；（2）造成直接经济损失100万元以上安全事故的；（3）其他造成严重后果的情形。（参见《最高人民法院、最高人民检察院关于办理危害生产安全刑事案件适用法律若干问题的解释（二）》第6-9条）

第三百九十七条 【滥用职权罪】【玩忽职守罪】国家机关工作人员滥用职权或者玩忽职守，致使公共财产、国家和人民利益遭受重大损失的，处三年以下有期徒刑或者拘役；情节特别严重的，处三年以上七年以下有期徒刑。本法另有规定的，依照规定。

国家机关工作人员徇私舞弊,犯前款罪的,处五年以下有期徒刑或者拘役;情节特别严重的,处五年以上十年以下有期徒刑。本法另有规定的,依照规定。

> 注 解

[玩忽职守]

玩忽职守是指国家机关工作人员严重不负责任,不履行或者不认真履行职责,致使公共财产、国家和人民利益遭受重大损失的行为。

[立案追诉标准]

涉嫌下列情形之一的,应予立案:(1)造成死亡1人以上,或者重伤3人以上,或者重伤2人、轻伤4人以上,或者重伤1人、轻伤7人以上,或者轻伤10人以上的;(2)导致20人以上严重中毒的;(3)造成个人财产直接经济损失15万元以上,或者直接经济损失不满15万元,但间接经济损失75万元以上的;(4)造成公共财产或者法人、其他组织财产直接经济损失30万元以上,或者直接经济损失不满30万元,但间接经济损失150万元以上的;(5)虽未达到3、4两项数额标准,但3、4两项合计直接经济损失30万元以上,或者合计直接经济损失不满30万元,但合计间接经济损失150万元以上的;(6)造成公司、企业等单位停业、停产1年以上,或者破产的;(7)海关、外汇管理部门的工作人员严重不负责任,造成100万美元以上外汇被骗购或者逃汇1000万美元以上的;(8)严重损害国家声誉,或者造成恶劣社会影响的;(9)其他致使公共财产、国家和人民利益遭受重大损失的情形。

国家机关工作人员玩忽职守,符合《刑法》所规定的特殊渎职罪构成要件的,按照该特殊规定追究刑事责任;主体不符合《刑法》所规定的特殊渎职罪的主体要件,但玩忽职守涉嫌前述第1项至第9项规定情形之一的,以玩忽职守罪追究刑事责任。[参见《最高人民检察院关于渎职侵权犯罪案件立案标准的规定》一·(二)]

……

生产安全事故应急条例

(2018年12月5日国务院第33次常务会议通过 2019年2月17日中华人民共和国国务院令第708号公布 自2019年4月1日起施行)

第一章 总 则

第一条 为了规范生产安全事故应急工作,保障人民群众生命和财产安全,根据《中华人民共和国安全生产法》和《中华人民共和国突发事件应对法》,制定本条例。

第二条 本条例适用于生产安全事故应急工作;法律、行政法规另有规定的,适用其规定。

第三条 国务院统一领导全国的生产安全事故应急工作,县级以上地方人民政府统一领导本行政区域内的生产安全事故应急工作。生产安全事故应急工作涉及两个以上行政区域的,由有关行政区域共同的上一级人民政府负责,或者由各有关行政区域的上一级人民政府共同负责。

县级以上人民政府应急管理部门和其他对有关行业、领域的安全生产工作实施监督管理的部门(以下统称负有安全生产监督管理职责的部门)在各自职责范围内,做好有关行业、领域的生产安全事故应急工作。

县级以上人民政府应急管理部门指导、协调本级人民政府其他负有安全生产监督管理职责的部门和下级人民政府的生产安全事故应急工作。

乡、镇人民政府以及街道办事处等地方人民政府派出机关应当协助上级人民政府有关部门依法履行生产安全事故应急工作职责。

第四条 生产经营单位应当加强生产安全事故应急工作，建立、健全生产安全事故应急工作责任制，其主要负责人对本单位的生产安全事故应急工作全面负责。

第二章 应急准备

第五条 县级以上人民政府及其负有安全生产监督管理职责的部门和乡、镇人民政府以及街道办事处等地方人民政府派出机关，应当针对可能发生的生产安全事故的特点和危害，进行风险辨识和评估，制定相应的生产安全事故应急救援预案，并依法向社会公布。

生产经营单位应当针对本单位可能发生的生产安全事故的特点和危害，进行风险辨识和评估，制定相应的生产安全事故应急救援预案，并向本单位从业人员公布。

第六条 生产安全事故应急救援预案应当符合有关法律、法规、规章和标准的规定，具有科学性、针对性和可操作性，明确规定应急组织体系、职责分工以及应急救援程序和措施。

有下列情形之一的，生产安全事故应急救援预案制定单位应当及时修订相关预案：

（一）制定预案所依据的法律、法规、规章、标准发生重大变化；

（二）应急指挥机构及其职责发生调整；

（三）安全生产面临的风险发生重大变化；

（四）重要应急资源发生重大变化；

（五）在预案演练或者应急救援中发现需要修订预案的重大问题；

（六）其他应当修订的情形。

第七条 县级以上人民政府负有安全生产监督管理职责的部门应当将其制定的生产安全事故应急救援预案报送本级人民政府备案；

易燃易爆物品、危险化学品等危险物品的生产、经营、储存、运输单位，矿山、金属冶炼、城市轨道交通运营、建筑施工单位，以及宾馆、商场、娱乐场所、旅游景区等人员密集场所经营单位，应当将其制定的生产安全事故应急救援预案按照国家有关规定报送县级以上人民政府负有安全生产监督管理职责的部门备案，并依法向社会公布。

第八条 县级以上地方人民政府以及县级以上人民政府负有安全生产监督管理职责的部门，乡、镇人民政府以及街道办事处等地方人民政府派出机关，应当至少每2年组织1次生产安全事故应急救援预案演练。

易燃易爆物品、危险化学品等危险物品的生产、经营、储存、运输单位，矿山、金属冶炼、城市轨道交通运营、建筑施工单位，以及宾馆、商场、娱乐场所、旅游景区等人员密集场所经营单位，应当至少每半年组织1次生产安全事故应急救援预案演练，并将演练情况报送所在地县级以上地方人民政府负有安全生产监督管理职责的部门。

县级以上地方人民政府负有安全生产监督管理职责的部门应当对本行政区域内前款规定的重点生产经营单位的生产安全事故应急救援预案演练进行抽查；发现演练不符合要求的，应当责令限期改正。

第九条 县级以上人民政府应当加强对生产安全事故应急救援队伍建设的统一规划、组织和指导。

县级以上人民政府负有安全生产监督管理职责的部门根据生产安全事故应急工作的实际需要，在重点行业、领域单独建立或者依托有条件的生产经营单位、社会组织共同建立应急救援队伍。

国家鼓励和支持生产经营单位和其他社会力量建立提供社会化应急救援服务的应急救援队伍。

第十条 易燃易爆物品、危险化学品等危险物品的生产、经营、储存、运输单位，矿山、金属冶炼、城市轨道交通运营、建筑施工单位，以及宾馆、商场、娱乐场所、旅游景区等人员密集场所经营单位，应当建立应急救援队伍；其中，小型企业或者微型企业等规模较小的生产经营单位，可以不建立应急救援队伍，但应当指定兼职的应急救援人员，并且可以与邻近的应急救援队伍签订应急救援协议。

工业园区、开发区等产业聚集区域内的生产经营单位，可以联合建立应急救援队伍。

第十一条 应急救援队伍的应急救援人员应当具备必要的专业知识、技能、身体素质和心理素质。

应急救援队伍建立单位或者兼职应急救援人员所在单位应当按照国家有关规定对应急救援人员进行培训；应急救援人员经培训合格后，方可参加应急救援工作。

应急救援队伍应当配备必要的应急救援装备和物资，并定期组织训练。

第十二条 生产经营单位应当及时将本单位应急救援队伍建立情况按照国家有关规定报送县级以上人民政府负有安全生产监督管理职责的部门，并依法向社会公布。

县级以上人民政府负有安全生产监督管理职责的部门应当定期将本行业、本领域的应急救援队伍建立情况报送本级人民政府，并依法向社会公布。

第十三条 县级以上地方人民政府应当根据本行政区域内可能发生的生产安全事故的特点和危害，储备必要的应急救援装备和物资，并及时更新和补充。

易燃易爆物品、危险化学品等危险物品的生产、经营、储存、运输单位，矿山、金属冶炼、城市轨道交通运营、建筑施工单位，以及宾馆、商场、娱乐场所、旅游景区等人员密集场所经营单位，应当根据本单位可能发生的生产安全事故的特点和危害，配备必要的灭火、排水、通风以及危险物品稀释、掩埋、收集等应急救援器材、设备和物资，并进行经常性维护、保养，保证正常运转。

第十四条 下列单位应当建立应急值班制度，配备应急值班人员：

（一）县级以上人民政府及其负有安全生产监督管理职责的部门；

（二）危险物品的生产、经营、储存、运输单位以及矿山、金属冶炼、城市轨道交通运营、建筑施工单位；

（三）应急救援队伍。

规模较大、危险性较高的易燃易爆物品、危险化学品等危险物品的生产、经营、储存、运输单位应当成立应急处置技术组，实行24小时应急值班。

第十五条 生产经营单位应当对从业人员进行应急教育和培训，保证从业人员具备必要的应急知识，掌握风险防范技能和事故应急措施。

第十六条 国务院负有安全生产监督管理职责的部门应当按照国家有关规定建立生产安全事故应急救援信息系统，并采取有效措施，实现数据互联互通、信息共享。

生产经营单位可以通过生产安全事故应急救援信息系统办理生产安全事故应急救援预案备案手续，报送应急救援预案演练情况和应急救援队伍建设情况；但依法需要保密的除外。

第三章 应急救援

第十七条 发生生产安全事故后，生产经营单位应当立即启动生产安全事故应急救援预案，采取下列一项或者多项应急救援措施，并按照国家有关规定报告事故情况：

（一）迅速控制危险源，组织抢救遇险人员；

（二）根据事故危害程度，组织现场人员撤离或者采取可能的应急措施后撤离；

（三）及时通知可能受到事故影响的单位和人员；

（四）采取必要措施，防止事故危害扩大和次生、衍生灾害发生；

（五）根据需要请求邻近的应急救援队伍参加救援，并向参加救援的应急救援队伍提供相关技术资料、信息和处置方法；

（六）维护事故现场秩序，保护事故现场和相关证据；

（七）法律、法规规定的其他应急救援措施。

第十八条 有关地方人民政府及其部门接到生产安全事故报告后，应当按照国家有关规定上报事故情况，启动相应的生产安全事故应急救援预案，并按照应急救援预案的规定采取下列一项或者多项应急救援措施：

（一）组织抢救遇险人员，救治受伤人员，研判事故发展趋势以及可能造成的危害；

（二）通知可能受到事故影响的单位和人员，隔离事故现场，划定警戒区域，疏散受到威胁的人员，实施交通管制；

（三）采取必要措施，防止事故危害扩大和次生、衍生灾害发生，避免或者减少事故对环境造成的危害；

（四）依法发布调用和征用应急资源的决定；

（五）依法向应急救援队伍下达救援命令；

（六）维护事故现场秩序，组织安抚遇险人员和遇险遇难人员亲属；

（七）依法发布有关事故情况和应急救援工作的信息；

（八）法律、法规规定的其他应急救援措施。

有关地方人民政府不能有效控制生产安全事故的，应当及时向上级人民政府报告。上级人民政府应当及时采取措施，统一指挥应急救援。

第十九条 应急救援队伍接到有关人民政府及其部门的救援命令或者签有应急救援协议的生产经营单位的救援请求后，应当立即参加生产安全事故应急救援。

应急救援队伍根据救援命令参加生产安全事故应急救援所耗费用，由事故责任单位承担；事故责任单位无力承担的，由有关人民政府协调解决。

第二十条　发生生产安全事故后,有关人民政府认为有必要的,可以设立由本级人民政府及其有关部门负责人、应急救援专家、应急救援队伍负责人、事故发生单位负责人等人员组成的应急救援现场指挥部,并指定现场指挥部总指挥。

第二十一条　现场指挥部实行总指挥负责制,按照本级人民政府的授权组织制定并实施生产安全事故现场应急救援方案,协调、指挥有关单位和个人参加现场应急救援。

参加生产安全事故现场应急救援的单位和个人应当服从现场指挥部的统一指挥。

第二十二条　在生产安全事故应急救援过程中,发现可能直接危及应急救援人员生命安全的紧急情况时,现场指挥部或者统一指挥应急救援的人民政府应当立即采取相应措施消除隐患,降低或者化解风险,必要时可以暂时撤离应急救援人员。

第二十三条　生产安全事故发生地人民政府应当为应急救援人员提供必需的后勤保障,并组织通信、交通运输、医疗卫生、气象、水文、地质、电力、供水等单位协助应急救援。

第二十四条　现场指挥部或者统一指挥生产安全事故应急救援的人民政府及其有关部门应当完整、准确地记录应急救援的重要事项,妥善保存相关原始资料和证据。

第二十五条　生产安全事故的威胁和危害得到控制或者消除后,有关人民政府应当决定停止执行依照本条例和有关法律、法规采取的全部或者部分应急救援措施。

第二十六条　有关人民政府及其部门根据生产安全事故应急救援需要依法调用和征用的财产,在使用完毕或者应急救援结束后,应当及时归还。财产被调用、征用或者调用、征用后毁损、灭失的,有关人民政府及其部门应当按照国家有关规定给予补偿。

第二十七条　按照国家有关规定成立的生产安全事故调查组应当对应急救援工作进行评估,并在事故调查报告中作出评估结论。

第二十八条 县级以上地方人民政府应当按照国家有关规定，对在生产安全事故应急救援中伤亡的人员及时给予救治和抚恤；符合烈士评定条件的，按照国家有关规定评定为烈士。

第四章 法律责任

第二十九条 地方各级人民政府和街道办事处等地方人民政府派出机关以及县级以上人民政府有关部门违反本条例规定的，由其上级行政机关责令改正；情节严重的，对直接负责的主管人员和其他直接责任人员依法给予处分。

第三十条 生产经营单位未制定生产安全事故应急救援预案、未定期组织应急救援预案演练、未对从业人员进行应急教育和培训，生产经营单位的主要负责人在本单位发生生产安全事故时不立即组织抢救的，由县级以上人民政府负有安全生产监督管理职责的部门依照《中华人民共和国安全生产法》有关规定追究法律责任。

第三十一条 生产经营单位未对应急救援器材、设备和物资进行经常性维护、保养，导致发生严重生产安全事故或者生产安全事故危害扩大，或者在本单位发生生产安全事故后未立即采取相应的应急救援措施，造成严重后果的，由县级以上人民政府负有安全生产监督管理职责的部门依照《中华人民共和国突发事件应对法》有关规定追究法律责任。

第三十二条 生产经营单位未将生产安全事故应急救援预案报送备案、未建立应急值班制度或者配备应急值班人员的，由县级以上人民政府负有安全生产监督管理职责的部门责令限期改正；逾期未改正的，处3万元以上5万元以下的罚款，对直接负责的主管人员和其他直接责任人员处1万元以上2万元以下的罚款。

第三十三条 违反本条例规定，构成违反治安管理行为的，由公安机关依法给予处罚；构成犯罪的，依法追究刑事责任。

第五章　附　　则

第三十四条　储存、使用易燃易爆物品、危险化学品等危险物品的科研机构、学校、医院等单位的安全事故应急工作，参照本条例有关规定执行。

第三十五条　本条例自 2019 年 4 月 1 日起施行。

生产安全事故报告和调查处理条例

(2007 年 3 月 28 日国务院第 172 次常务会议通过 2007 年 4 月 9 日中华人民共和国国务院令第 493 号公布 自 2007 年 6 月 1 日起施行)

第一章　总　　则

第一条　为了规范生产安全事故的报告和调查处理，落实生产安全事故责任追究制度，防止和减少生产安全事故，根据《中华人民共和国安全生产法》和有关法律，制定本条例。

第二条　生产经营活动中发生的造成人身伤亡或者直接经济损失的生产安全事故的报告和调查处理，适用本条例；环境污染事故、核设施事故、国防科研生产事故的报告和调查处理不适用本条例。

第三条　根据生产安全事故（以下简称事故）造成的人员伤亡或者直接经济损失，事故一般分为以下等级：

（一）特别重大事故，是指造成 30 人以上死亡，或者 100 人以上重伤（包括急性工业中毒，下同），或者 1 亿元以上直接经济损失的事故；

（二）重大事故，是指造成 10 人以上 30 人以下死亡，或者 50

人以上100人以下重伤，或者5000万元以上1亿元以下直接经济损失的事故；

（三）较大事故，是指造成3人以上10人以下死亡，或者10人以上50人以下重伤，或者1000万元以上5000万元以下直接经济损失的事故；

（四）一般事故，是指造成3人以下死亡，或者10人以下重伤，或者1000万元以下直接经济损失的事故。

国务院安全生产监督管理部门可以会同国务院有关部门，制定事故等级划分的补充性规定。

本条第一款所称的"以上"包括本数，所称的"以下"不包括本数。

第四条 事故报告应当及时、准确、完整，任何单位和个人对事故不得迟报、漏报、谎报或者瞒报。

事故调查处理应当坚持实事求是、尊重科学的原则，及时、准确地查清事故经过、事故原因和事故损失，查明事故性质，认定事故责任，总结事故教训，提出整改措施，并对事故责任者依法追究责任。

第五条 县级以上人民政府应当依照本条例的规定，严格履行职责，及时、准确地完成事故调查处理工作。

事故发生地有关地方人民政府应当支持、配合上级人民政府或者有关部门的事故调查处理工作，并提供必要的便利条件。

参加事故调查处理的部门和单位应当互相配合，提高事故调查处理工作的效率。

第六条 工会依法参加事故调查处理，有权向有关部门提出处理意见。

第七条 任何单位和个人不得阻挠和干涉对事故的报告和依法调查处理。

第八条 对事故报告和调查处理中的违法行为，任何单位和个人有权向安全生产监督管理部门、监察机关或者其他有关部门举报，接到举报的部门应当依法及时处理。

第二章 事故报告

第九条 事故发生后,事故现场有关人员应当立即向本单位负责人报告;单位负责人接到报告后,应当于1小时内向事故发生地县级以上人民政府安全生产监督管理部门和负有安全生产监督管理职责的有关部门报告。

情况紧急时,事故现场有关人员可以直接向事故发生地县级以上人民政府安全生产监督管理部门和负有安全生产监督管理职责的有关部门报告。

第十条 安全生产监督管理部门和负有安全生产监督管理职责的有关部门接到事故报告后,应当依照下列规定上报事故情况,并通知公安机关、劳动保障行政部门、工会和人民检察院:

(一)特别重大事故、重大事故逐级上报至国务院安全生产监督管理部门和负有安全生产监督管理职责的有关部门;

(二)较大事故逐级上报至省、自治区、直辖市人民政府安全生产监督管理部门和负有安全生产监督管理职责的有关部门;

(三)一般事故上报至设区的市级人民政府安全生产监督管理部门和负有安全生产监督管理职责的有关部门。

安全生产监督管理部门和负有安全生产监督管理职责的有关部门依照前款规定上报事故情况,应当同时报告本级人民政府。国务院安全生产监督管理部门和负有安全生产监督管理职责的有关部门以及省级人民政府接到发生特别重大事故、重大事故的报告后,应当立即报告国务院。

必要时,安全生产监督管理部门和负有安全生产监督管理职责的有关部门可以越级上报事故情况。

第十一条 安全生产监督管理部门和负有安全生产监督管理职责的有关部门逐级上报事故情况,每级上报的时间不得超过2小时。

第十二条 报告事故应当包括下列内容：

（一）事故发生单位概况；

（二）事故发生的时间、地点以及事故现场情况；

（三）事故的简要经过；

（四）事故已经造成或者可能造成的伤亡人数（包括下落不明的人数）和初步估计的直接经济损失；

（五）已经采取的措施；

（六）其他应当报告的情况。

第十三条 事故报告后出现新情况的，应当及时补报。

自事故发生之日起 30 日内，事故造成的伤亡人数发生变化的，应当及时补报。道路交通事故、火灾事故自发生之日起 7 日内，事故造成的伤亡人数发生变化的，应当及时补报。

第十四条 事故发生单位负责人接到事故报告后，应当立即启动事故相应应急预案，或者采取有效措施，组织抢救，防止事故扩大，减少人员伤亡和财产损失。

第十五条 事故发生地有关地方人民政府、安全生产监督管理部门和负有安全生产监督管理职责的有关部门接到事故报告后，其负责人应当立即赶赴事故现场，组织事故救援。

第十六条 事故发生后，有关单位和人员应当妥善保护事故现场以及相关证据，任何单位和个人不得破坏事故现场、毁灭相关证据。

因抢救人员、防止事故扩大以及疏通交通等原因，需要移动事故现场物件的，应当做出标志，绘制现场简图并做出书面记录，妥善保存现场重要痕迹、物证。

第十七条 事故发生地公安机关根据事故的情况，对涉嫌犯罪的，应当依法立案侦查，采取强制措施和侦查措施。犯罪嫌疑人逃匿的，公安机关应当迅速追捕归案。

第十八条 安全生产监督管理部门和负有安全生产监督管理职责的有关部门应当建立值班制度，并向社会公布值班电话，受理事故报告和举报。

第三章 事故调查

第十九条 特别重大事故由国务院或者国务院授权有关部门组织事故调查组进行调查。

重大事故、较大事故、一般事故分别由事故发生地省级人民政府、设区的市级人民政府、县级人民政府负责调查。省级人民政府、设区的市级人民政府、县级人民政府可以直接组织事故调查组进行调查，也可以授权或者委托有关部门组织事故调查组进行调查。

未造成人员伤亡的一般事故，县级人民政府也可以委托事故发生单位组织事故调查组进行调查。

第二十条 上级人民政府认为必要时，可以调查由下级人民政府负责调查的事故。

自事故发生之日起30日内（道路交通事故、火灾事故自发生之日起7日内），因事故伤亡人数变化导致事故等级发生变化，依照本条例规定应当由上级人民政府负责调查的，上级人民政府可以另行组织事故调查组进行调查。

第二十一条 特别重大事故以下等级事故，事故发生地与事故发生单位不在同一个县级以上行政区域的，由事故发生地人民政府负责调查，事故发生单位所在地人民政府应当派人参加。

第二十二条 事故调查组的组成应当遵循精简、效能的原则。

根据事故的具体情况，事故调查组由有关人民政府、安全生产监督管理部门、负有安全生产监督管理职责的有关部门、监察机关、公安机关以及工会派人组成，并应当邀请人民检察院派人参加。

事故调查组可以聘请有关专家参与调查。

第二十三条 事故调查组成员应当具有事故调查所需要的知识和专长，并与所调查的事故没有直接利害关系。

第二十四条 事故调查组组长由负责事故调查的人民政府指定。

事故调查组组长主持事故调查组的工作。

第二十五条 事故调查组履行下列职责：

（一）查明事故发生的经过、原因、人员伤亡情况及直接经济损失；

（二）认定事故的性质和事故责任；

（三）提出对事故责任者的处理建议；

（四）总结事故教训，提出防范和整改措施；

（五）提交事故调查报告。

第二十六条 事故调查组有权向有关单位和个人了解与事故有关的情况，并要求其提供相关文件、资料，有关单位和个人不得拒绝。

事故发生单位的负责人和有关人员在事故调查期间不得擅离职守，并应当随时接受事故调查组的询问，如实提供有关情况。

事故调查中发现涉嫌犯罪的，事故调查组应当及时将有关材料或者其复印件移交司法机关处理。

第二十七条 事故调查中需要进行技术鉴定的，事故调查组应当委托具有国家规定资质的单位进行技术鉴定。必要时，事故调查组可以直接组织专家进行技术鉴定。技术鉴定所需时间不计入事故调查期限。

第二十八条 事故调查组成员在事故调查工作中应当诚信公正、恪尽职守，遵守事故调查组的纪律，保守事故调查的秘密。

未经事故调查组组长允许，事故调查组成员不得擅自发布有关事故的信息。

第二十九条 事故调查组应当自事故发生之日起60日内提交事故调查报告；特殊情况下，经负责事故调查的人民政府批准，提交事故调查报告的期限可以适当延长，但延长的期限最长不超过60日。

第三十条 事故调查报告应当包括下列内容：

（一）事故发生单位概况；

（二）事故发生经过和事故救援情况；

（三）事故造成的人员伤亡和直接经济损失；
（四）事故发生的原因和事故性质；
（五）事故责任的认定以及对事故责任者的处理建议；
（六）事故防范和整改措施。

事故调查报告应当附具有关证据材料。事故调查组成员应当在事故调查报告上签名。

第三十一条 事故调查报告报送负责事故调查的人民政府后，事故调查工作即告结束。事故调查的有关资料应当归档保存。

第四章 事 故 处 理

第三十二条 重大事故、较大事故、一般事故，负责事故调查的人民政府应当自收到事故调查报告之日起15日内做出批复；特别重大事故，30日内做出批复，特殊情况下，批复时间可以适当延长，但延长的时间最长不超过30日。

有关机关应当按照人民政府的批复，依照法律、行政法规规定的权限和程序，对事故发生单位和有关人员进行行政处罚，对负有事故责任的国家工作人员进行处分。

事故发生单位应当按照负责事故调查的人民政府的批复，对本单位负有事故责任的人员进行处理。

负有事故责任的人员涉嫌犯罪的，依法追究刑事责任。

第三十三条 事故发生单位应当认真吸取事故教训，落实防范和整改措施，防止事故再次发生。防范和整改措施的落实情况应当接受工会和职工的监督。

安全生产监督管理部门和负有安全生产监督管理职责的有关部门应当对事故发生单位落实防范和整改措施的情况进行监督检查。

第三十四条 事故处理的情况由负责事故调查的人民政府或者其授权的有关部门、机构向社会公布，依法应当保密的除外。

第五章 法 律 责 任

第三十五条 事故发生单位主要负责人有下列行为之一的,处上一年年收入40%至80%的罚款;属于国家工作人员的,并依法给予处分;构成犯罪的,依法追究刑事责任:

(一)不立即组织事故抢救的;

(二)迟报或者漏报事故的;

(三)在事故调查处理期间擅离职守的。

第三十六条 事故发生单位及其有关人员有下列行为之一的,对事故发生单位处100万元以上500万元以下的罚款;对主要负责人、直接负责的主管人员和其他直接责任人员处上一年年收入60%至100%的罚款;属于国家工作人员的,并依法给予处分;构成违反治安管理行为的,由公安机关依法给予治安管理处罚;构成犯罪的,依法追究刑事责任:

(一)谎报或者瞒报事故的;

(二)伪造或者故意破坏事故现场的;

(三)转移、隐匿资金、财产,或者销毁有关证据、资料的;

(四)拒绝接受调查或者拒绝提供有关情况和资料的;

(五)在事故调查中作伪证或者指使他人作伪证的;

(六)事故发生后逃匿的。

第三十七条 事故发生单位对事故发生负有责任的,依照下列规定处以罚款:

(一)发生一般事故的,处10万元以上20万元以下的罚款;

(二)发生较大事故的,处20万元以上50万元以下的罚款;

(三)发生重大事故的,处50万元以上200万元以下的罚款;

(四)发生特别重大事故的,处200万元以上500万元以下的罚款。

第三十八条 事故发生单位主要负责人未依法履行安全生产管

理职责，导致事故发生的，依照下列规定处以罚款；属于国家工作人员的，并依法给予处分；构成犯罪的，依法追究刑事责任：

（一）发生一般事故的，处上一年年收入30%的罚款；

（二）发生较大事故的，处上一年年收入40%的罚款；

（三）发生重大事故的，处上一年年收入60%的罚款；

（四）发生特别重大事故的，处上一年年收入80%的罚款。

第三十九条 有关地方人民政府、安全生产监督管理部门和负有安全生产监督管理职责的有关部门有下列行为之一的，对直接负责的主管人员和其他直接责任人员依法给予处分；构成犯罪的，依法追究刑事责任：

（一）不立即组织事故抢救的；

（二）迟报、漏报、谎报或者瞒报事故的；

（三）阻碍、干涉事故调查工作的；

（四）在事故调查中作伪证或者指使他人作伪证的。

第四十条 事故发生单位对事故发生负有责任的，由有关部门依法暂扣或者吊销其有关证照；对事故发生单位负有事故责任的有关人员，依法暂停或者撤销其与安全生产有关的执业资格、岗位证书；事故发生单位主要负责人受到刑事处罚或者撤职处分的，自刑罚执行完毕或者受处分之日起，5年内不得担任任何生产经营单位的主要负责人。

为发生事故的单位提供虚假证明的中介机构，由有关部门依法暂扣或者吊销其有关证照及其相关人员的执业资格；构成犯罪的，依法追究刑事责任。

第四十一条 参与事故调查的人员在事故调查中有下列行为之一的，依法给予处分；构成犯罪的，依法追究刑事责任：

（一）对事故调查工作不负责任，致使事故调查工作有重大疏漏的；

（二）包庇、袒护负有事故责任的人员或者借机打击报复的。

第四十二条 违反本条例规定，有关地方人民政府或者有关部门故意拖延或者拒绝落实经批复的对事故责任人的处理意见的，由监察机关对有关责任人员依法给予处分。

第四十三条 本条例规定的罚款的行政处罚,由安全生产监督管理部门决定。

法律、行政法规对行政处罚的种类、幅度和决定机关另有规定的,依照其规定。

第六章 附 则

第四十四条 没有造成人员伤亡,但是社会影响恶劣的事故,国务院或者有关地方人民政府认为需要调查处理的,依照本条例的有关规定执行。

国家机关、事业单位、人民团体发生的事故的报告和调查处理,参照本条例的规定执行。

第四十五条 特别重大事故以下等级事故的报告和调查处理,有关法律、行政法规或者国务院另有规定的,依照其规定。

第四十六条 本条例自2007年6月1日起施行。国务院1989年3月29日公布的《特别重大事故调查程序暂行规定》和1991年2月22日公布的《企业职工伤亡事故报告和处理规定》同时废止。

安全生产许可证条例

(2004年1月13日中华人民共和国国务院令第397号公布 根据2013年7月18日《国务院关于废止和修改部分行政法规的决定》第一次修订 根据2014年7月29日《国务院关于修改部分行政法规的决定》第二次修订)

第一条 为了严格规范安全生产条件,进一步加强安全生产监督管理,防止和减少生产安全事故,根据《中华人民共和国安全生产法》的有关规定,制定本条例。

第二条 国家对矿山企业、建筑施工企业和危险化学品、烟花爆竹、民用爆炸物品生产企业(以下统称企业)实行安全生产许可制度。

企业未取得安全生产许可证的,不得从事生产活动。

第三条 国务院安全生产监督管理部门负责中央管理的非煤矿矿山企业和危险化学品、烟花爆竹生产企业安全生产许可证的颁发和管理。

省、自治区、直辖市人民政府安全生产监督管理部门负责前款规定以外的非煤矿矿山企业和危险化学品、烟花爆竹生产企业安全生产许可证的颁发和管理,并接受国务院安全生产监督管理部门的指导和监督。

国家煤矿安全监察机构负责中央管理的煤矿企业安全生产许可证的颁发和管理。

在省、自治区、直辖市设立的煤矿安全监察机构负责前款规定以外的其他煤矿企业安全生产许可证的颁发和管理,并接受国家煤矿安全监察机构的指导和监督。

第四条 省、自治区、直辖市人民政府建设主管部门负责建筑施工企业安全生产许可证的颁发和管理,并接受国务院建设主管部门的指导和监督。

第五条 省、自治区、直辖市人民政府民用爆炸物品行业主管部门负责民用爆炸物品生产企业安全生产许可证的颁发和管理,并接受国务院民用爆炸物品行业主管部门的指导和监督。

第六条 企业取得安全生产许可证,应当具备下列安全生产条件:

(一)建立、健全安全生产责任制,制定完备的安全生产规章制度和操作规程;

(二)安全投入符合安全生产要求;

(三)设置安全生产管理机构,配备专职安全生产管理人员;

（四）主要负责人和安全生产管理人员经考核合格；

（五）特种作业人员经有关业务主管部门考核合格，取得特种作业操作资格证书；

（六）从业人员经安全生产教育和培训合格；

（七）依法参加工伤保险，为从业人员缴纳保险费；

（八）厂房、作业场所和安全设施、设备、工艺符合有关安全生产法律、法规、标准和规程的要求；

（九）有职业危害防治措施，并为从业人员配备符合国家标准或者行业标准的劳动防护用品；

（十）依法进行安全评价；

（十一）有重大危险源检测、评估、监控措施和应急预案；

（十二）有生产安全事故应急救援预案、应急救援组织或者应急救援人员，配备必要的应急救援器材、设备；

（十三）法律、法规规定的其他条件。

第七条 企业进行生产前，应当依照本条例的规定向安全生产许可证颁发管理机关申请领取安全生产许可证，并提供本条例第六条规定的相关文件、资料。安全生产许可证颁发管理机关应当自收到申请之日起45日内审查完毕，经审查符合本条例规定的安全生产条件的，颁发安全生产许可证；不符合本条例规定的安全生产条件的，不予颁发安全生产许可证，书面通知企业并说明理由。

煤矿企业应当以矿（井）为单位，依照本条例的规定取得安全生产许可证。

第八条 安全生产许可证由国务院安全生产监督管理部门规定统一的式样。

第九条 安全生产许可证的有效期为3年。安全生产许可证有效期满需要延期的，企业应当于期满前3个月向原安全生产许可证颁发管理机关办理延期手续。

企业在安全生产许可证有效期内，严格遵守有关安全生产的法律法规，未发生死亡事故的，安全生产许可证有效期届满时，经原安全生产许可证颁发管理机关同意，不再审查，安全生产许可证有效期延期3年。

第十条 安全生产许可证颁发管理机关应当建立、健全安全生产许可证档案管理制度，并定期向社会公布企业取得安全生产许可证的情况。

第十一条 煤矿企业安全生产许可证颁发管理机关、建筑施工企业安全生产许可证颁发管理机关、民用爆炸物品生产企业安全生产许可证颁发管理机关，应当每年向同级安全生产监督管理部门通报其安全生产许可证颁发和管理情况。

第十二条 国务院安全生产监督管理部门和省、自治区、直辖市人民政府安全生产监督管理部门对建筑施工企业、民用爆炸物品生产企业、煤矿企业取得安全生产许可证的情况进行监督。

第十三条 企业不得转让、冒用安全生产许可证或者使用伪造的安全生产许可证。

第十四条 企业取得安全生产许可证后，不得降低安全生产条件，并应当加强日常安全生产管理，接受安全生产许可证颁发管理机关的监督检查。

安全生产许可证颁发管理机关应当加强对取得安全生产许可证的企业的监督检查，发现其不再具备本条例规定的安全生产条件的，应当暂扣或者吊销安全生产许可证。

第十五条 安全生产许可证颁发管理机关工作人员在安全生产许可证颁发、管理和监督检查工作中，不得索取或者接受企业的财物，不得谋取其他利益。

第十六条 监察机关依照《中华人民共和国行政监察法》的规定，对安全生产许可证颁发管理机关及其工作人员履行本条例规定的职责实施监察。

第十七条 任何单位或者个人对违反本条例规定的行为，有权向安全生产许可证颁发管理机关或者监察机关等有关部门举报。

第十八条 安全生产许可证颁发管理机关工作人员有下列行为

之一的，给予降级或者撤职的行政处分；构成犯罪的，依法追究刑事责任：

（一）向不符合本条例规定的安全生产条件的企业颁发安全生产许可证的；

（二）发现企业未依法取得安全生产许可证擅自从事生产活动，不依法处理的；

（三）发现取得安全生产许可证的企业不再具备本条例规定的安全生产条件，不依法处理的；

（四）接到对违反本条例规定行为的举报后，不及时处理的；

（五）在安全生产许可证颁发、管理和监督检查工作中，索取或者接受企业的财物，或者谋取其他利益的。

第十九条 违反本条例规定，未取得安全生产许可证擅自进行生产的，责令停止生产，没收违法所得，并处 10 万元以上 50 万元以下的罚款；造成重大事故或者其他严重后果，构成犯罪的，依法追究刑事责任。

第二十条 违反本条例规定，安全生产许可证有效期满未办理延期手续，继续进行生产的，责令停止生产，限期补办延期手续，没收违法所得，并处 5 万元以上 10 万元以下的罚款；逾期仍不办理延期手续，继续进行生产的，依照本条例第十九条的规定处罚。

第二十一条 违反本条例规定，转让安全生产许可证的，没收违法所得，处 10 万元以上 50 万元以下的罚款，并吊销其安全生产许可证；构成犯罪的，依法追究刑事责任；接受转让的，依照本条例第十九条的规定处罚。

冒用安全生产许可证或者使用伪造的安全生产许可证的，依照本条例第十九条的规定处罚。

第二十二条 本条例施行前已经进行生产的企业，应当自本条例施行之日起 1 年内，依照本条例的规定向安全生产许可证颁发管理机关申请办理安全生产许可证；逾期不办理安全生产许可证，或者经审查不符合本条例规定的安全生产条件，未取得安全生产许可证，继续进行生产的，依照本条例第十九条的规定处罚。

第二十三条 本条例规定的行政处罚，由安全生产许可证颁发管理机关决定。

第二十四条 本条例自公布之日起施行。

国务院关于特大安全事故行政责任追究的规定

(2001年4月21日中华人民共和国国务院令第302号公布 自公布之日起施行)

第一条 为了有效地防范特大安全事故的发生，严肃追究特大安全事故的行政责任，保障人民群众生命、财产安全，制定本规定。

第二条 地方人民政府主要领导人和政府有关部门正职负责人对下列特大安全事故的防范、发生，依照法律、行政法规和本规定的规定有失职、渎职情形或者负有领导责任的，依照本规定给予行政处分；构成玩忽职守罪或者其他罪的，依法追究刑事责任：

（一）特大火灾事故；
（二）特大交通安全事故；
（三）特大建筑质量安全事故；
（四）民用爆炸物品和化学危险品特大安全事故；
（五）煤矿和其他矿山特大安全事故；
（六）锅炉、压力容器、压力管道和特种设备特大安全事故；
（七）其他特大安全事故。

地方人民政府和政府有关部门对特大安全事故的防范、发生直接负责的主管人员和其他直接责任人员，比照本规定给予行政处分；构成玩忽职守罪或者其他罪的，依法追究刑事责任。

特大安全事故肇事单位和个人的刑事处罚、行政处罚和民事责任，依照有关法律、法规和规章的规定执行。

第三条 特大安全事故的具体标准，按照国家有关规定执行。

第四条 地方各级人民政府及政府有关部门应当依照有关法律、法规和规章的规定，采取行政措施，对本地区实施安全监督管理，保障本地区人民群众生命、财产安全，对本地区或者职责范围内防范特大安全事故的发生、特大安全事故发生后的迅速和妥善处理负责。

第五条 地方各级人民政府应当每个季度至少召开一次防范特大安全事故工作会议，由政府主要领导人或者政府主要领导人委托政府分管领导人召集有关部门正职负责人参加，分析、布置、督促、检查本地区防范特大安全事故的工作。会议应当作出决定并形成纪要，会议确定的各项防范措施必须严格实施。

第六条 市（地、州）、县（市、区）人民政府应当组织有关部门按照职责分工对本地区容易发生特大安全事故的单位、设施和场所安全事故的防范明确责任、采取措施，并组织有关部门对上述单位、设施和场所进行严格检查。

第七条 市（地、州）、县（市、区）人民政府必须制定本地区特大安全事故应急处理预案。本地区特大安全事故应急处理预案经政府主要领导人签署后，报上一级人民政府备案。

第八条 市（地、州）、县（市、区）人民政府应当组织有关部门对本规定第二条所列各类特大安全事故的隐患进行查处；发现特大安全事故隐患的，责令立即排除；特大安全事故隐患排除前或者排除过程中，无法保证安全的，责令暂时停产、停业或者停止使用。法律、行政法规对查处机关另有规定的，依照其规定。

第九条 市（地、州）、县（市、区）人民政府及其有关部门对本地区存在的特大安全事故隐患，超出其管辖或者职责范围的，应当立即向有管辖权或者负有职责的上级人民政府或者政府有关部门报告；情况紧急的，可以立即采取包括责令暂时停产、停业在内的紧急措施，同时报告；有关上级人民政府或者政府有关部门接到报告后，应当立即组织查处。

第十条　中小学校对学生进行劳动技能教育以及组织学生参加公益劳动等社会实践活动,必须确保学生安全。严禁以任何形式、名义组织学生从事接触易燃、易爆、有毒、有害等危险品的劳动或者其他危险性劳动。严禁将学校场地出租作为从事易燃、易爆、有毒、有害等危险品的生产、经营场所。

　　中小学校违反前款规定的,按照学校隶属关系,对县(市、区)、乡(镇)人民政府主要领导人和县(市、区)人民政府教育行政部门正职负责人,根据情节轻重,给予记过、降级直至撤职的行政处分;构成玩忽职守罪或者其他罪的,依法追究刑事责任。

　　中小学校违反本条第一款规定的,对校长给予撤职的行政处分,对直接组织者给予开除公职的行政处分;构成非法制造爆炸物罪或者其他罪的,依法追究刑事责任。

　　第十一条　依法对涉及安全生产事项负责行政审批(包括批准、核准、许可、注册、认证、颁发证照、竣工验收等,下同)的政府部门或者机构,必须严格依照法律、法规和规章规定的安全条件和程序进行审查;不符合法律、法规和规章规定的安全条件的,不得批准;不符合法律、法规和规章规定的安全条件,弄虚作假,骗取批准或者勾结串通行政审批工作人员取得批准的,负责行政审批的政府部门或者机构除必须立即撤销原批准外,应当对弄虚作假骗取批准或者勾结串通行政审批工作人员的当事人依法给予行政处罚;构成行贿罪或者其他罪的,依法追究刑事责任。

　　负责行政审批的政府部门或者机构违反前款规定,对不符合法律、法规和规章规定的安全条件予以批准的,对部门或者机构的正职负责人,根据情节轻重,给予降级、撤职直至开除公职的行政处分;与当事人勾结串通的,应当开除公职;构成受贿罪、玩忽职守罪或者其他罪的,依法追究刑事责任。

　　第十二条　对依照本规定第十一条第一款的规定取得批准的单位和个人,负责行政审批的政府部门或者机构必须对其实施严格监督检查;发现其不再具备安全条件的,必须立即撤销原批准。

负责行政审批的政府部门或者机构违反前款规定,不对取得批准的单位和个人实施严格监督检查,或者发现其不再具备安全条件而不立即撤销原批准的,对部门或者机构的正职负责人,根据情节轻重,给予降级或者撤职的行政处分;构成受贿罪、玩忽职守罪或者其他罪的,依法追究刑事责任。

第十三条 对未依法取得批准,擅自从事有关活动的,负责行政审批的政府部门或者机构发现或者接到举报后,应当立即予以查封、取缔,并依法给予行政处罚;属于经营单位的,由工商行政管理部门依法相应吊销营业执照。

负责行政审批的政府部门或者机构违反前款规定,对发现或者举报的未依法取得批准而擅自从事有关活动的,不予查封、取缔、不依法给予行政处罚,工商行政管理部门不予吊销营业执照的,对部门或者机构的正职负责人,根据情节轻重,给予降级或者撤职的行政处分;构成受贿罪、玩忽职守罪或者其他罪的,依法追究刑事责任。

第十四条 市(地、州)、县(市、区)人民政府依照本规定应当履行职责而未履行,或者未按照规定的职责和程序履行,本地区发生特大安全事故的,对政府主要领导人,根据情节轻重,给予降级或者撤职的行政处分;构成玩忽职守罪的,依法追究刑事责任。

负责行政审批的政府部门或者机构、负责安全监督管理的政府有关部门,未依照本规定履行职责,发生特大安全事故的,对部门或者机构的正职负责人,根据情节轻重,给予撤职或者开除公职的行政处分;构成玩忽职守罪或者其他罪的,依法追究刑事责任。

第十五条 发生特大安全事故,社会影响特别恶劣或者性质特别严重的,由国务院对负有领导责任的省长、自治区主席、直辖市市长和国务院有关部门正职负责人给予行政处分。

第十六条 特大安全事故发生后,有关县(市、区)、市(地、州)和省、自治区、直辖市人民政府及政府有关部门应当按照国家规定的程序和时限立即上报,不得隐瞒不报、谎报或者拖延报告,并应当配合、协助事故调查,不得以任何方式阻碍、干涉事故调查。

特大安全事故发生后，有关地方人民政府及政府有关部门违反前款规定的，对政府主要领导人和政府部门正职负责人给予降级的行政处分。

第十七条 特大安全事故发生后，有关地方人民政府应当迅速组织救助，有关部门应当服从指挥、调度，参加或者配合救助，将事故损失降到最低限度。

第十八条 特大安全事故发生后，省、自治区、直辖市人民政府应当按照国家有关规定迅速、如实发布事故消息。

第十九条 特大安全事故发生后，按照国家有关规定组织调查组对事故进行调查。事故调查工作应当自事故发生之日起60日内完成，并由调查组提出调查报告；遇有特殊情况的，经调查组提出并报国家安全生产监督管理机构批准后，可以适当延长时间。调查报告应当包括依照本规定对有关责任人员追究行政责任或者其他法律责任的意见。

省、自治区、直辖市人民政府应当自调查报告提交之日起30日内，对有关责任人员作出处理决定；必要时，国务院可以对特大安全事故的有关责任人员作出处理决定。

第二十条 地方人民政府或者政府部门阻挠、干涉对特大安全事故有关责任人员追究行政责任的，对该地方人民政府主要领导人或者政府部门正职负责人，根据情节轻重，给予降级或者撤职的行政处分。

第二十一条 任何单位和个人均有权向有关地方人民政府或者政府部门报告特大安全事故隐患，有权向上级人民政府或者政府部门举报地方人民政府或者政府部门不履行安全监督管理职责或者不按照规定履行职责的情况。接到报告或者举报的有关人民政府或者政府部门，应当立即组织对事故隐患进行查处，或者对举报的不履行、不按照规定履行安全监督管理职责的情况进行调查处理。

第二十二条 监察机关依照行政监察法的规定，对地方各级人民政府和政府部门及其工作人员履行安全监督管理职责实施监察。

第二十三条 对特大安全事故以外的其他安全事故的防范、发生追究行政责任的办法,由省、自治区、直辖市人民政府参照本规定制定。

第二十四条 本规定自公布之日起施行。

生产安全事故应急预案管理办法

(2016年6月3日国家安全生产监督管理总局令第88号公布 根据2019年7月11日应急管理部《关于修改〈生产安全事故应急预案管理办法〉的决定》修订)

第一章 总 则

第一条 为规范生产安全事故应急预案管理工作,迅速有效处置生产安全事故,依据《中华人民共和国突发事件应对法》《中华人民共和国安全生产法》《生产安全事故应急条例》等法律、行政法规和《突发事件应急预案管理办法》(国办发〔2013〕101号),制定本办法。

第二条 生产安全事故应急预案(以下简称应急预案)的编制、评审、公布、备案、实施及监督管理工作,适用本办法。

第三条 应急预案的管理实行属地为主、分级负责、分类指导、综合协调、动态管理的原则。

第四条 应急管理部负责全国应急预案的综合协调管理工作。国务院其他负有安全生产监督管理职责的部门在各自职责范围内,负责相关行业、领域应急预案的管理工作。

县级以上地方各级人民政府应急管理部门负责本行政区域内应急预案的综合协调管理工作。县级以上地方各级人民政府其他负有安全生产监督管理职责的部门按照各自的职责负责有关行业、领域应急预案的管理工作。

第五条 生产经营单位主要负责人负责组织编制和实施本单位的应急预案，并对应急预案的真实性和实用性负责；各分管负责人应当按照职责分工落实应急预案规定的职责。

第六条 生产经营单位应急预案分为综合应急预案、专项应急预案和现场处置方案。

综合应急预案，是指生产经营单位为应对各种生产安全事故而制定的综合性工作方案，是本单位应对生产安全事故的总体工作程序、措施和应急预案体系的总纲。

专项应急预案，是指生产经营单位为应对某一种或者多种类型生产安全事故，或者针对重要生产设施、重大危险源、重大活动防止生产安全事故而制定的专项性工作方案。

现场处置方案，是指生产经营单位根据不同生产安全事故类型，针对具体场所、装置或者设施所制定的应急处置措施。

第二章 应急预案的编制

第七条 应急预案的编制应当遵循以人为本、依法依规、符合实际、注重实效的原则，以应急处置为核心，明确应急职责、规范应急程序、细化保障措施。

第八条 应急预案的编制应当符合下列基本要求：

（一）有关法律、法规、规章和标准的规定；

（二）本地区、本部门、本单位的安全生产实际情况；

（三）本地区、本部门、本单位的危险性分析情况；

（四）应急组织和人员的职责分工明确，并有具体的落实措施；

（五）有明确、具体的应急程序和处置措施，并与其应急能力相适应；

（六）有明确的应急保障措施，满足本地区、本部门、本单位的应急工作需要；

（七）应急预案基本要素齐全、完整，应急预案附件提供的信息准确；

（八）应急预案内容与相关应急预案相互衔接。

第九条 编制应急预案应当成立编制工作小组，由本单位有关负责人任组长，吸收与应急预案有关的职能部门和单位的人员，以及有现场处置经验的人员参加。

第十条 编制应急预案前，编制单位应当进行事故风险辨识、评估和应急资源调查。

事故风险辨识、评估，是指针对不同事故种类及特点，识别存在的危险危害因素，分析事故可能产生的直接后果以及次生、衍生后果，评估各种后果的危害程度和影响范围，提出防范和控制事故风险措施的过程。

应急资源调查，是指全面调查本地区、本单位第一时间可以调用的应急资源状况和合作区域内可以请求援助的应急资源状况，并结合事故风险辨识评估结论制定应急措施的过程。

第十一条 地方各级人民政府应急管理部门和其他负有安全生产监督管理职责的部门应当根据法律、法规、规章和同级人民政府以及上一级人民政府应急管理部门和其他负有安全生产监督管理职责的部门的应急预案，结合工作实际，组织编制相应的部门应急预案。

部门应急预案应当根据本地区、本部门的实际情况，明确信息报告、响应分级、指挥权移交、警戒疏散等内容。

第十二条 生产经营单位应当根据有关法律、法规、规章和相关标准，结合本单位组织管理体系、生产规模和可能发生的事故特点，与相关预案保持衔接，确立本单位的应急预案体系，编制相应的应急预案，并体现自救互救和先期处置等特点。

第十三条 生产经营单位风险种类多、可能发生多种类型事故的，应当组织编制综合应急预案。

综合应急预案应当规定应急组织机构及其职责、应急预案体系、事故风险描述、预警及信息报告、应急响应、保障措施、应急预案管理等内容。

第十四条 对于某一种或者多种类型的事故风险，生产经营单位可以编制相应的专项应急预案，或将专项应急预案并入综合应急预案。

专项应急预案应当规定应急指挥机构与职责、处置程序和措施等内容。

第十五条 对于危险性较大的场所、装置或者设施，生产经营单位应当编制现场处置方案。

现场处置方案应当规定应急工作职责、应急处置措施和注意事项等内容。

事故风险单一、危险性小的生产经营单位，可以只编制现场处置方案。

第十六条 生产经营单位应急预案应当包括向上级应急管理机构报告的内容、应急组织机构和人员的联系方式、应急物资储备清单等附件信息。附件信息发生变化时，应当及时更新，确保准确有效。

第十七条 生产经营单位组织应急预案编制过程中，应当根据法律、法规、规章的规定或者实际需要，征求相关应急救援队伍、公民、法人或者其他组织的意见。

第十八条 生产经营单位编制的各类应急预案之间应当相互衔接，并与相关人民政府及其部门、应急救援队伍和涉及的其他单位的应急预案相衔接。

第十九条 生产经营单位应当在编制应急预案的基础上，针对工作场所、岗位的特点，编制简明、实用、有效的应急处置卡。

应急处置卡应当规定重点岗位、人员的应急处置程序和措施，以及相关联络人员和联系方式，便于从业人员携带。

第三章 应急预案的评审、公布和备案

第二十条 地方各级人民政府应急管理部门应当组织有关专家

对本部门编制的部门应急预案进行审定；必要时，可以召开听证会，听取社会有关方面的意见。

第二十一条 矿山、金属冶炼企业和易燃易爆物品、危险化学品的生产、经营（带储存设施的，下同）、储存、运输企业，以及使用危险化学品达到国家规定数量的化工企业、烟花爆竹生产、批发经营企业和中型规模以上的其他生产经营单位，应当对本单位编制的应急预案进行评审，并形成书面评审纪要。

前款规定以外的其他生产经营单位可以根据自身需要，对本单位编制的应急预案进行论证。

第二十二条 参加应急预案评审的人员应当包括有关安全生产及应急管理方面的专家。

评审人员与所评审应急预案的生产经营单位有利害关系的，应当回避。

第二十三条 应急预案的评审或者论证应当注重基本要素的完整性、组织体系的合理性、应急处置程序和措施的针对性、应急保障措施的可行性、应急预案的衔接性等内容。

第二十四条 生产经营单位的应急预案经评审或者论证后，由本单位主要负责人签署，向本单位从业人员公布，并及时发放到本单位有关部门、岗位和相关应急救援队伍。

事故风险可能影响周边其他单位、人员的，生产经营单位应当将有关事故风险的性质、影响范围和应急防范措施告知周边的其他单位和人员。

第二十五条 地方各级人民政府应急管理部门的应急预案，应当报同级人民政府备案，同时抄送上一级人民政府应急管理部门，并依法向社会公布。

地方各级人民政府其他负有安全生产监督管理职责的部门的应急预案，应当抄送同级人民政府应急管理部门。

第二十六条 易燃易爆物品、危险化学品等危险物品的生产、经营、储存、运输单位，矿山、金属冶炼、城市轨道交通运营、建筑施工单位，以及宾馆、商场、娱乐场所、旅游景区等人员密集场所经营单位，应当在应急预案公布之日起20个工作日内，按照分级属地原则，向县级以上人民政府应急管理部门和其他负有安全生产监督管理职责的部门进行备案，并依法向社会公布。

前款所列单位属于中央企业的，其总部（上市公司）的应急预案，报国务院主管的负有安全生产监督管理职责的部门备案，并抄送应急管理部；其所属单位的应急预案报所在地的省、自治区、直辖市或者设区的市级人民政府主管的负有安全生产监督管理职责的部门备案，并抄送同级人民政府应急管理部门。

本条第一款所列单位不属于中央企业的，其中非煤矿山、金属冶炼和危险化学品生产、经营、储存、运输企业，以及使用危险化学品达到国家规定数量的化工企业、烟花爆竹生产、批发经营企业的应急预案，按照隶属关系报所在地县级以上地方人民政府应急管理部门备案；本款前述单位以外的其他生产经营单位应急预案的备案，由省、自治区、直辖市人民政府负有安全生产监督管理职责的部门确定。

油气输送管道运营单位的应急预案，除按照本条第一款、第二款的规定备案外，还应当抄送所经行政区域的县级人民政府应急管理部门。

海洋石油开采企业的应急预案，除按照本条第一款、第二款的规定备案外，还应当抄送所经行政区域的县级人民政府应急管理部门和海洋石油安全监管机构。

煤矿企业的应急预案除按照本条第一款、第二款的规定备案外，还应当抄送所在地的煤矿安全监察机构。

第二十七条 生产经营单位申报应急预案备案，应当提交下列材料：

（一）应急预案备案申报表；

（二）本办法第二十一条所列单位，应当提供应急预案评审意见；

（三）应急预案电子文档；

（四）风险评估结果和应急资源调查清单。

第二十八条 受理备案登记的负有安全生产监督管理职责的部门应当在5个工作日内对应急预案材料进行核对，材料齐全的，应当予以备案并出具应急预案备案登记表；材料不齐全的，不予备案并一次性告知需要补齐的材料。逾期不予备案又不说明理由的，视为已经备案。

对于实行安全生产许可的生产经营单位，已经进行应急预案备案的，在申请安全生产许可证时，可以不提供相应的应急预案，仅提供应急预案备案登记表。

第二十九条 各级人民政府负有安全生产监督管理职责的部门应当建立应急预案备案登记建档制度，指导、督促生产经营单位做好应急预案的备案登记工作。

第四章 应急预案的实施

第三十条 各级人民政府应急管理部门、各类生产经营单位应当采取多种形式开展应急预案的宣传教育，普及生产安全事故避险、自救和互救知识，提高从业人员和社会公众的安全意识与应急处置技能。

第三十一条 各级人民政府应急管理部门应当将本部门应急预案的培训纳入安全生产培训工作计划，并组织实施本行政区域内重点生产经营单位的应急预案培训工作。

生产经营单位应当组织开展本单位的应急预案、应急知识、自救互救和避险逃生技能的培训活动，使有关人员了解应急预案内容，熟悉应急职责、应急处置程序和措施。

应急培训的时间、地点、内容、师资、参加人员和考核结果等情况应当如实记入本单位的安全生产教育和培训档案。

第三十二条 各级人民政府应急管理部门应当至少每两年组织一次应急预案演练,提高本部门、本地区生产安全事故应急处置能力。

第三十三条 生产经营单位应当制定本单位的应急预案演练计划,根据本单位的事故风险特点,每年至少组织一次综合应急预案演练或者专项应急预案演练,每半年至少组织一次现场处置方案演练。

易燃易爆物品、危险化学品等危险物品的生产、经营、储存、运输单位,矿山、金属冶炼、城市轨道交通运营、建筑施工单位,以及宾馆、商场、娱乐场所、旅游景区等人员密集场所经营单位,应当至少每半年组织一次生产安全事故应急预案演练,并将演练情况报送所在地县级以上地方人民政府负有安全生产监督管理职责的部门。

县级以上地方人民政府负有安全生产监督管理职责的部门应当对本行政区域内前款规定的重点生产经营单位的生产安全事故应急救援预案演练进行抽查;发现演练不符合要求的,应当责令限期改正。

第三十四条 应急预案演练结束后,应急预案演练组织单位应当对应急预案演练效果进行评估,撰写应急预案演练评估报告,分析存在的问题,并对应急预案提出修订意见。

第三十五条 应急预案编制单位应当建立应急预案定期评估制度,对预案内容的针对性和实用性进行分析,并对应急预案是否需要修订作出结论。

矿山、金属冶炼、建筑施工企业和易燃易爆物品、危险化学等危险物品的生产、经营、储存、运输企业、使用危险化学品达到国家规定数量的化工企业、烟花爆竹生产、批发经营企业和中型规模以上的其他生产经营单位,应当每三年进行一次应急预案评估。

应急预案评估可以邀请相关专业机构或者有关专家、有实际应急救援工作经验的人员参加,必要时可以委托安全生产技术服务机构实施。

第三十六条 有下列情形之一的,应急预案应当及时修订并归档:

（一）依据的法律、法规、规章、标准及上位预案中的有关规定发生重大变化的；

（二）应急指挥机构及其职责发生调整的；

（三）安全生产面临的风险发生重大变化的；

（四）重要应急资源发生重大变化的；

（五）在应急演练和事故应急救援中发现需要修订预案的重大问题的；

（六）编制单位认为应当修订的其他情况。

第三十七条 应急预案修订涉及组织指挥体系与职责、应急处置程序、主要处置措施、应急响应分级等内容变更的，修订工作应当参照本办法规定的应急预案编制程序进行，并按照有关应急预案报备程序重新备案。

第三十八条 生产经营单位应当按照应急预案的规定，落实应急指挥体系、应急救援队伍、应急物资及装备，建立应急物资、装备配备及其使用档案，并对应急物资、装备进行定期检测和维护，使其处于适用状态。

第三十九条 生产经营单位发生事故时，应当第一时间启动应急响应，组织有关力量进行救援，并按照规定将事故信息及应急响应启动情况报告事故发生地县级以上人民政府应急管理部门和其他负有安全生产监督管理职责的部门。

第四十条 生产安全事故应急处置和应急救援结束后，事故发生单位应当对应急预案实施情况进行总结评估。

第五章 监督管理

第四十一条 各级人民政府应急管理部门和煤矿安全监察机构应当将生产经营单位应急预案工作纳入年度监督检查计划，明确检查的重点内容和标准，并严格按照计划开展执法检查。

第四十二条 地方各级人民政府应急管理部门应当每年对应急预案的监督管理工作情况进行总结，并报上一级人民政府应急管理部门。

第四十三条 对于在应急预案管理工作中做出显著成绩的单位和人员，各级人民政府应急管理部门、生产经营单位可以给予表彰和奖励。

第六章 法律责任

第四十四条 生产经营单位有下列情形之一的，由县级以上人民政府应急管理等部门依照《中华人民共和国安全生产法》第九十四条的规定，责令限期改正，可以处5万元以下罚款；逾期未改正的，责令停产停业整顿，并处5万元以上10万元以下的罚款，对直接负责的主管人员和其他直接责任人员处1万元以上2万元以下的罚款：

（一）未按照规定编制应急预案的；

（二）未按照规定定期组织应急预案演练的。

第四十五条 生产经营单位有下列情形之一的，由县级以上人民政府应急管理部门责令限期改正，可以处1万元以上3万元以下的罚款：

（一）在应急预案编制前未按照规定开展风险辨识、评估和应急资源调查的；

（二）未按照规定开展应急预案评审的；

（三）事故风险可能影响周边单位、人员的，未将事故风险的性质、影响范围和应急防范措施告知周边单位和人员的；

（四）未按照规定开展应急预案评估的；

（五）未按照规定进行应急预案修订的；

（六）未落实应急预案规定的应急物资及装备的。

生产经营单位未按照规定进行应急预案备案的，由县级以上人民政府应急管理等部门依照职责责令限期改正；逾期未改正的，处3万元以上5万元以下的罚款，对直接负责的主管人员和其他直接责任人员处1万元以上2万元以下的罚款。

第七章 附　则

第四十六条　《生产经营单位生产安全事故应急预案备案申报表》和《生产经营单位生产安全事故应急预案备案登记表》由应急管理部统一制定。

第四十七条　各省、自治区、直辖市应急管理部门可以依据本办法的规定，结合本地区实际制定实施细则。

第四十八条　对储存、使用易燃易爆物品、危险化学品等危险物品的科研机构、学校、医院等单位的安全事故应急预案的管理，参照本办法的有关规定执行。

第四十九条　本办法自2016年7月1日起施行。

建设项目安全设施"三同时"监督管理办法

（2010年12月14日国家安全生产监管总局令第36号公布　根据2015年4月2日《国家安全监管总局关于修改〈《生产安全事故报告和调查处理条例》罚款处罚暂行规定〉等四部规章的决定》修订）

第一章 总　则

第一条　为加强建设项目安全管理，预防和减少生产安全事故，保障从业人员生命和财产安全，根据《中华人民共和国安全生产法》和《国务院关于进一步加强企业安全生产工作的通知》等法律、行政法规和规定，制定本办法。

第二条 经县级以上人民政府及其有关主管部门依法审批、核准或者备案的生产经营单位新建、改建、扩建工程项目（以下统称建设项目）安全设施的建设及其监督管理，适用本办法。

法律、行政法规及国务院对建设项目安全设施建设及其监督管理另有规定的，依照其规定。

第三条 本办法所称的建设项目安全设施，是指生产经营单位在生产经营活动中用于预防生产安全事故的设备、设施、装置、构（建）筑物和其他技术措施的总称。

第四条 生产经营单位是建设项目安全设施建设的责任主体。建设项目安全设施必须与主体工程同时设计、同时施工、同时投入生产和使用（以下简称"三同时"）。安全设施投资应当纳入建设项目概算。

第五条 国家安全生产监督管理总局对全国建设项目安全设施"三同时"实施综合监督管理，并在国务院规定的职责范围内承担有关建设项目安全设施"三同时"的监督管理。

县级以上地方各级安全生产监督管理部门对本行政区域内的建设项目安全设施"三同时"实施综合监督管理，并在本级人民政府规定的职责范围内承担本级人民政府及其有关主管部门审批、核准或者备案的建设项目安全设施"三同时"的监督管理。

跨两个及两个以上行政区域的建设项目安全设施"三同时"由其共同的上一级人民政府安全生产监督管理部门实施监督管理。

上一级人民政府安全生产监督管理部门根据工作需要，可以将其负责监督管理的建设项目安全设施"三同时"工作委托下一级人民政府安全生产监督管理部门实施监督管理。

第六条 安全生产监督管理部门应当加强建设项目安全设施建设的日常安全监管，落实有关行政许可及其监管责任，督促生产经营单位落实安全设施建设责任。

第二章 建设项目安全预评价

第七条 下列建设项目在进行可行性研究时，生产经营单位应当按照国家规定，进行安全预评价：

（一）非煤矿矿山建设项目；

（二）生产、储存危险化学品（包括使用长输管道输送危险化学品，下同）的建设项目；

（三）生产、储存烟花爆竹的建设项目；

（四）金属冶炼建设项目；

（五）使用危险化学品从事生产并且使用量达到规定数量的化工建设项目（属于危险化学品生产的除外，下同）；

（六）法律、行政法规和国务院规定的其他建设项目。

第八条 生产经营单位应当委托具有相应资质的安全评价机构，对其建设项目进行安全预评价，并编制安全预评价报告。

建设项目安全预评价报告应当符合国家标准或者行业标准的规定。

生产、储存危险化学品的建设项目和化工建设项目安全预评价报告除符合本条第二款的规定外，还应当符合有关危险化学品建设项目的规定。

第九条 本办法第七条规定以外的其他建设项目，生产经营单位应当对其安全生产条件和设施进行综合分析，形成书面报告备查。

第三章 建设项目安全设施设计审查

第十条 生产经营单位在建设项目初步设计时，应当委托有相应资质的设计单位对建设项目安全设施同时进行设计，编制安全设施设计。

安全设施设计必须符合有关法律、法规、规章和国家标准或者行业标准、技术规范的规定，并尽可能采用先进适用的工艺、技术和可靠的设备、设施。本办法第七条规定的建设项目安全设施设计还应当充分考虑建设项目安全预评价报告提出的安全对策措施。

安全设施设计单位、设计人应当对其编制的设计文件负责。

第十一条 建设项目安全设施设计应当包括下列内容：

（一）设计依据；

（二）建设项目概述；

（三）建设项目潜在的危险、有害因素和危险、有害程度及周边环境安全分析；

（四）建筑及场地布置；

（五）重大危险源分析及检测监控；

（六）安全设施设计采取的防范措施；

（七）安全生产管理机构设置或者安全生产管理人员配备要求；

（八）从业人员安全生产教育和培训要求；

（九）工艺、技术和设备、设施的先进性和可靠性分析；

（十）安全设施专项投资概算；

（十一）安全预评价报告中的安全对策及建议采纳情况；

（十二）预期效果以及存在的问题与建议；

（十三）可能出现的事故预防及应急救援措施；

（十四）法律、法规、规章、标准规定需要说明的其他事项。

第十二条 本办法第七条第（一）项、第（二）项、第（三）项、第（四）项规定的建设项目安全设施设计完成后，生产经营单位应当按照本办法第五条的规定向安全生产监督管理部门提出审查申请，并提交下列文件资料：

（一）建设项目审批、核准或者备案的文件；

（二）建设项目安全设施设计审查申请；

（三）设计单位的设计资质证明文件；

（四）建设项目安全设施设计；

（五）建设项目安全预评价报告及相关文件资料；

（六）法律、行政法规、规章规定的其他文件资料。

安全生产监督管理部门收到申请后，对属于本部门职责范围内的，应当及时进行审查，并在收到申请后5个工作日内作出受理或者不予受理的决定，书面告知申请人；对不属于本部门职责范围内的，应当将有关文件资料转送有审查权的安全生产监督管理部门，并书面告知申请人。

第十三条 对已经受理的建设项目安全设施设计审查申请，安全生产监督管理部门应当自受理之日起20个工作日内作出是否批准的决定，并书面告知申请人。20个工作日内不能作出决定的，经本部门负责人批准，可以延长10个工作日，并应当将延长期限的理由书面告知申请人。

第十四条 建设项目安全设施设计有下列情形之一的，不予批准，并不得开工建设：

（一）无建设项目审批、核准或者备案文件的；

（二）未委托具有相应资质的设计单位进行设计的；

（三）安全预评价报告由未取得相应资质的安全评价机构编制的；

（四）设计内容不符合有关安全生产的法律、法规、规章和国家标准或者行业标准、技术规范的规定的；

（五）未采纳安全预评价报告中的安全对策和建议，且未作充分论证说明的；

（六）不符合法律、行政法规规定的其他条件的。

建设项目安全设施设计审查未予批准的，生产经营单位经过整改后可以向原审查部门申请再审。

第十五条 已经批准的建设项目及其安全设施设计有下列情形之一的，生产经营单位应当报原批准部门审查同意；未经审查同意的，不得开工建设：

（一）建设项目的规模、生产工艺、原料、设备发生重大变更的；

（二）改变安全设施设计且可能降低安全性能的；

（三）在施工期间重新设计的。

第十六条 本办法第七条第（一）项、第（二）项、第（三）项和第（四）项规定以外的建设项目安全设施设计，由生产经营单位组织审查，形成书面报告备查。

第四章 建设项目安全设施施工和竣工验收

第十七条 建设项目安全设施的施工应当由取得相应资质的施工单位进行，并与建设项目主体工程同时施工。

施工单位应当在施工组织设计中编制安全技术措施和施工现场临时用电方案，同时对危险性较大的分部分项工程依法编制专项施工方案，并附具安全验算结果，经施工单位技术负责人、总监理工程师签字后实施。

施工单位应当严格按照安全设施设计和相关施工技术标准、规范施工，并对安全设施的工程质量负责。

第十八条 施工单位发现安全设施设计文件有错漏的，应当及时向生产经营单位、设计单位提出。生产经营单位、设计单位应当及时处理。

施工单位发现安全设施存在重大事故隐患时，应当立即停止施工并报告生产经营单位进行整改。整改合格后，方可恢复施工。

第十九条 工程监理单位应当审查施工组织设计中的安全技术措施或者专项施工方案是否符合工程建设强制性标准。

工程监理单位在实施监理过程中，发现存在事故隐患的，应当要求施工单位整改；情况严重的，应当要求施工单位暂时停止施工，并及时报告生产经营单位。施工单位拒不整改或者不停止施工的，工程监理单位应当及时向有关主管部门报告。

工程监理单位、监理人员应当按照法律、法规和工程建设强制性标准实施监理，并对安全设施工程的工程质量承担监理责任。

第二十条 建设项目安全设施建成后，生产经营单位应当对安全设施进行检查，对发现的问题及时整改。

第二十一条 本办法第七条规定的建设项目竣工后，根据规定建设项目需要试运行（包括生产、使用，下同）的，应当在正式投入生产或者使用前进行试运行。

试运行时间应当不少于30日，最长不得超过180日，国家有关部门有规定或者特殊要求的行业除外。

生产、储存危险化学品的建设项目和化工建设项目，应当在建设项目试运行前将试运行方案报负责建设项目安全许可的安全生产监督管理部门备案。

第二十二条 本办法第七条规定的建设项目安全设施竣工或者试运行完成后，生产经营单位应当委托具有相应资质的安全评价机构对安全设施进行验收评价，并编制建设项目安全验收评价报告。

建设项目安全验收评价报告应当符合国家标准或者行业标准的规定。

生产、储存危险化学品的建设项目和化工建设项目安全验收评价报告除符合本条第二款的规定外，还应当符合有关危险化学品建设项目的规定。

第二十三条 建设项目竣工投入生产或者使用前，生产经营单位应当组织对安全设施进行竣工验收，并形成书面报告备查。安全设施竣工验收合格后，方可投入生产和使用。

安全监管部门应当按照下列方式之一对本办法第七条第（一）项、第（二）项、第（三）项和第（四）项规定建设项目的竣工验收活动和验收结果的监督核查：

（一）对安全设施竣工验收报告按照不少于总数10%的比例进行随机抽查；

（二）在实施有关安全许可时，对建设项目安全设施竣工验收报告进行审查。

抽查和审查以书面方式为主。对竣工验收报告的实质内容存在疑问，需要到现场核查的，安全监管部门应当指派两名以上工作人员对有关内容进行现场核查。工作人员应当提出现场核查意见，并如实记录在案。

第二十四条　建设项目的安全设施有下列情形之一的，建设单位不得通过竣工验收，并不得投入生产或者使用：

（一）未选择具有相应资质的施工单位施工的；

（二）未按照建设项目安全设施设计文件施工或者施工质量未达到建设项目安全设施设计文件要求的；

（三）建设项目安全设施的施工不符合国家有关施工技术标准的；

（四）未选择具有相应资质的安全评价机构进行安全验收评价或者安全验收评价不合格的；

（五）安全设施和安全生产条件不符合有关安全生产法律、法规、规章和国家标准或者行业标准、技术规范规定的；

（六）发现建设项目试运行期间存在事故隐患未整改的；

（七）未依法设置安全生产管理机构或者配备安全生产管理人员的；

（八）从业人员未经过安全生产教育和培训或者不具备相应资格的；

（九）不符合法律、行政法规规定的其他条件的。

第二十五条　生产经营单位应当按照档案管理的规定，建立建设项目安全设施"三同时"文件资料档案，并妥善保存。

第二十六条　建设项目安全设施未与主体工程同时设计、同时施工或者同时投入使用的，安全生产监督管理部门对与此有关的行政许可一律不予审批，同时责令生产经营单位立即停止施工、限期改正违法行为，对有关生产经营单位和人员依法给予行政处罚。

第五章　法律责任

第二十七条　建设项目安全设施"三同时"违反本办法的规定，

安全生产监督管理部门及其工作人员给予审批通过或者颁发有关许可证的，依法给予行政处分。

第二十八条 生产经营单位对本办法第七条第（一）项、第（二）项、第（三）项和第（四）项规定的建设项目有下列情形之一的，责令停止建设或者停产停业整顿，限期改正；逾期未改正的，处50万元以上100万元以下的罚款，对其直接负责的主管人员和其他直接责任人员处2万元以上5万元以下的罚款；构成犯罪的，依照刑法有关规定追究刑事责任：

（一）未按照本办法规定对建设项目进行安全评价的；

（二）没有安全设施设计或者安全设施设计未按照规定报经安全生产监督管理部门审查同意，擅自开工的；

（三）施工单位未按照批准的安全设施设计施工的；

（四）投入生产或者使用前，安全设施未经验收合格的。

第二十九条 已经批准的建设项目安全设施设计发生重大变更，生产经营单位未报原批准部门审查同意擅自开工建设的，责令限期改正，可以并处1万元以上3万元以下的罚款。

第三十条 本办法第七条第（一）项、第（二）项、第（三）项和第（四）项规定以外的建设项目有下列情形之一的，对有关生产经营单位责令限期改正，可以并处5000元以上3万元以下的罚款：

（一）没有安全设施设计的；

（二）安全设施设计未组织审查，并形成书面审查报告的；

（三）施工单位未按照安全设施设计施工的；

（四）投入生产或者使用前，安全设施未经竣工验收合格，并形成书面报告的。

第三十一条 承担建设项目安全评价的机构弄虚作假、出具虚假报告，尚未构成犯罪的，没收违法所得，违法所得在10万元以上的，并处违法所得二倍以上五倍以下的罚款；没有违法所得或者违法所得不足10万元的，单处或者并处10万元以上20万元以下的罚款，对其直接负责的主管人员和其他直接责任人员处2万元以上5万元以下的罚款；给他人造成损害的，与生产经营单位承担连带赔偿责任。

对有前款违法行为的机构，吊销其相应资质。

第三十二条 本办法规定的行政处罚由安全生产监督管理部门决定。法律、行政法规对行政处罚的种类、幅度和决定机关另有规定的，依照其规定。

安全生产监督管理部门对应当由其他有关部门进行处理的"三同时"问题，应当及时移送有关部门并形成记录备查。

第六章 附 则

第三十三条 本办法自2011年2月1日起施行。

安全生产严重失信主体名单管理办法

（2023年7月17日应急管理部第16次部务会议审议通过 2023年8月8日应急管理部令第11号公布 自2023年10月1日起施行）

第一章 总 则

第一条 为了加强安全生产领域信用体系建设，规范安全生产严重失信主体名单管理，依据《中华人民共和国安全生产法》等有关法律、行政法规，制定本办法。

第二条 矿山（含尾矿库）、化工（含石油化工）、医药、危险化学品、烟花爆竹、石油开采、冶金、有色、建材、机械、轻工、纺织、烟草、商贸等行业领域生产经营单位和承担安全评价、认证、检测、检验职责的机构及其人员的安全生产严重失信名单管理适用本办法。

第三条 本办法所称安全生产严重失信（以下简称严重失信）是指有关生产经营单位和承担安全评价、认证、检测、检验职责的机构及其人员因生产安全事故或者违反安全生产法律法规，受到行政处罚，并且性质恶劣、情节严重的行为。

严重失信主体名单管理是指应急管理部门依法将严重失信的生产经营单位或者机构及其有关人员列入、移出严重失信主体名单，实施惩戒或者信用修复，并记录、共享、公示相关信息等管理活动。

第四条 国务院应急管理部门负责组织、指导全国严重失信主体名单管理工作；省级、设区的市级应急管理部门负责组织、实施并指导下一级应急管理部门严重失信主体名单管理工作。

县级以上地方应急管理部门负责本行政区域内严重失信主体名单管理工作。按照"谁处罚、谁决定、谁负责"的原则，由作出行政处罚决定的应急管理部门负责严重失信主体名单管理工作。

第五条 各级应急管理部门应当建立健全严重失信主体名单信息管理制度，加大信息保护力度。推进与其他部门间的信息共享共用，健全严重失信主体名单信息查询、应用和反馈机制，依法依规实施联合惩戒。

第二章 列入条件和管理措施

第六条 下列发生生产安全事故的生产经营单位及其有关人员应当列入严重失信主体名单：

（一）发生特别重大、重大生产安全事故的生产经营单位及其主要负责人，以及经调查认定对该事故发生负有责任，应当列入名单的其他单位和人员；

（二）12个月内累计发生2起以上较大生产安全事故的生产经营单位及其主要负责人；

（三）发生生产安全事故，情节特别严重、影响特别恶劣，依照《中华人民共和国安全生产法》第一百一十四条的规定被处以罚款数额2倍以上5倍以下罚款的生产经营单位及其主要负责人；

（四）瞒报、谎报生产安全事故的生产经营单位及其有关责任人员；

（五）发生生产安全事故后，不立即组织抢救或者在事故调查处理期间擅离职守或者逃匿的生产经营单位主要负责人。

第七条 下列未发生生产安全事故，但因安全生产违法行为，受到行政处罚的生产经营单位或者机构及其有关人员，应当列入严重失信主体名单：

（一）未依法取得安全生产相关许可或者许可被暂扣、吊销期间从事相关生产经营活动的生产经营单位及其主要负责人；

（二）承担安全评价、认证、检测、检验职责的机构及其直接责任人员租借资质、挂靠、出具虚假报告或者证书的；

（三）在应急管理部门作出行政处罚后，有执行能力拒不执行或者逃避执行的生产经营单位及其主要负责人；

（四）其他违反安全生产法律法规受到行政处罚，且性质恶劣、情节严重的。

第八条 应急管理部门对被列入严重失信主体名单的对象（以下简称被列入对象）可以采取下列管理措施：

（一）在国家有关信用信息共享平台、国家企业信用信息公示系统和部门政府网站等公示相关信息；

（二）加大执法检查频次、暂停项目审批、实施行业或者职业禁入；

（三）不适用告知承诺制等基于诚信的管理措施；

（四）取消参加应急管理部门组织的评先评优资格；

（五）在政府资金项目申请、财政支持等方面予以限制；

（六）法律、行政法规和党中央、国务院政策文件规定的其他管理措施。

第三章 列入和移出程序

第九条 应急管理部门作出列入严重失信主体名单书面决定前，应当告知当事人。告知内容应当包括列入时间、事由、依据、管理措施提示以及依法享有的权利等事项。

第十条 应急管理部门作出列入严重失信主体名单决定的，应当出具书面决定。书面决定内容应当包括市场主体名称、统一社会信用代码、有关人员姓名和有效身份证件号码、列入时间、事由、依据、管理措施提示、信用修复条件和程序、救济途径等事项。

告知、送达、异议处理等程序参照《中华人民共和国行政处罚法》有关规定执行。

第十一条 应急管理部门应当自作出列入严重失信主体名单决定后3个工作日内将相关信息录入安全生产信用信息管理系统；自作出列入严重失信主体名单决定后20个工作日内，通过国家有关信用信息共享平台、国家企业信用信息公示系统和部门政府网站等公示严重失信主体信息。

第十二条 被列入对象公示信息包括市场主体名称、登记注册地址、统一社会信用代码、有关人员姓名和有效身份证件号码、管理期限、作出决定的部门等事项。用于对社会公示的信息，应当加强对信息安全、个人隐私和商业秘密的保护。

第十三条 严重失信主体名单管理期限为3年。管理期满后由作出列入严重失信主体名单决定的应急管理部门负责移出，并停止公示和解除管理措施。

被列入对象自列入严重失信主体名单之日起满12个月，可以申请提前移出。依照法律、行政法规或者国务院规定实施职业或者行业禁入期限尚未届满的不予提前移出。

第十四条 在作出移出严重失信主体名单决定后3个工作日内，

负责移出的应急管理部门应当在安全生产信用信息管理系统修改有关信息，并在10个工作日内停止公示和解除管理措施。

第十五条 列入严重失信主体名单的依据发生变化的，应急管理部门应当重新进行审核认定。不符合列入严重失信主体名单情形的，作出列入决定的应急管理部门应当撤销列入决定，立即将当事人移出严重失信主体名单并停止公示和解除管理措施。

第十六条 被列入对象对列入决定不服的，可以依法申请行政复议或者提起行政诉讼。

第四章 信用修复

第十七条 鼓励被列入对象进行信用修复，纠正失信行为、消除不良影响。符合信用修复条件的，应急管理部门应当按照有关规定将其移出严重失信主体名单并解除管理措施。

第十八条 被列入对象列入严重失信主体名单满12个月并符合下列条件的，可以向作出列入决定的应急管理部门提出提前移出申请：

（一）已经履行行政处罚决定中规定的义务；

（二）已经主动消除危害后果或者不良影响；

（三）未再发生本办法第六条、第七条规定的严重失信行为。

第十九条 被列入对象申请提前移出严重失信主体名单的，应当向作出列入决定的应急管理部门提出申请。申请材料包括申请书和本办法第十八条规定的相关证明材料。

应急管理部门应当在收到提前移出严重失信主体名单申请后5个工作日内作出是否受理的决定。申请材料齐全、符合条件的，应当予以受理。

第二十条 应急管理部门自受理提前移出严重失信主体名单申请之日起20个工作日内进行核实，决定是否准予提前移出。制作决定书并按照有关规定送达被列入对象；不予提前移出的，应当说明理由。

设区的市级、县级应急管理部门作出准予提前移出严重失信主体名单决定的,应当通过安全生产信用信息管理系统报告上一级应急管理部门。

第二十一条 应急管理部门发现被列入对象申请提前移出严重失信主体名单存在隐瞒真实情况、弄虚作假情形的,应当撤销提前移出决定,恢复列入状态。名单管理期自恢复列入状态之日起重新计算。

第二十二条 被列入对象对不予提前移出决定不服的,可以依法申请行政复议或者提起行政诉讼。

第五章 附 则

第二十三条 法律、行政法规和党中央、国务院政策文件对严重失信主体名单管理另有规定的,依照其规定执行。

第二十四条 矿山安全监察机构对严重失信主体名单的管理工作可以参照本办法执行。

第二十五条 本办法自2023年10月1日起施行。《国家安全监管总局关于印发〈对安全生产领域失信行为开展联合惩戒的实施办法〉的通知》(安监总办〔2017〕49号)、《国家安全监管总局办公厅关于进一步加强安全生产领域失信行为信息管理工作的通知》(安监总厅〔2017〕59号)同时废止。

生产经营单位从业人员
安全生产举报处理规定

(2020年9月16日 应急〔2020〕69号)

第一条 为了强化和落实生产经营单位安全生产主体责任,鼓励和支持生产经营单位从业人员对本单位安全生产工作中存在的问题进行举报和监督，严格保护其合法权益，根据《中华人民共和国安全生产法》和《国务院关于加强和规范事中事后监管的指导意见》（国发〔2019〕18号）等有关法律法规和规范性文件，制定本规定。

第二条 本规定适用于生产经营单位从业人员对其所在单位的重大事故隐患、安全生产违法行为的举报以及处理。

前款所称重大事故隐患、安全生产违法行为，依照安全生产领域举报奖励有关规定进行认定。

第三条 应急管理部门（含煤矿安全监察机构，下同）应当明确负责处理生产经营单位从业人员安全生产举报事项的机构，并在官方网站公布处理举报事项机构的办公电话、微信公众号、电子邮件等联系方式，方便举报人及时掌握举报处理进度。

第四条 生产经营单位从业人员举报其所在单位的重大事故隐患、安全生产违法行为时，应当提供真实姓名以及真实有效的联系方式；否则，应急管理部门可以不予受理。

第五条 应急管理部门受理生产经营单位从业人员安全生产举报后，应当及时核查；对核查属实的，应当依法依规进行处理，并向举报人反馈核查、处理结果。

举报事项不属于本单位受理范围的，接到举报的应急管理部门应当告知举报人向有处理权的单位举报，或者将举报材料移送有处理权的单位，并采取适当方式告知举报人。

第六条 应急管理部门可以在危险化学品、矿山、烟花爆竹、金属冶炼、涉爆粉尘等重点行业、领域生产经营单位从业人员中选取信息员，建立专门联络机制，定期或者不定期与其联系，及时获取生产经营单位重大事故隐患、安全生产违法行为线索。

第七条 应急管理部门对受理的生产经营单位从业人员安全生产举报，以及信息员提供的线索，按照安全生产领域举报奖励有关规定核查属实的，应当给予举报人或者信息员现金奖励，奖励标准在安全生产领域举报奖励有关规定的基础上按照一定比例上浮，具体标准由各省级应急管理部门、财政部门根据本地实际情况确定。

因生产经营单位从业人员安全生产举报，或者信息员提供的线索直接避免了伤亡事故发生或者重大财产损失的，应急管理部门可以给予举报人或者信息员特殊奖励。

举报人领取现金奖励时，应当提供身份证件复印件以及签订的有效劳动合同等可以证明其生产经营单位从业人员身份的材料。

第八条 给予举报人和信息员的奖金列入本级预算，通过现有资金渠道安排，并接受审计和纪检监察机关的监督。

第九条 应急管理部门参与举报处理工作的人员应当严格遵守保密纪律，妥善保管和使用举报材料，严格控制有关举报信息的知悉范围，依法保护举报人和信息员的合法权益，未经其同意，不得以任何方式泄露其姓名、身份、联系方式、举报内容、奖励等信息，违者视情节轻重依法给予处分；构成犯罪的，依法追究刑事责任。

第十条 生产经营单位应当保护举报人和信息员的合法权益，不得对举报人和信息员实施打击报复行为。

生产经营单位对举报人或者信息员实施打击报复行为的，除依法予以严肃处理外，应急管理部门还可以按规定对生产经营单位及其有关人员实施联合惩戒。

第十一条 应急管理部门应当定期对举报人和信息员进行回访，了解其奖励、合法权益保护等有关情况，听取其意见建议；对回访中发现的奖励不落实、奖励低于有关标准、打击报复举报人或者信息员等情况，应当及时依法依规进行处理。

第十二条 应急管理部门鼓励生产经营单位建立健全本单位的举报奖励机制，在有关场所醒目位置公示本单位法定代表人或者安全生产管理机构以及安全生产管理人员的电话、微信、电子邮件、微博等联系方式，受理本单位从业人员举报的安全生产问题。对查证属实的，生产经营单位应当进行自我纠正整改，同时可以对举报人给予相应奖励。

第十三条 举报人和信息员应当对其举报内容的真实性负责，不得捏造、歪曲事实，不得诬告、陷害他人和生产经营单位，不得故意诱导生产经营单位实施安全生产违法行为；否则，一经查实，依法追究法律责任。

第十四条 本规定自公布之日起施行。

最高人民法院、最高人民检察院关于办理危害生产安全刑事案件适用法律若干问题的解释

（2015年11月9日最高人民法院审判委员会第1665次会议、2015年12月9日最高人民检察院第十二届检察委员会第四十四次会议通过 2015年12月15日最高人民法院、最高人民检察院公告公布 自2015年12月16日起施行 法释〔2015〕22号）

为依法惩治危害生产安全犯罪，根据刑法有关规定，现就办理此类刑事案件适用法律的若干问题解释如下：

第一条 刑法第一百三十四条第一款规定的犯罪主体，包括对生产、作业负有组织、指挥或者管理职责的负责人、管理人员、实际控制人、投资人等人员，以及直接从事生产、作业的人员。

第二条 刑法第一百三十四条第二款规定的犯罪主体，包括对生产、作业负有组织、指挥或者管理职责的负责人、管理人员、实际控制人、投资人等人员。

第三条 刑法第一百三十五条规定的"直接负责的主管人员和其他直接责任人员"，是指对安全生产设施或者安全生产条件不符合

国家规定负有直接责任的生产经营单位负责人、管理人员、实际控制人、投资人，以及其他对安全生产设施或者安全生产条件负有管理、维护职责的人员。

第四条 刑法第一百三十九条之一规定的"负有报告职责的人员"，是指负有组织、指挥或者管理职责的负责人、管理人员、实际控制人、投资人，以及其他负有报告职责的人员。

第五条 明知存在事故隐患、继续作业存在危险，仍然违反有关安全管理的规定，实施下列行为之一的，应当认定为刑法第一百三十四条第二款规定的"强令他人违章冒险作业"：

（一）利用组织、指挥、管理职权，强制他人违章作业的；

（二）采取威逼、胁迫、恐吓等手段，强制他人违章作业的；

（三）故意掩盖事故隐患，组织他人违章作业的；

（四）其他强令他人违章作业的行为。

第六条 实施刑法第一百三十二条、第一百三十四条第一款、第一百三十五条、第一百三十五条之一、第一百三十六条、第一百三十九条规定的行为，因而发生安全事故，具有下列情形之一的，应当认定为"造成严重后果"或者"发生重大伤亡事故或者造成其他严重后果"，对相关责任人员，处三年以下有期徒刑或者拘役：

（一）造成死亡一人以上，或者重伤三人以上的；

（二）造成直接经济损失一百万元以上的；

（三）其他造成严重后果或者重大安全事故的情形。

实施刑法第一百三十四条第二款规定的行为，因而发生安全事故，具有本条第一款规定情形的，应当认定为"发生重大伤亡事故或者造成其他严重后果"，对相关责任人员，处五年以下有期徒刑或者拘役。实施刑法第一百三十七条规定的行为，因而发生安全事故，具有本条第一款规定情形的，应当认定为"造成重大安全事故"，对直接责任人员，处五年以下有期徒刑或者拘役，并处罚金。

实施刑法第一百三十八条规定的行为，因而发生安全事故，具有本条第一款第一项规定情形的，应当认定为"发生重大伤亡事故",对直接责任人员,处三年以下有期徒刑或者拘役。

第七条 实施刑法第一百三十二条、第一百三十四条第一款、第一百三十五条、第一百三十五条之一、第一百三十六条、第一百三十九条规定的行为,因而发生安全事故,具有下列情形之一的,对相关责任人员,处三年以上七年以下有期徒刑:

(一)造成死亡三人以上或者重伤十人以上,负事故主要责任的;

(二)造成直接经济损失五百万元以上,负事故主要责任的;

(三)其他造成特别严重后果、情节特别恶劣或者后果特别严重的情形。

实施刑法第一百三十四条第二款规定的行为,因而发生安全事故,具有本条第一款规定情形的,对相关责任人员,处五年以上有期徒刑。

实施刑法第一百三十七条规定的行为,因而发生安全事故,具有本条第一款规定情形的,对直接责任人员,处五年以上十年以下有期徒刑,并处罚金。

实施刑法第一百三十八条规定的行为,因而发生安全事故,具有下列情形之一的,对直接责任人员,处三年以上七年以下有期徒刑:

(一)造成死亡三人以上或者重伤十人以上,负事故主要责任的;

(二)具有本解释第六条第一款第一项规定情形,同时造成直接经济损失五百万元以上并负事故主要责任的,或者同时造成恶劣社会影响的。

第八条 在安全事故发生后,负有报告职责的人员不报或者谎报事故情况,贻误事故抢救,具有下列情形之一的,应当认定为刑法第一百三十九条之一规定的"情节严重":

(一)导致事故后果扩大,增加死亡一人以上,或者增加重伤三人以上,或者增加直接经济损失一百万元以上的;

(二)实施下列行为之一,致使不能及时有效开展事故抢救的:

1. 决定不报、迟报、谎报事故情况或者指使、串通有关人员不报、迟报、谎报事故情况的;

2. 在事故抢救期间擅离职守或者逃匿的;

3. 伪造、破坏事故现场,或者转移、藏匿、毁灭遇难人员尸体,或者转移、藏匿受伤人员的;

4. 毁灭、伪造、隐匿与事故有关的图纸、记录、计算机数据等资料以及其他证据的;

(三) 其他情节严重的情形。

具有下列情形之一的,应当认定为刑法第一百三十九条之一规定的"情节特别严重":

(一) 导致事故后果扩大,增加死亡三人以上,或者增加重伤十人以上,或者增加直接经济损失五百万元以上的;

(二) 采用暴力、胁迫、命令等方式阻止他人报告事故情况,导致事故后果扩大的;

(三) 其他情节特别严重的情形。

第九条 在安全事故发生后,与负有报告职责的人员串通,不报或者谎报事故情况,贻误事故抢救,情节严重的,依照刑法第一百三十九条之一的规定,以共犯论处。

第十条 在安全事故发生后,直接负责的主管人员和其他直接责任人员故意阻挠开展抢救,导致人员死亡或者重伤,或者为了逃避法律追究,对被害人进行隐藏、遗弃,致使被害人因无法得到救助而死亡或者重度残疾的,分别依照刑法第二百三十二条、第二百三十四条的规定,以故意杀人罪或者故意伤害罪定罪处罚。

第十一条 生产不符合保障人身、财产安全的国家标准、行业标准的安全设备,或者明知安全设备不符合保障人身、财产安全的国家标准、行业标准而进行销售,致使发生安全事故,造成严重后果的,依照刑法第一百四十六条的规定,以生产、销售不符合安全标准的产品罪定罪处罚。

第十二条 实施刑法第一百三十二条、第一百三十四条至第一百三十九条之一规定的犯罪行为,具有下列情形之一的,从重处罚:

(一) 未依法取得安全许可证件或者安全许可证件过期、被暂扣、吊销、注销后从事生产经营活动的；

（二）关闭、破坏必要的安全监控和报警设备的；

（三）已经发现事故隐患，经有关部门或者个人提出后，仍不采取措施的；

（四）一年内曾因危害生产安全违法犯罪活动受过行政处罚或者刑事处罚的；

（五）采取弄虚作假、行贿等手段，故意逃避、阻挠负有安全监督管理职责的部门实施监督检查的；

（六）安全事故发生后转移财产意图逃避承担责任的；

（七）其他从重处罚的情形。

实施前款第五项规定的行为，同时构成刑法第三百八十九条规定的犯罪的，依照数罪并罚的规定处罚。

第十三条 实施刑法第一百三十二条、第一百三十四条至第一百三十九条之一规定的犯罪行为，在安全事故发生后积极组织、参与事故抢救，或者积极配合调查、主动赔偿损失的，可以酌情从轻处罚。

第十四条 国家工作人员违反规定投资入股生产经营，构成本解释规定的有关犯罪的，或者国家工作人员的贪污、受贿犯罪行为与安全事故发生存在关联性的，从重处罚；同时构成贪污、受贿罪和危害生产安全犯罪的，依照数罪并罚的规定处罚。

第十五条 国家机关工作人员在履行安全监督管理职责时滥用职权、玩忽职守，致使公共财产、国家和人民利益遭受重大损失的，或者徇私舞弊，对发现的刑事案件依法应当移交司法机关追究刑事责任而不移交，情节严重的，分别依照刑法第三百九十七条、第四百零二条的规定，以滥用职权罪、玩忽职守罪或者徇私舞弊不移交刑事案件罪定罪处罚。

公司、企业、事业单位的工作人员在依法或者受委托行使安全监督管理职责时滥用职权或者玩忽职守，构成犯罪的，应当依照《全国人民代表大会常务委员会关于〈中华人民共和国刑法〉第九章渎职罪主体适用问题的解释》的规定，适用渎职罪的规定追究刑事责任。

第十六条 对于实施危害生产安全犯罪适用缓刑的犯罪分子，可以根据犯罪情况，禁止其在缓刑考验期限内从事与安全生产相关联的特定活动；对于被判处刑罚的犯罪分子，可以根据犯罪情况和预防再犯罪的需要，禁止其自刑罚执行完毕之日或者假释之日起三年至五年内从事与安全生产相关的职业。

第十七条 本解释自2015年12月16日起施行。本解释施行后，《最高人民法院、最高人民检察院关于办理危害矿山生产安全刑事案件具体应用法律若干问题的解释》（法释〔2007〕5号）同时废止。最高人民法院、最高人民检察院此前发布的司法解释和规范性文件与本解释不一致的，以本解释为准。

最高人民法院、最高人民检察院关于办理危害生产安全刑事案件适用法律若干问题的解释（二）

（2022年9月19日由最高人民法院审判委员会第1875次会议、2022年10月25日由最高人民检察院第十三届检察委员会第一百零六次会议通过 2022年12月15日最高人民法院、最高人民检察院公告公布 自2022年12月19日起施行 法释〔2022〕19号）

为依法惩治危害生产安全犯罪，维护公共安全，保护人民群众生命安全和公私财产安全，根据《中华人民共和国刑法》《中华人民共和国刑事诉讼法》和《中华人民共和国安全生产法》等规定，现就办理危害生产安全刑事案件适用法律的若干问题解释如下：

第一条 明知存在事故隐患，继续作业存在危险，仍然违反有关安全管理的规定，有下列情形之一的，属于刑法第一百三十四条

第二款规定的"强令他人违章冒险作业":

（一）以威逼、胁迫、恐吓等手段，强制他人违章作业的；

（二）利用组织、指挥、管理职权，强制他人违章作业的；

（三）其他强令他人违章冒险作业的情形。

明知存在重大事故隐患，仍然违反有关安全管理的规定，不排除或者故意掩盖重大事故隐患，组织他人作业的，属于刑法第一百三十四条第二款规定的"冒险组织作业"。

第二条 刑法第一百三十四条之一规定的犯罪主体，包括对生产、作业负有组织、指挥或者管理职责的负责人、管理人员、实际控制人、投资人等人员，以及直接从事生产、作业的人员。

第三条 因存在重大事故隐患被依法责令停产停业、停止施工、停止使用有关设备、设施、场所或者立即采取排除危险的整改措施，有下列情形之一的，属于刑法第一百三十四条之一第二项规定的"拒不执行":

（一）无正当理由故意不执行各级人民政府或者负有安全生产监督管理职责的部门依法作出的上述行政决定、命令的；

（二）虚构重大事故隐患已经排除的事实，规避、干扰执行各级人民政府或者负有安全生产监督管理职责的部门依法作出的上述行政决定、命令的；

（三）以行贿等不正当手段，规避、干扰执行各级人民政府或者负有安全生产监督管理职责的部门依法作出的上述行政决定、命令的。

有前款第三项行为，同时构成刑法第三百八十九条行贿罪、第三百九十三条单位行贿罪等犯罪的，依照数罪并罚的规定处罚。

认定是否属于"拒不执行"，应当综合考虑行政决定、命令是否具有法律、行政法规等依据，行政决定、命令的内容和期限要求是否明确、合理，行为人是否具有按照要求执行的能力等因素进行判断。

第四条 刑法第一百三十四条第二款和第一百三十四条之一第

二项规定的"重大事故隐患",依照法律、行政法规、部门规章、强制性标准以及有关行政规范性文件进行认定。

刑法第一百三十四条之一第三项规定的"危险物品",依照安全生产法第一百一十七条的规定确定。

对于是否属于"重大事故隐患"或者"危险物品"难以确定的,可以依据司法鉴定机构出具的鉴定意见、地市级以上负有安全生产监督管理职责的部门或者其指定的机构出具的意见,结合其他证据综合审查,依法作出认定。

第五条 在生产、作业中违反有关安全管理的规定,有刑法第一百三十四条之一规定情形之一,因而发生重大伤亡事故或者造成其他严重后果,构成刑法第一百三十四条、第一百三十五条至第一百三十九条等规定的重大责任事故罪、重大劳动安全事故罪、危险物品肇事罪、工程重大安全事故罪等犯罪的,依照该规定定罪处罚。

第六条 承担安全评价职责的中介组织的人员提供的证明文件有下列情形之一的,属于刑法第二百二十九条第一款规定的"虚假证明文件":

(一)故意伪造的;

(二)在周边环境、主要建(构)筑物、工艺、装置、设备设施等重要内容上弄虚作假,导致与评价期间实际情况不符,影响评价结论的;

(三)隐瞒生产经营单位重大事故隐患及整改落实情况、主要灾害等级等情况,影响评价结论的;

(四)伪造、篡改生产经营单位相关信息、数据、技术报告或者结论等内容,影响评价结论的;

(五)故意采用存疑的第三方证明材料、监测检验报告,影响评价结论的;

(六)有其他弄虚作假行为,影响评价结论的情形。

生产经营单位提供虚假材料、影响评价结论,承担安全评价职责的中介组织的人员对评价结论与实际情况不符无主观故意的,不属于刑法第二百二十九条第一款规定的"故意提供虚假证明文件"。

有本条第二款情形，承担安全评价职责的中介组织的人员严重不负责任，导致出具的证明文件有重大失实，造成严重后果的，依照刑法第二百二十九条第三款的规定追究刑事责任。

第七条 承担安全评价职责的中介组织的人员故意提供虚假证明文件，有下列情形之一的，属于刑法第二百二十九条第一款规定的"情节严重"：

（一）造成死亡一人以上或者重伤三人以上安全事故的；

（二）造成直接经济损失五十万元以上安全事故的；

（三）违法所得数额十万元以上的；

（四）两年内因故意提供虚假证明文件受过两次以上行政处罚，又故意提供虚假证明文件的；

（五）其他情节严重的情形。

在涉及公共安全的重大工程、项目中提供虚假的安全评价文件，有下列情形之一的，属于刑法第二百二十九条第一款第三项规定的"致使公共财产、国家和人民利益遭受特别重大损失"：

（一）造成死亡三人以上或者重伤十人以上安全事故的；

（二）造成直接经济损失五百万元以上安全事故的；

（三）其他致使公共财产、国家和人民利益遭受特别重大损失的情形。

承担安全评价职责的中介组织的人员有刑法第二百二十九条第一款行为，在裁量刑罚时，应当考虑其行为手段、主观过错程度、对安全事故的发生所起作用大小及其获利情况、一贯表现等因素，综合评估社会危害性，依法裁量刑罚，确保罪责刑相适应。

第八条 承担安全评价职责的中介组织的人员，严重不负责任，出具的证明文件有重大失实，有下列情形之一的，属于刑法第二百二十九条第三款规定的"造成严重后果"：

（一）造成死亡一人以上或者重伤三人以上安全事故的；

（二）造成直接经济损失一百万元以上安全事故的；

（三）其他造成严重后果的情形。

第九条 承担安全评价职责的中介组织犯刑法第二百二十九条规定之罪的，对该中介组织判处罚金，并对其直接负责的主管人员和其他直接责任人员，依照本解释第七条、第八条的规定处罚。

第十条 有刑法第一百三十四条之一行为，积极配合公安机关或者负有安全生产监督管理职责的部门采取措施排除事故隐患，确有悔改表现，认罪认罚的，可以依法从宽处罚；犯罪情节轻微不需要判处刑罚的，可以不起诉或者免予刑事处罚；情节显著轻微危害不大的，不作为犯罪处理。

第十一条 有本解释规定的行为，被不起诉或者免予刑事处罚，需要给予行政处罚、政务处分或者其他处分的，依法移送有关主管机关处理。

第十二条 本解释自 2022 年 12 月 19 日起施行。最高人民法院、最高人民检察院此前发布的司法解释与本解释不一致的，以本解释为准。

图书在版编目（CIP）数据

中华人民共和国安全生产法注解与配套／中国法制出版社编．—北京：中国法制出版社，2023.10

（法律注解与配套丛书）

ISBN 978-7-5216-3663-5

Ⅰ.①中… Ⅱ.①中… Ⅲ.①安全生产-安全法规-法律解释-中国 Ⅳ.①D922.545

中国国家版本馆 CIP 数据核字（2023）第 119409 号

策划编辑：袁笋冰	责任编辑：李璞娜	封面设计：杨泽江

中华人民共和国安全生产法注解与配套

ZHONGHUA RENMIN GONGHEGUO ANQUAN SHENGCHANFA ZHUJIE YU PEITAO

经销／新华书店

印刷／三河市国英印务有限公司

开本／850 毫米×1168 毫米 32 开 　　印张／8　字数／204 千

版次／2023 年 10 月第 1 版 　　2023 年 10 月第 1 次印刷

中国法制出版社出版

书号 ISBN 978-7-5216-3663-5 　　定价：24.00 元

北京市西城区西便门西里甲 16 号西便门办公区

邮政编码：100053 　　传真：010-63141600

网址：http://www.zgfzs.com 　　编辑部电话：010-63141670

市场营销部电话：010-63141612 　　印务部电话：010-63141606

（如有印装质量问题，请与本社印务部联系。）